올해의 운세

이름으로 보는 신개념 운세풀이

저자 지평地平 김민철

운원북
BOOK

목차

1장

운세 찾기

신개념
올해의 운세
2076년까지
운세조견표 수록

1. 올해의 운세 찾는 법

(예시) 김민철 金珉徹   2020년 운세

〈첫째〉 이름의 성씨姓氏와 이름의 끝 자의 획수를 더한 후 일의 자릿수만 갖는다.

金(8획) 珉(10획) 徹(15획)   金(8획)＋徹(15획)＝23   일의 자릿수만 갖는다.

⇨   2❸

답 : 3

〈둘째〉 표.1〈2014년부터~2073년까지 60갑자 조견표〉에서 2020년의 60갑자를 찾는다

60 甲子	년年	60 甲子	년年
갑오 甲午	2014년	갑자 甲子	2044년
기해 己亥	2019년	기사 己巳	2049년
경자 庚子	2020년	경오 庚午	2050년

답 : 경자 庚子

〈셋째〉 이름의 성씨姓氏와 끝 자의 획수를 더한 23에서 ❸과 표.1에서 구한 경자庚子의 庚이 표.2〈10괘十卦 조견표〉에서 만나는 점을 찾는다.

10	9	8	7	6	5	4	3	2	1	
癸	壬	辛	庚	己	戊	丁	丙	乙	甲	천天
壬	癸	庚	辛	戊	己	丙	丁	甲	乙	택澤
丁	丙	乙	甲	癸	壬	辛	庚	己	戊	풍風

답 : 풍風

〈넷째〉 이름의 성씨姓氏와 끝 자의 획수를 더한 23에서 ❸과 표.1에서 구한
경자庚子의 子가 표.3 〈12運星운성 조견표〉에서 만나는 점을 찾는다.

10	9	8	7	6	5	4	3	2	1	
建건	旺왕	生생	死사	絕절	胎태	絕절	胎태▼	病병	慾욕	子자

답 : 胎태

〈다섯째〉세 번째 구한 풍風와 네 번째 구한 태胎를 합친 풍·태를 찾아
운세를 보면 된다

50. 풍風·胎태 – 운세풀이 → 114 Page

미래를 위하여 신규사업이나 문서文書의 변동이 있을 運운이다. 모든 일에 변동이 예견되며,
직장에서는 변화가 야기할 수 있다. 기혼자는 처궁妻宮에 우환이 생길 수 있으며, 미혼자는 좋은
배필配匹을 만날 수 있는 기회가 찾아온다.

1월 운세
재물이 왕성한 달입니다. 가문 때 초목이 기쁜 단비를 만나는 형국의 운수입니다. 재물이 흥왕
하고 자손에 영화가 있는 운수의 달입니다. 길한 사람은 하늘이 도우니 마침내 크게 형통하는
운수입니다.

12월 운세
재물과 식록이 풍부한 달입니다. 유월 염천지절에 단비를 만나 기쁜 형국의 달입니다. 재물을
천만이나 얻었으니 일신이 편안하고 한가로운 운수의 달입니다. 식록이 풍부하니 이밖에 무엇을
더 구하겠습니까

• 10괘卦 → 천(天) 택(澤) 화(火) 뢰(雷) 풍(風) 수(水) 산(山) 지(地) 목(木) 금(金)
• 12운성運星 → 절(絕) 태(胎) 양(養) 생(生) 욕(浴) 대(帶) 관(冠) 왕(旺) 쇠(衰) 병(病) 사(死)
  묘(墓)
• 천간天干 → 갑(甲) 을(乙) 병(丙) 정(丁) 무(戊) 기(己) 경(庚) 신(辛) 임(壬) 계(癸)
• 지지地支 → 자(子) 축(丑) 인(寅) 묘(卯) 진(辰) 사(巳) 오(午) 미(未) 신(申) 유(酉) 술(戌)
  해(亥)

2016년부터 ~ 2076년까지 60갑자 조견표

60 甲子	년年	60 甲子	년年
병신 丙申	2016년	정묘 丁卯	2047년
정유 丁酉	2017년	무진 戊辰	2048년
무술 戊戌	2018년	기사 己巳	2049년
기해 己亥	2019년	경오 庚午	2050년
경자 庚子	2020년	신미 辛未	2051년
신축 辛丑	2021년	임신 壬申	2052년
임인 壬寅	2022년	계유 癸酉	2053년
계묘 癸卯	2023년	갑술 甲戌	2054년
갑진 甲辰	2024년	을해 乙亥	2055년
을사 乙巳	2025년	병자 丙子	2056년
병오 丙午	2026년	정축 丁丑	2057년
정미 丁未	2027년	무인 戊寅	2058년
무신 戊申	2028년	기묘 己卯	2059년
기유 己酉	2029년	경진 庚辰	2060년
경술 庚戌	2030년	신사 辛巳	2061년
신해 辛亥	2031년	임오 壬午	2062년
임자 壬子	2032년	계미 癸未	2063년
계축 癸丑	2033년	갑신 甲申	2064년
갑인 甲寅	2034년	을유 乙酉	2065년
을묘 乙卯	2035년	병술 丙戌	2066년
병진 丙辰	2036년	정해 丁亥	2067년
정사 丁巳	2037년	무자 戊子	2068년
무오 戊午	2038년	기축 己丑	2069년
기미 己未	2039년	경인 庚寅	2070년
경신 庚申	2040년	신묘 辛卯	2071년
신유 辛酉	2041년	임진 壬辰	2072년
임술 壬戌	2042년	계사 癸巳	2073년
계해 癸亥	2043년	갑오 甲午	2074년
갑자 甲子	2044년	을미 乙未	2075년
을축 乙丑	2045년	병신 丙申	2076년
병인 丙寅	2046년	정유 丁酉	2077년

<표.2>

10괘十卦 조견표

10	9	8	7	6	5	4	3	2	1	
癸	壬	辛	庚	己	戊	丁	丙	乙	甲	천天
壬	癸	庚	辛	戊	己	丙	丁	甲	乙	택澤
乙	甲	癸	壬	辛	庚	己	戊	丁	丙	화火
甲	乙	壬	癸	庚	辛	戊	己	丙	丁	리雷
丁	丙	乙	甲	癸	壬	辛	庚	己	戊	풍風
丙	丁	甲	乙	壬	癸	庚	辛	戊	己	수水
己	戊	丁	丙	乙	甲	癸	壬	辛	庚	산山
戊	己	丙	丁	甲	乙	壬	癸	庚	辛	지地
辛	庚	己	戊	丁	丙	乙	甲	癸	壬	목木
庚	辛	戊	己	丙	丁	甲	乙	壬	癸	금金

<표.3>

12운성運星 조견표

10	9	8	7	6	5	4	3	2	1	
建건	旺왕	生생	死사	絶절	胎태	絶절	胎태	病병	慾욕	자子
帶대	衰쇠	養양	墓묘	墓묘	養양	墓묘	養양	衰쇠	帶대	축丑
慾욕	病병	胎태	絶절	死사	生생	死사	生생	旺왕	建건	인寅
生생	死사	絶절	胎태	病병	慾욕	病병	慾욕	建건	旺왕	묘卯
養양	墓묘	墓묘	養양	衰쇠	帶대	衰쇠	帶대	帶대	衰쇠	진辰
胎태	絶절	死사	生생	旺왕	建건	旺왕	建건	慾욕	病병	사巳
絶절	胎태	病병	慾욕	建건	旺왕	建건	旺왕	生생	死사	오午
墓묘	養양	衰쇠	帶대	帶대	衰쇠	帶대	衰쇠	養양	墓묘	미未
死사	生생	旺왕	建건	慾욕	病병	慾욕	病병	胎태	絶절	신申
病병	慾욕	建건	旺왕	生생	死사	生생	死사	絶절	胎태	유酉
衰쇠	帶대	帶대	衰쇠	養양	墓묘	養양	墓묘	墓묘	養양	술戌
旺왕	建건	慾욕	病병	胎태	絶절	胎태	絶절	死사	生생	해亥

2. 우리나라의 성씨姓氏의 획수劃數

2劃 성씨(姓氏)

정(丁) 복(卜) 우(又) 도(刀) 역(力) 내(乃)

3劃 성씨(姓氏)

천(千) 대(大) 궁(弓) 범(凡) 우(于) 산(山) 자(子) 간(干)

4劃 성씨(姓氏)

윤(尹) 문(文) 원(元) 공(孔) 변(卞) 왕(王) 방(方) 모(毛) 구(仇) 인(仁) 우(牛) 공(公) 태(太)
천(天) 부(夫) 정(井) 화(化) 우(牛) 일(日) 파(巴) 개(介) 목(木) 편(片) 수(水) 근(斤)

5劃 성씨(姓氏)

전(田) 백(白) 신(申) 석(石) 감(甘) 옥(玉) 사(史) 피(皮) 평(平) 점(占) 영(永) 빙(氷) 포(包)
소(김) 책(冊) 태(台) 공(功) 북(北) 령(令) 홍(弘) 필(疋) 현(玄) 좌(佐) 구(丘) 비(丕) 왕(王)

6劃 성씨(姓氏

전(全) 임(任) 안(安) 주(朱) 길(吉) 이(伊) 인(印) 모(牟) 미(米) 호(好) 박(朴) 서(西) 우(羽)
유(有) 택(宅) 수(守) 백(百) 노(老) 규(圭) 광(光) 곡(曲) 선(先) 후(后)

7劃 성씨(姓氏)

이(李) 지(池) 오(吳) 송(宋) 려(呂) 신(辛) 강(江) 성(江) 연(延) 차(車) 판(判) 보(甫) 두(杜)
좌(佐) 하(何) 량(良) 오(吾) 제(弟) 곡(谷) 효(孝) 정(廷) 여(余) 범(汎) 견(見) 군(君) 초(初)
지(池)

8劃 성씨(姓氏)

김(金) 임(林) 심(沈) 맹(孟) 기(寄) 방(房) 명(明) 상(尙) 구(具) 주(周) 지(知) 승(承) 계(季)
탁(卓) 봉(奉) 충(忠) 채(宋) 흔(昕) 문(門) 부(斧) 악(岳) 공(空) 장(長) 승(昇) 경(庚) 사(沙)
경(京) 석(昔) 종(宗) 사(숨) 화(和) 창(昌) 적(狄) 내(奈) 애(艾) 야(夜)

9劃 성씨(姓氏)

류(柳) 유(俞) 강(姜) 남(南) 우(禹) 하(河) 함(咸) 선(宣) 위(韋) 추(秋) 표(表) 시(柴) 태(泰) 준(俊) 천(泉) 언(彦) 단(段) 성(星) 정(貞) 사(思) 척(拓) 향(香) 율(律) 시(施) 요(姚) 편(扁) 초(肖)

10劃 (姓氏)

홍(洪) 서(徐) 고(高) 은(殷) 진(秦) 시(時) 계(桂) 궁(宮) 당(唐) 원(袁) 진(晉) 경(耿) 환(桓) 방(芳) 상(桑) 마(馬) 원(原) 안(晏) 공(恭) 하(夏) 공(貢) 손(孫) 화(花) 진(眞) 강(剛) 창(倉) 수(洙) 옹(邕)

11劃 (姓氏)

최(崔) 장(張) 강(康) 견(堅) 양(梁) 어(魚) 허(許) 방(邦) 계(啓) 주(珠) 호(扈) 나(那) 장(將) 마(麻) 랑(浪) 경(卿) 국(國) 율(栗) 건(乾) 위(尉) 상(常) 조(曹) 매(梅) 빈(班) 호(胡)

12劃 성씨(姓氏)

민(閔) 황(黃) 지(智) 동(童) 순(荀) 순(舜) 순(順) 돈(敦) 요(堯) 운(雲) 소(邵) 하(賀) 필(弼) 경(景) 정(程) 삼(森) 형(荊) 등(登) 팽(彭) 증(曾) 윤(閏) 한(閑) 선(善) 승(勝) 유(庾) 설(卨) 동방(東方) 풍(馮) 이(異) 저(邸) 일(壹) 부(傅) 구(邱) 단(單) 삼(森) 강(强)

13劃 (姓氏)

렴(廉) 양(楊) 목(睦) 금(琴) 장(莊) 초(楚) 뢰(雷) 가(賈) 경(敬) 욱(郁) 신(新) 온(溫) 아(阿) 사공(司空) 강산(岡山) 소봉(小峰) 돈(頓) 옹(雍) 춘(椿) 탕(湯)

14劃 (姓氏)

조(趙) 배(裵) 신(愼) 봉(鳳) 빈(賓) 단(端) 종(種) 기(箕) 화(華) 수(壽) 영(榮) 계(溪) 제(薺) 실(實) 괴(槐) 긍(兢) 견(甄) 국(菊) 연(連) 석(碩) 채(菜) 공손(公孫) 서문(西門)

15劃 (姓氏)

경(慶) 노(魯) 류(劉) 엽(葉) 동(董) 한(漢) 표(標) 광(廣) 가(價) 만(萬) 부(部) 갈(葛) 곽(郭) 만(漫) 묵(墨) 연(緣) 탄(彈) 한(漢) 량(樑) 루(樓) 빈(賓) 흥(興) 영(影) 제(諸) 사마(司馬) 장곡(長谷)

16劃 (姓氏)

진(陳) 노(盧) 음(陰) 연(燕) 용(龍) 제(諸) 반(潘) 우(遇) 도(陶) 육(陸) 전(錢) 도(道) 도(都) 황보(皇甫) 수(輸) 개(蓋) 강(彊) 교(橋) 두(頭)

17劃 (姓氏)

한(韓) 채(蔡) 장(蔣) 종(鍾) 선(鮮) 국(鞠) 양(陽) 촉(燭) 농(濃) 사(謝) 택(澤) 연(蓮), 추(鄒)

18劃 (姓氏)

위(魏) 간(簡) 쌍(雙) 대(戴) 추(⺀) 안(顔) 호(鎬)

19劃 (姓氏)

정(鄭) 설(薛) 담(譚) 방(龐) 남궁(南宮) 고이(古爾) 어금(魚金)

20劃 (姓氏)

엄(嚴) 라(羅) 환(還) 석(釋) 선우(鮮于) 하후(夏候)

21劃 (姓氏)

수(隨) 고(顧) 학(鶴) 등(藤)

22劃 (姓氏)

권(權) 소(蘇) 변(邊) 은(隱) 야율(耶律)

25劃 (姓氏)

독고(獨孤)

31劃 (姓氏)

제갈(諸葛)

3. 이름의 성씨姓氏와 이름의 끝 자 획수를 더하는 법

(예시) 한 글자 성씨(姓氏)와 두 글자 이름의 경우 (23▶ 3 갖는다)

金(8획) 珉(10획) 徹(15획)　　　金(8획) + 徹(15획) = 23

김　　민　　철

예시2) ▶ 한 글자 성씨(姓氏)와 한 글자 이름의 경우 (7▶ 7갖는다)

李(7획)　　　京(8획)　　　李(7획) = 7

이　　　경

예시3) ▶ 두 글자 성씨(姓氏)와 두 글자 이름의 경우(23▶ 3 갖는다)

南宮(19획) 玉 (5획) 分 (4획)　　南宮(19획) + 分 (4획) =23

남궁　　옥　　분

예시4) ▶ 두 글자 성씨(姓氏)와 한 글자 이름의 경우(22▶ 2갖는다)

西門(14획)　　卓(8획)　　　西門(14획) + 卓 (8획) =22

서문　　　탁

4. 이름의 획수를 구할 때 주의할 점

성명학에서 한자의 획수를 계산할 때 한자의 좌우 또는 받침은 글자의 원래 부수의 획수로 계산해야 한다. 즉 月변은 肉으로 6획이고, 氵변은 水으로 4획이다.

숫자의 경우 1(一), 2(二), 3(三), 4(四), 5(五), 6(六), 7(七), 8(八), 9(九), 10(十)은 숫자의 획수와 관계없이 성명학에서는 그 의미로써 획수로 본다 (단 百 6획, 千 3획으로 본다)

▣ 부수와 변의 획수 일람표

약 부수	본 부수	획수	약 부수	본 부수	획수
扌	手	4획	忄	心	4획
氵	水	4획	犭	犬	4획
礻	示	5획	王	玉	5획
⺿	艸	6획	衤	衣	6획
月	肉	6획	罒	网	6획
辶	辵	7획	耂	老	6획
阝 (좌)	阜	8획	阝 (우)	邑	7획

▣ 부수 획수 계산 <예시>

扌 (手) 재방변(손 수) : 指(손가락 지) ☞ 10획

氵 (水) 삼수변(물 수) : 江(강 강) ☞ 7획

礻 (衣) 옷의변(옷 의) : 被(이불 피) ☞ 11획

阝 (阜) 좌부변(언덕 부) : 阿(언덕 아) ☞ 13획

阝 (邑) 우부방(고을 읍) : 部(거느릴 부) ☞ 15획

⺿ (艸) 풀초머리(풀 초) : 茶(차 다) ☞ 12획

辶 (辵) 책받침(쉬엄쉬엄 갈 착) : 通(통할 통) ☞ 14획

2장

운세풀이

1. 천天 절絕

즉흥적인 경향이 있어 타인의 감언이설甘言利說에 속아 피해를 볼 수 있다. 귀가 얇은 탓에 과한 욕심을 부려 실패할 수도 있다. 이럴 땐 주위의 조언을 듣는 게 좋다. 여자는 남자를 경계하여야·한다. 연애를 전제로 만나는 남자 또는 직장 동료를 조심하여야 한다.

[음력 이달의 운수]

1월

앞길을 보지 못하고 헤매는 달입니다. 말이 험준한 산길에 접어든 격이니 앞으로 가지도, 뒤로 물러서지도 못하는 어려운 형국입니다. 남의 말에 휩쓸려 부화뇌동한다면 얻는 것보다 잃는 것이 더 많을 겁니다. 어두운 밤에 등불이 없이 길을 가는 형국이니 어려움이 따를 수 있는 달입니다.

2월

이달도 1월 달과 같은 형국입니다. 이달의 운수 역시 지난달과 같으니 경거망동을 주의하여야 합니다. 마음속에 근심이 있을 수 있으나 누구 하나 마음을 알아주는 사람이 없는 형국입니다. 하지만 남과 더불어 일을 도모하면 그 이익이 적지 않은 달입니다.

3월

안팎으로 어려움이 따를 수 있는 달입니다. 물고기와 용이 물을 잃은 형국이니 한 번은 곤란을 겪는 운수입니다. 어려움에 처하면 한 번은 편법적인 방법으로 어려움에서 빠져나오는 형국입니다. 집안에 우환이 있을 수 있습니다.

4월

어찌할 바를 몰라 우왕좌왕하는 달입니다. 하루 종일 굶는 형국이니 입이 써서 음식을 대하여도 그 맛을 알지 못하는 운수입니다. 행인이 길을 가는데 어린 초동이 앞장서니 불안한 형국입니다. 남을 너무 가까이하지 마십시오.

5월

관재구설에 시달리는 달입니다. 오월과 유월에는 관재구설이 따르니 항상 조심, 또 조심하여서 언행을 하여야 합니다. 이름만 있을 뿐 나를 알아주는 사람 하나 없는 운수입니다. 관재구설에 휘말리니 한 번은 놀랄 일이 있습니다.

경거망동 하고 분수를 모르면 화를 당할 수도 있는 달입니다. 이달은 작은 것을 탐내다가 큰 것을 잃기도 하는 형국입니다. 동서로 분주하게 움직이나 분수를 지켜 안정할 줄 모르니 안타까운 형국입니다. 자꾸 일을 도모하면 불리하고 조용히 분수를 지킨다면 무사히 넘어갈 것입니다.

7월

얻고자 하는 것을 얻기 어려운 달입니다. 깊은 산속에서 물고기를 구하는 형국이니 결국 하는 일에 결과가 없는 운수입니다. 나의 마음이 천 갈래 만 갈래이니 누가 나의 마음을 알아줄까. 남과 다투게 되면 재물을 잃을 수 있습니다.

8월

매사에 막힘이 많으니 답답한 달입니다. 이십 년의 지난 세월이 아련히 꿈만 같은 형국의 달입니다. 많은 일을 처리하지 못하고 있어 마음이 편치 못할 때가 많습니다. 때때로 하는 일마다 막히는 일도 생겨 마음에 병이 들기도 합니다.

9월

손재수와 구설수가 따를 수 있는 달입니다. 달이 구름에 가려지니 좋은 달을 보지 못하는 형국입니다. 흉신이 명궁에 들어오니 물 조심을 하여야 합니다. 손재수와 구설수가 간간히 따르니 마음이 산란하고 괴로운 운수입니다.

10월

하는 일이 허망하고 내환이 있을 수 있습니다. 시작도 끝도 없어 뜬구름을 잡는 것만 같습니다. 그래서 허망한 마음이 들기도 합니다. 집안에 우환이 있을지도 모릅니다. 심산유곡에 들어가 산신에 기도하면 어느 정도 그 액운을 면할 것입니다.

11월

구설수가 있을 수 있으나 이사나 원행하면 길한 달입니다. 동짓달과 섣달에는 그냥 그런대로 평평한 달입니다. 금성(金姓)을 가까이하면 구설에 휘말려 어려움을 겪게 되는 운수입니다. 할 일은 많으니 이사하여 안정한 다음 일을 추진한다면 좋은 일이 있을 겁니다.

12월

길한 일과 흉한 일이 함께 있는 달입니다. 이달의 운수는 길흉이 상존하는 달입니다. 원행하면 불리하고 갑작스런 일을 당하기 쉽습니다. 원행이나 출입을 자주하면 흉한 일을 당할 운수이니 출행을 삼가야 하는 운수입니다.

2. 천天 태胎

새로운 일을 시작할 수 있는 좋은 운이다. 혼자도, 타인의 도움을 받는 것도 가능하다. 그러나 의외의 행운도 급하게 진행하면 실패가 따를 수 있는 법. 모든 일에 신중을 기하며 진행한다면, 순조롭게, 사업에 크게 성공할 것이다.

[음력 이달의 운수]

1월

재물이 날로 늘어나는 달입니다. 천지가 서로 순응하니 만물이 화생하는 형국의 달입니다. 쥐가 곡식 창고에 들어 있는 격이니 재물의 이득이 크게 통하는 운수의 달입니다. 사람 수를 더하고 하루하루 천금을 더 쌓아 가는 형국의 달입니다.

2월

하는 일이 순조롭게 흘러가는 달입니다. 태평하다 일컫는 요순시대에 나오는 달로 하늘과 땅을 모두 밝히는 형국입니다. 고향으로 돌아가는 기러기 떼와 함께하는 형국이니 발걸음이 천군만마를 얻은 듯 아주 전도양양한 운수입니다. 재물과 복덕이 흥왕하니 황금 계곡을 부러워하지 않는 운수의 달입니다.

3월

하던 일에 이따금 시비가 생기는 달입니다. 물론 기본적으로는 가운이 흥왕하니 식구가 늘고 토지가 늘어나는 운수의 달입니다. 다만 말이 와전이 되어 돌고 도니 시비가 끊이지 않을 수 있습니다. 하고 있는 일을 남이 가로채기도 하여서 운수가 막히기도 하는 달입니다.

4월

실물수와 횡액이 따를 수도 있는 달입니다. 이익은 동쪽과 남쪽에 있습니다. 불운이 이따금 찾아올 수 있으니 도둑과 실물수를 조심할 필요가 있는 달입니다. 흉한 귀신이 나의 몸을 침범하려 하기에 뜻밖의 사고도 조심하여야 하는 달입니다.

5월

좋은 일과 나쁜 일이 공존하는 달입니다. 일을 도모하기도 하지만 남에게 해를 입을 수도 있는 달이니 모쪼록 조심하여야 합니다. 의외로 횡재수가 찾아오는 달이기도 합니다. 서쪽 사람을 가까이하게 되면 해를 입을 수 있는 운수이니 몸조심을 하여야 하는 달입니다.

남과 함께 일을 하여보는 달입니다. 남과 일을 도모할 경우 이익을 볼 수 있는 운수입니다. 모든 일이 이루어지는 형국으로 많은 사람이 나를 우러러보기도 합니다. 하지만 헛된 욕심은 나를 해치는 결과를 가져오는 법입니다. 남의 것을 탐내지 말아야 하는 달입니다.

어려운 형국에서 벗어나는 달입니다. 만일 횡재를 하지 않으면 집안에 경사가 있을 운수의 달입니다. 가문 날에 단비를 만나니 잠자던 소가 풍성한 풀을 얻는 형국의 운수입니다. 하는 일이 길하여 하고자 하는 모든 일이 순조롭게 풀려 나가는 형국의 달입니다.

재물과 명예가 따르는 달입니다. 재성이 명궁을 비추니 경영하는 바가 이루어지게 되는 운수의 달입니다. 이익이 멀리에 있으니 멀리 나가면 재물을 얻는 달입니다. 나의 이름이 사방에 전하여지니 모든 사람이 나를 우러러보는 형국의 달입니다.

경거망동 하지 않으면 자리를 지킬 수 있는 달입니다. 머리에 월계수 꽃을 꽂은 격으로 모든 사람이 나를 우러러보는 형국의 달입니다. 하지만 술과 여자를 가까이하면 명예가 실추되는 운수이니 조심하여야 하는 달입니다. 소인처럼 행동하면 불리하고 군자처럼 행동하면 길한 달입니다.

어려운 시련을 이겨 내고 목적을 달성하는 달입니다. 가문 하늘에 큰 비가 퍼부으니 가뭄이 일시에 해소되는 형국의 달입니다. 천 리 밖의 외로운 나그네가 입신양명 하는 운수의 달입니다. 나쁜 것은 가고 좋은 것은 오니 스스로 만금을 이루는 운수의 달입니다.

원하는 바를 성취하여 보는 달입니다. 동짓달과 섣달에는 기쁜 일이 몸에 임하는 운수입니다. 수복이 함께하는 형국이니 그 이름이 먼 곳과 가까운 곳에 모두 퍼지는 형국의 운수입니다. 이름이 사방에 떨쳐지니 많은 사람이 나를 흠모하고 우러르는 달입니다.

사람만 조심하면 태평한 운수의 달입니다. 길가에 집을 지으나 완성할 날이 기약 없는 형국의 달입니다. 마음속에 근심이 없으니 편안한 곳에 태평히 지내는 형국의 달입니다. 반대로 화성(火姓)과 가까이하면 재물을 손해 보는 운수의 달입니다.

3. 천天 양養

요행僥倖이나 어느 순간 갑자기 잘되기보다는, 점진적漸進的이고 한 번에 하나씩 풀려 가는 운이다. 마음만큼 그렇게 만족할 수는 없겠으나 내용은 충실하다. 형제자매 간에 화목和睦하며, 자식子息 진학 문제에 좋은 일이 있을 운運이다.

[음력 이달의 운수]

1월

이달의 운수는 적은 이득에 초점이 맞춰져 있습니다. 따라서 과한 욕심을 부릴 경우 흉한 일을 겪을 수 있습니다. 분수 밖의 재물을 탐하다가 낭패를 볼 수 있으니 좋지 않은 꾀를 쓰지 말아야 하는 달입니다. 또한 가는 길이 순탄하지 못하니 신중하게 발을 디뎌야 하는 형국의 달입니다.

2월

약간의 근심은 있을 수 있으나 무탈하게 지나가는 달입니다. 다만 토성(土姓)은 해로우니 가까이하면 해가 있을 수 있습니다. 문 밖을 나서서 서쪽으로 향하니, 혹여 귀인이 나를 도울 수도 있는 형국의 달입니다. 자손에 근심은 있을 수 있으나 그다지 손해는 없습니다.

3월

몸과 마음이 평안하지 못한 달입니다. 아무리 재주 있는 부인이라도 실 없이는 바느질이 어려운 법입니다. 재주는 많으나 재주를 쓸 여건이 되지 않을 수 있습니다. 몸이 곤경에 처하여 있을 수도 있으며 거처하는 곳이 불안할 수도 있습니다. 이처럼 곤란함이 적지 아니하니 머무는 곳이 불안한 형국입니다.

4월

재물 운이 좋지 못한 형국의 달입니다. 비록 일을 도모하긴 하나 재물 이익이 많지 않은 운수의 달입니다. 가는 길마다 첩첩산중이니 내 고향을 찾지 못하는 형국의 달입니다. 물을 거슬러 올라가는 배요, 옆바람을 맞으면 가는 배의 형국이니 일이 뜻대로 이루어지지 않을 수도 있는 달입니다.

5월

마음먹은 대로 이루기는 어려운 운수의 달입니다. 마음이 이따금 뜬구름 같아 이루어지는 일이 없는 운수의 달입니다. 이익은 동쪽에 있습니다. 동쪽에서는 반드시 재물을 얻어 볼 수 있는 달입니다. 만일 여색을 즐기면 괴이한 일을 당하게 되는 형국이니 조심하여야 하는 달입니다.

6월

입단속을 하여야 이익이 있는 달입니다. 가는 길마다 위험이 도사리고 있으니 출행하면 이롭지 못한 운수의 달입니다. 귀하고 천함은 운수에 달려 있으니 사리사욕을 바라지 말아야 하는 달입니다. 특히 경영과 관련한 일을 남에게 얘기하지 말아야 유익한 운수의 달입니다.

7월

마음이 편안하지 못한 달입니다. 굳이 따지자면 흉한 것이 길한 것보다 많은 편입니다. 해와 달의 밝음이 명확하지 않은 형국이니 신상에 곤란함이 따를 수 있는 달입니다. 또한 마음에 번민이 들어 찰 수 있어 평안하지 못한 운수의 달입니다.

8월

다른 사람의 재물이 우연히 집에 들어오는 달입니다. 반대로 때문에 시비와 구설수가 있을 수 있는 달입니다. 백 가지 일을 함에 있어서 신중하게 처신하여야 좋은 달입니다. 시비를 가까이하게 되면 구설수를 면하지 못할 가능성이 있는 운수의 달입니다.

9월

고생 끝에 낙이 오는 운수의 달입니다. 장차 길한 운수가 도래하는 형국이니 당장 너무 낙심하지 않아도 되는 운수의 달입니다. 차차 운수가 형통하게 되는 형국의 달입니다. 길한 운수가 점차 도래하니, 하는 일에 길함이 있습니다.

10월

길한 운이지만 구설수를 조심하여야 하는 달입니다. 경거망동 하게 되면 횡액이 따를 수 있는 운수의 달입니다. 특히 서쪽으로 가면 손재수와 구설수가 따를 수 있으니 주의하여야 합니다. 이 부분만 조심하면 명리를 이루니 이를 치하하는 손님이 문전성시를 이루는 형국의 달입니다.

11월

신중한 행동으로 재물을 얻을 수 있는 달입니다. 즐거움은 끝을 보지 못하는 법이요, 욕심은 길지 못한 형국의 달입니다. 재물이 동쪽에 있으니 나가면 가히 얻을 수 있는 운수의 달입니다. 특히 권 가(權家)와 박 가(朴家)가 길한 운수의 달입니다.

12월

좋은 기회를 잡는 달입니다. 눈이 장안에 가득하니 긴 옷자락을 늘어뜨리고 높은 곳에 누워 있는 것 같은 형국의 운수입니다. 반드시 형통함이 있으니 이 기회를 잃지 말아야 하는 운수의 달입니다. 음양이 화합하는 형국이니 만물이 다시 회생하는 운수의 달입니다.

4. 천天 생生

겉으로는 부드럽고, 내적으로는 강한 외유내강外柔內剛의 몸가짐으로 인내한다면 원만하여 생활을 할 수 있다. 예술藝術, 기술技術 방면에 독립을 생각한다면 길吉 할 운이다. 그러나 친구, 또는 모르는 사람과 함께할 생각이라면 피하는 것이 좋다.

[음력 이달의 운수]

1월

화재를 조심하여야 하는 달입니다. 천신이 나를 도우니 기쁜 일이 중중한 운수의 달입니다. 백 가지 일에 흠이 없으나 불은 조심할 필요가 있는 운수의 달입니다. 금성(金姓)을 가까이 할 경우 우연히 나를 해치는 운수의 달입니다.

2월

귀인이 돕는 달입니다. 선한 사람과는 친하게 지내고 악한 사람과는 거리를 두어야 하는 달입니다. 귀인이 와서 도울 때 이익이 그 가운데 있는 운수의 달입니다. 가문 하늘에 마른 싹이 비를 만나 틔우는 형국의 달입니다.

3월

하는 일마다 순조로운 달입니다. 곡식에 이로운 비가 흩날리니 봄꽃이 바르게 피는 형국의 달입니다. 신운이 크게 통하니 재물이 가히 여의한 운수의 달입니다. 한 집안이 태평하니 백 가지 일이 순조롭게 이루어지는 운수의 달입니다.

4월

사람을 조심하여야 하는 달입니다. 운이 남쪽에 이르고 범에 날개가 나는 형국의 달입니다. 재물도 왕성하고 몸도 왕성하니 금의환향하는 운수의 달입니다. 다만 금성(金姓)을 조심하여야 합니다. 손해가 있을 수 있고 이익이 없을 수 있는 운수의 달입니다.

5월

상복을 입어 볼 달입니다. 길성이 나를 도우니 반드시 집을 일으키는 운수의 달입니다. 선을 쌓은 집에 반드시 경사 남음이 있는 운수의 달입니다. 길한 중에 흉함이 있으니 상복을 입을까 가히 두려운 운수의 달입니다.

6월

고진감래 하여야 하는 운수의 달입니다. 자손의 액운이 가히 염려되는 운수의 달입니다. 명산대천에 미리 기도하여 도액하여야 하는 운수의 달입니다. 한편으로는 백 가지 일이 길하니 날로 천금을 이루는 운수의 달이기도 합니다.

7월

재물이 들어오는 달입니다. 집안사람들이 한마음으로 뭉치니 도모하는 일을 가히 이루는 운수의 달입니다. 재물이 하늘에서 오니 도주(중국의 갑부)를 부러워하지 않는 운수의 달입니다. 다만 목성(木姓)과 금성(金姓)은 공연히 나를 해치는 사람들입니다.

8월

횡재수가 있을 수 있는 달입니다. 새벽녘 까치가 기쁨을 알리니 귀인이 문에 임하는 운수의 달입니다. 만일 횡재하지 않으면 자손에 영화가 있는 운수의 달입니다. 길신이 도움을 주니 기쁜 일이 중중한 운수의 달입니다.

9월

원행을 조심하여야 하는 달입니다. 의외의 재물을 얻으니 넓게 논밭을 두는 형국의 달입니다. 재물과 복록을 겸전하니 만인이 우러러보는 운수의 달입니다. 다만 관귀가 길을 지키니 원행하면 흉한 운수의 달이기도 합니다.

10월

하는 일마다 순조로운 달입니다. 봄 동산의 풀이 날로 푸름을 더하는 운수의 달입니다. 순조로운 물살에 배를 행하니 물결이 잔잔하여지고 파도가 평평하게 가라앉는 운수의 달입니다. 이익이 밖에 있으니 움직이면 재물을 얻는 운수의 달입니다.

11월

귀인이 돕는 달입니다. 금관 옥대로 황제의 은혜를 스스로 얻는 형국의 운수입니다. 만일 귀인을 만나면 관록이 몸에 임하는 운수의 달입니다. 군자는 복록을 얻고 소인은 허물만 있는 운수의 달입니다. 소인은 재물을 탐하기 때문입니다.

12월

집안에 우환이 있을 수도 있는 달입니다. 봉황이 아침 햇살에 우니 태평한 기상이 있는 형국의 달입니다. 만일 재물을 얻지 아니하면 생남할 운수의 달입니다. 만일 부모께 근심이 없으면 자손의 액운을 면하기 어려운 운수의 달입니다.

5. 천天 욕浴

대체로 인내력이 약하여 지속성이 없고 남녀男女 모두 이성과 관련하여서 긍정적이지 않으니 이 점을 경계하여야 한다. 독립심과 아집이 강해 단체 생활보다는 혼자만의 공간, 생활을 좋아한다. 따라서 이와 관련한 문제가 대두될 수 있는데, 특히 형제자매 간이 걱정된다.

[음력 이달의 운수]

1월

앞날을 예측하기 어려운 달입니다. 외로운 배가 바람을 만나니 안정될지 위태할지 분간하기 어려운 형국의 달입니다. 비록 재물은 있으나 얻어서 모으기 어려운 형국의 운수입니다. 남과 더불어 도모하면 하는 일에 청원이 많이 생기는 운수의 달입니다.

2월

재물이 따르지 않는 형국의 달입니다. 봄눈이 산에 가득하니 초목이 나지 못하는 형국의 달입니다. 잡고 놓지를 못하는 격이니 해만 있고 이익이 없는 운수의 달입니다. 대체로 재물운이 공망을 만나 불리한 형국의 달입니다.

3월

수고로움만 있고 이득이 없는 달입니다. 심산유곡에 길을 알려 줄 사람이 아무도 없습니다. 노고에 비하여 공이 없을 수 있는 운수의 달입니다.

4월

분수를 지켜야 평안한 달입니다. 자손에 근심스런 병이 있을 수 있는데, 약이 제대로 말을 듣지 않을 확률이 높은 달입니다. 편안히 분수를 지켜야 재해가 침범하지 않는 운수의 달입니다. 대신 재물이 남쪽에 있으니 나가면 가히 얻는 운수의 달이기도 합니다.

5월

원행수가 있는 달입니다. 두 가지 고집스러움이 재앙이 되니 병마가 끊임없이 침범할 수 있는 운수의 달입니다. 아내의 질병이 불리하니 심신이 불안한 형국의 달입니다. 집에 있으면 마음이 상하니 원행하여 보는 운수의 달입니다.

원행으로 인하여 지키는 달입니다. 만 리 원정길에 쓰라린 고통을 견디기 어려운 형국의 달입니다. 이달의 운수는 흉함이 많고 길함이 적은 운수의 달입니다. 천 리 타향에 멀리 그 집을 생각하여 보는 형국의 달입니다.

상복을 입을 수도 있는 달입니다. 만일 남과 다툼이 없으면 상처할 운수의 달입니다. 청산 위에 상주의 의복을 입은 처지의 형국입니다. 믿는 도끼에 발을 찍히는 격이니 남의 말을 믿지 말아야 하는 운수의 달입니다.

구설수를 조심하여야 하는 달입니다. 남의 재물을 탐하면 도리어 손재를 하게 되는 운수의 달입니다. 하룻밤 꿈과 같은 인생이 펼쳐질 수 있습니다. 무단한 일로 구설이 분분하기도 한 달입니다.

위험이 곳곳에 있어 주의하여야 하는 달입니다. 봄의 얼음을 디딤과 같고 호랑이 꼬리를 밟음과 같은 형국의 운수입니다. 신상에 곤고함이 있는 운수이니 한탄한들 무슨 소용이 있겠습니까. 재물을 구하는 것이 불리하니 분수를 지켜 집 안에 있어야 하는 운수의 달입니다.

근심하고 기도하여야 하는 달입니다. 발로 범의 꼬리를 밟는 격이니 신상이 위태한 운수입니다. 심신이 안녕치 못한 격이니 질병을 조심하여야 하는 운수의 달입니다. 미리 액운을 막으면 가히 이 운수를 면하게 되는 달입니다.

차분히 기도하고 출행하지 말아야 하는 달입니다. 무단히 손재수가 있으니 친구의 말을 믿지 말아야 하는 운수의 달입니다. 산신께 기도하면 액운이 소멸하고 복이 찾아오는 운수의 달입니다. 동쪽과 남쪽 두 방향은 출행하면 불리한 방향입니다.

관재수를 조심하여야 하는 달입니다. 하룻밤 광풍에 떨어지는 꽃잎이 눈 같은 형국의 운수입니다. 빈 산 한 밤의 달이 잔나비 소리만 처량한 형국의 운수입니다. 금년의 운수는 움직이면 손재를 보는 운수의 달입니다.

6. 천天 대帶

왕성한 운으로 하고 있는 일에서 독립할 운이다. 만약 하고 있는 일에 장애와 곤란이 있다면 필시 전화위복轉禍爲福 될 것이다. 현재 진행하고 있는 사업에 문제가 없다면 크게 성공 발전 할 것이고, 조직에 몸을 담고 있다면 직위가 상승할 것이다.

[음력 이달의 운수]

1월

재물이 날로 풍부하여지니 기쁨에 절로 흥이 납니다. 좋은 운수가 다시 돌아오니 집안에는 경사요 밖에서는 융숭한 대접을 받습니다. 몸이 금고에 들어 있는 형국이니 마음먹은 대로 천금을 희롱하는 형국입니다.

2월

소원을 성취하니 세상 부러울 게 없는 달입니다. 오히려 밖에 나가면 횡재수가 있으니 집에 가만히 앉아 있지 말고 밖으로 나가 활동을 활발히 하는 것이 좋고, 가정 또한 평안하니 밖에서 하는 일도 순조롭게 성취됩니다.

3월

혼인을 하지 않은 남녀라면 혼인을 하는 달이요, 자식을 바라는 사람은 자식을 가질 수 있는 달입니다. 생각지 않던 사람이 찾아와서 이익을 안겨 주고 가니 기쁨이 두 배입니다. 재물도 생기고 가정도 화평하여지니 이 어찌 기쁜 일이 아니겠습니까.

4월

경영하는 일에 있어서 가까운 사람이 감언이설로 이익을 이야기하여 사업을 확장하게 한다면 낭패를 볼 수가 있는 달입니다. 그러나 운수가 좋기 때문에 곧 회복을 하는 달입니다. 후반기에 접어들어 몸과 마음이 편안하여지니 이는 하늘이 내린 천복입니다.

5월

신변에 재앙이 도사리고 있어 화재를 당하거나 상복을 입어 볼 수도 있으니 유의하여야 하는 달입니다. 또한 배우자 궁에 근심이 서려 있으니 질병에 걸리지 않도록 건강에 유의하여야 합니다. 그럼에도 치성으로 기도하면 가히 액을 면할 것입니다.

작은 이익이 큰 이익으로 변하니 물고기가 용으로 변하는 것 같은 부귀의 형국입니다. 하지만 경영하는 일로 바깥출입이 잦다 보니 집안 식구들을 소홀히 하게 되어 부부지간에 불화가 있을 수도 있는 형국이니 조심하여야 합니다.

재수가 좋아 의외의 금전을 얻으니 웃음이 절로 나오는 달입니다. 그러나 건강이 나빠질 수도 있는 달이니 건강에 유념하여 무리한 일에 과로를 피하여야 할 것입니다. 금전은 있다가도 없고 없다가도 있는 것이니 건강부터 챙겨야 할 것입니다.

귀인이 서로 앞다투어 나를 도우니 재물은 물론이요 관록이 몸에 임하는 달입니다. 식구가 한 사람 더 늘어나는 형국이기도 합니다. 그러나 감언이설을 하는 사람을 주의하여야 낭패를 피할 수 있는 것이니, 특히 가까이에서 나를 상대하고 있는 친구 등을 주의하여야 합니다.

일사천리로 경영하는 일이 순조롭게 진행이 되는 달입니다. 구월의 마른 풀이 단비를 만난 형국이니 어려움에서 벗어나는 때입니다. 특히 화성(火姓)을 친하면 훗날 반드시 이익을 취할 수 있으나, 만약 그런 기회가 없다면 지금까지의 복록이 없어지고 마는 결과를 초래할 것입니다.

동업을 하는 사람은 함께 세운 계획이 성사되더라도 이익이 없고 손해가 염려되는 달입니다. 대인관계에서 만남의 기쁨보다 헤어짐의 기쁨이 절실하게 원하여지는 달이기도 합니다. 만일 이별이 없으면 구설에 휘말려 곤혹스러운 번민을 하게 될 것입니다.

이달은 구설수가 따를 수 있는 달입니다. 그러나 노력하는 만큼의 이익도 있는 달입니다. 길한 별이 몸에 비추니 노력한 연후에 느지막이 복록을 얻는 형국입니다. 토성(土姓)을 가까이하면 손해를 볼 수도 있으니 유념하여야 합니다.

시험 보는 사람은 시험에 합격하는 달이요, 자식을 원하는 사람은 자식을 얻는 달입니다. 귀인이 동쪽과 서쪽에서 나를 도우니 재앙을 물리치고 가정 화평하게 태평가를 부르는 형국입니다.

7. 천天 건建

견실堅實한 계략計劃과 지능智能, 재략才略이 출중하여 타인의 도움이 없이도 어떤 일이든 홀로 성공할 수 있는 운이다. 만약 직장 생활을 한다면 몸을 담고 있는 조직組織 내에서 끝없는 노력과 인내로 신망信望과 존경尊敬을 받을 것이다.

[음력 이달의 운수]

1월

복록이 진진하니 근심 걱정이 사라지고 경영하는 일마다 좋은 결과를 얻는 달입니다. 내가 하는 일의 능력 이상으로 평가를 받기 때문에 주위의 부러움을 사기도 합니다. 모든 것이 가정이 화목하기 때문에 이루어지는 것입니다.

2월

비록 봄이지만 이미 꽃은 만개하여 떨어지고 가을과 같은 결실의 열매를 맺으니 일의 성과를 거두는 달입니다. 다만 화성(火姓)을 가까이하게 되면 뜻하지 않은 재물을 잃기도 하는 다든지 관재구설을 겪게 되므로 이 점을 유념하시기 바랍니다.

3월

다른 사람과 다툼이 있을 수인데, 만일 다투게 되면 관재가 따르니 주의하여야 합니다. 이 달은 좋은 일보다 나쁜 일이 더 많으니 주의하여 넘어가야 합니다. 특히 가까운 친구나 친척들과의 다툼이 없어야 할 것입니다.

4월

물고기가 겨울을 보내고 따뜻한 물을 만나니 그 노니는 모습이 의기양양한 달입니다. 봄에는 거슬리는 일이 많았는데, 여름으로 접어들면서 막히는 일이 점점 많아질 것입니다. 특히 시비거리를 만들지 말아야 관재구설을 피할 수 있습니다.

5월

집 안에 있으면 답답한 마음 어찌할 바를 모르니 원행을 하여보는 달입니다. 만일 그렇지 않으면 물건을 잃어버리는 달입니다. 생각하고 계획하는 일마다 어그러질 수도 있으니 지금까지 하던 일을 묵묵히 참고 견디어 나아가야 합니다.

6월

옛 친구를 만나 회포를 푸는 달입니다. 그러나 그 옛 친구의 입에서 나오는 꿀 같이 달콤한 말들은 나에게 무서운 칼로 변하여 돌아올 것입니다. 그렇지 않으면 집안에 우환이 생길 수 입니다. 남쪽에서 크게 재물을 잃고 구설에 오를 수도 있으니 남쪽은 피하시기 바랍니다.

7월

일을 추진하는 데 있어서 장애가 예상되니 사전에 미리미리 꼼꼼하게 살펴보고 계획을 철저히 세우지 않으면 낭패를 볼 수도 있는 달입니다. 그리고 수성(水姓)이 이로움을 주지 못하니 서로 주고받는 일을 하지 말아야 합니다.

8월

내가 베푼 사소한 적선이 나에게 큰 도움으로 돌아오니 기쁨이 두 배인 달입니다. 아무리 하찮은 것이라도 쓰는 법을 알면 버릴 것이 없는 법입니다. 다만 서쪽이 불리하니 삼가시기 바랍니다. 질병 또한 주의하여야 합니다.

9월

가을, 즉 음력 칠월, 팔월, 구월에는 금전이 조금 들어오는 달입니다. 다만 대인관계에 있어서 남을 비방하는 말을 서로 주고받지 말아야 합니다. 이익은 생선이나 물고기를 취급하는 장사를 하는 사람에게 있습니다.

10월

만일 이사나 이직을 하게 되면 후회할 일이 벌어질 수도 있는 달입니다. 이사나 이직을 하지 않는 것이 좋습니다. 그리고 이성을 가까이하게 되면 구설에 휘말려 낭패를 보게 됩니다. 경영하는 일 역시 결과를 얻기 어렵습니다.

11월

의외로 횡재수가 들어오는 달입니다. 만일 귀인을 만나게 되면 지위와 명예가 상승하니, 공직에 있는 사람은 승진하는 달입니다. 공부하는 학생은 시험으로 인하여 경사가 있을 수입니다.

12월

학이 아홉 구비 언덕 위에서 우니 그 소리가 하늘을 뒤덮어 이름을 널리 알릴 징조가 있는 달입니다. 나에게 귀인이 스스로 찾아와 도움을 주니 하는 일이 순조로울 수입니다. 서쪽과 남쪽이 유리한 방향이니 그곳에서 이익 되는 일을 찾아야 합니다.

8. 천天 왕旺

직장 생활을 한다면 조직 내 자신의 위상을 높이고 독립하여 별도 지위를 가질 수도 있는 운이다. 그러나 운을 믿고 자칫 잘못하여 권위를 내세우면 주위 사람에게 배척을 당할 수도 있다. 결혼 한 여자의 경우 가정보다 사회적인 면에서 활동이 길흄 하다.

[음력 이달의 운수]

1월

재물을 얻는 달입니다. 범의 꼬리를 밟음과 같으니 편한 중에 위태함을 막아야 하는 운수의 달입니다. 만일 관록이 아니면 반드시 재물을 얻는 운수의 달입니다. 만일 토성(土姓)과 친하면 재물의 이익이 대통하는 운수의 달입니다.

2월

경사가 있는 달입니다. 귀인이 나를 돕는 격이니 먼저는 곤고하고 나중은 태평한 운수의 달입니다. 만일 여색을 가까이하면 신상에 피해가 있을 수 있는 달입니다. 천신이 나를 도우니 반드시 경사가 남음이 있는 운수의 달입니다.

3월

귀인이 돕는 달입니다. 신수가 태평하니 사람들이 우러러보는 형국의 달입니다. 허망한 중에 실속이 있는 격이니 손에 천금을 희롱하는 운수의 달입니다. 재물이 서쪽에 있고 귀인이 나를 돕는 운수의 달입니다.

4월

구설수를 조심하여야 하는 달입니다. 부부가 화합하니 한 집안에 화기가 애애한 형국의 달입니다. 재수에 흠집이 없으나 적은 구설이 있을 수 있습니다. 미리 조왕신께 기도하면 혹여 질병이 두려운 운수의 달이기도 합니다.

5월

주색을 멀리하여야 하는 달입니다. 봉황이 새끼를 낳고 기린이 상서로움을 올리는 형국의 운수입니다. 소망이 여의로우니 만사가 순조롭게 이루어지는 형국의 달입니다. 여색을 가까이할 경우 몸에 이롭지 못한 운수의 달입니다.

6월

풍류를 즐기는 달입니다. 어진 덕으로 노니니 날로 더욱 복록이 있는 달입니다. 세상 풍파에 골몰하다가 부귀를 편히 누리는 운수의 달입니다. 녹음이 우거지니 누각에 올라 즐기는 운수의 달입니다.

7월

자손에 영화가 있는 달입니다. 소가 푸른 풀밭에서 졸고 있는 격이니 식록이 천 종이나 되는 운수의 달입니다. 의외로 성공을 거두는 격이니 기쁨이 가정에 가득한 운수의 달입니다. 자손에 자손이 차례로 영귀함을 얻는 운수의 달입니다.

8월

운수 대통 하는 달입니다. 사람 수도 늘어나고 금옥이 만당한 운수의 달입니다. 맹호가 바위를 등지니 광명이 크게 통하는 운수의 달입니다. 매사가 여의로우니 가산이 흥왕하는 운수의 달입니다.

9월

근신 자중하여야 하는 달입니다. 신수가 대길하니 백사가 여의한 운수의 달입니다. 소망이 여의하니 근심이 흩어지고 기쁨이 생겨나는 운수의 달입니다. 몸을 옥과 같이 유지하여야 가히 횡액과 화를 면하는 운수의 달입니다.

10월

집안이 화평한 달입니다. 뜰 앞의 매화가 때를 만나 꽃이 만발하는 형국의 달입니다. 길인을 하늘이 도와서 수고하지 않고 얻는 운수의 달입니다. 부부가 화합하고 순하니 한 집안이 화평한 운수의 달입니다.

11월

기쁨 가운데 슬픔이 있는 달입니다. 옥 같은 맑은 연못에 바람이 없으니 원앙이 한가로이 오르내리는 형국의 운수입니다. 만일 횡재가 아니면 관록이 몸에 따르는 운수의 달입니다. 미리 치성을 드리면 혹여 있을 천궁의 액을 면하는 달입니다.

12월

사람을 조심하여야 하는 달입니다. 궁에서 쇠북을 치고 거문고와 비파를 타니 그 소리가 맑고 향기로운 형국의 달입니다. 재물 운이 왕성하니 큰 재물이 문에 들어오는 형국의 달입니다. 박 씨, 오 씨, 권 씨와 가히 친하게 되면 피해가 있을 수도 있는 운수의 달입니다.

9. 천天 쇠衰

몸을 담고 있는 조직 내 자신의 운이 약하여 미래를 보장하기 힘들며, 고전을 면치 못한다. 이 시기에는 대세를 따라야 하며, 돌출 행동을 삼가고 조직의 방침에 순응하여야 일신을 보장받는다. 여자의 경우 육체적 고통이 따를 수도 있다. 형제자매 간에 금전 문제 또는 남편의 실직을 경험할 수도 있다.

[음력 이달의 운수]

1월

사람을 조심하여야 하는 달입니다. 운수가 형통하니 집안에 길하고 상서로움이 있는 달입니다. 산이냐 물이냐 이익은 그 가운데 있는 운수의 달입니다. 무릇 금성(金姓)을 조심해야 합니다. 손재수가 적지 않은 운수의 달입니다.

2월

고진감래 하는 달입니다. 때를 따라 행하니 그 도를 넘지 않는 형국의 달입니다. 옛것을 버리고 새것을 취하니 재앙이 사라지고 복록이 오는 운수의 달입니다. 고통과 고단함을 한탄하지 않으면, 마침내 편안함을 보게 되는 운수의 달입니다.

3월

안정을 찾아야 하는 달입니다. 문을 나서서 서쪽으로 향하니 혹여 은인이 있겠습니까. 재수는 반은 얻고 반은 잃는 형국의 운수입니다. 이익은 대체로 한가한 곳에서 얻을 수 있는 형국의 달입니다.

4월

분수를 지켜야 하는 달입니다. 출행할 경우 손해가 많은 운수의 달입니다. 남쪽을 가까이할 경우 하는 일마다 불리한 형국의 달입니다. 경거망동할 경우 이익을 얻지 못할 수 있는 운수의 달입니다. 이익은 안정을 취할 때 있는 형국의 달입니다.

5월

횡재하는 달입니다. 마음잡기를 한결같이 하면 자연히 이익을 얻는 운수의 달입니다. 의외의 재물을 얻으니 마침내 집안을 이루는 운수의 달입니다. 우연히 횡재를 하는 형국이니 널리 논밭을 두는 운수의 달입니다.

6월

원행을 하여보는 달입니다. 먼저는 길하고 나중은 흉하니 범사에 신중을 기하여야 하는 달입니다. 남쪽으로 피신하면 이 액운을 가히 면하는 운수의 달입니다. 신상에 근심은 없으나 재수는 불리한 운수의 달입니다.

7월

분수를 지켜야 하는 달입니다. 다른 사람이 천거해 주면 반드시 영귀함을 보게 되는 운수의 달입니다. 다른 사람을 업신여기지 마십시오. 도리어 그 피해가 있을 수도 있는 운수의 달입니다. 분수를 지키고 집 안에 있으면 자연히 복록이 있게 되는 운수의 달입니다.

8월

선한 마음으로 지내야 하는 달입니다. 동산에 푸른 솔을 옮겨 심으니 숲을 이루는 형국의 달입니다. 굶주린 사람이 풍년을 만나고 바깥의 재물이 문에 들어오는 운수의 달입니다. 만일 음한 일을 도모하면 도리어 그 피해를 받을 수 있는 운수의 달입니다.

9월

덕을 쌓는 달입니다. 까치가 뜰 나무 둥지에 드니 귀인이 와서 돕는 운수의 달입니다. 덕을 쌓은 집안은 경사가 남음이 있는 형국의 달입니다. 덕을 쌓고 은혜를 베풀면 복록이 오래가는 운수의 달입니다.

10월

가정이 편치 않은 달입니다. 재수는 대통하나 자손에 근심이 있을 수 있는 운수의 달입니다. 관재수와 구설수가 있을 수 있는데 자손과 관련이 있을 수도 있는 운수의 달입니다. 가정이 불안하니 심신도 불안한 운수의 달입니다.

11월

고진감래 하는 달입니다. 악귀가 해를 끼칠 수도 있는 격이니 하는 일에 공이 없음이 많은 달입니다. 우연한 일로 인하여 구설수가 가히 두려운 운수의 달입니다. 대신 이후부터는 점점 좋아지는 형국의 달입니다.

12월

귀인이 돕는 달입니다. 재물 운이 왕성하여 글로써 재물을 생하는 형국의 달입니다. 귀인이 와서 도우니 기쁜 일이 중중한 운수의 달입니다. 명리가 마음에 맞으니 구하지 않아도 스스로 얻게 되는 운수의 달입니다.

10. 천天 병病

이룰 수 없는 일에 대해 막연히 잘되겠지 하는 생각에 사로잡혀 헛된 시간을 보낸다. 좌절挫折을 맛보게 되어 건강健康을 해칠 수 있으며, 지나친 망상妄想으로 인해 가족家族 간에 불화不和로 형제 간에 문제를 일으킬 수 있다.

[음력 이달의 운수]

1월

재물과 명예가 따르는 운수의 달입니다. 이달의 운수는 가히 재물이 따르는 형국입니다. 이 익은 어느 방향에 있느냐 하면, 서쪽입니다. 만일 식구가 늘지 않으면 반드시 명예와 지위가 상승하는 운수입니다.

2월

뜻하는 바를 성취하는 달입니다. 마음이 풍족하고 뜻이 높으니 재물을 구함에 있어 여유로운 형국입니다. 재물 운이 흥왕하니 재물의 근원이 넓고 큰 운수입니다. 재물을 주관하는 별이 문에 비추니 큰 재물이 문 앞에 다다르는 형국의 달입니다.

3월

근심과 구설이 따를 수 있는 달입니다. 올바른 마음으로 덕을 닦고 수양을 하면 이익이 그 가운데 있는 형국입니다. 만일 몸에 병이 없으면 구설이 따를 수 있는 달입니다. 슬하에 근심이 있으니 남쪽에 가서 그 약을 구하여 보는 달입니다.

4월

원행을 하여 소원 성취를 경험하여 보는 달입니다. 푸르고 푸른 하늘에 달이 밝으니 그 빛이 밝고 밝은 형국입니다. 복성이 팔자에 있으니 원행하면 좋은 일이 있는 운수입니다. 범사가 여의로우니 소망하는 바를 성취하는 운수의 달입니다.

5월

한 번 웃고 한 번 우는 운수의 달입니다. 하는 일이 여의치 못하니 한 번 이루고 한 번은 실패하는 운수입니다. 순풍에 돛을 단 격이니 앞길이 전도양양한 형국입니다. 하지만 더러 하는 일에 허망함이 있을 수 있는 형국이니 모사를 꾸미는 일은 이롭지 못한 운수의 달입니다.

6월

사람으로 인하여 해를 보는 달입니다. 잠깐 비가 오나 싶다가도 잠깐 갠 날이 되는 형국이니 변화무상한 달입니다. 은인은 어디에 있는가 하면 동쪽의 목성(木姓)입니다. 사람으로 인하여 실패하는 수가 있으니 그 피해가 적지 않은 달입니다.

7월

가족에게 근심이나 우환이 있을 수도 있는 달입니다. 한 가지 매화가 한 집을 빛내는 형국입니다. 어려움이 계속 이어질 수도 있는 운수의 달입니다. 만일 아내에게 근심이 없으면 어머니에게 근심이 생기기도 하는 운수의 달입니다.

8월

마음이 산란하고 하는 일이 허망한 달입니다. 비록 부를 이루었다고는 하나 모두 허망함뿐인 형국의 달입니다. 비록 재물은 왕성하다 하나 얻은 것의 반은 없어지는 운수입니다. 사사로운 마음이 다시 생겨나니 하는 일에 모두 피해가 있을 수 있는 달이기도 합니다.

9월

얻으려 해도 얻지 못하고 나아가려 하나 막힘이 많을 수 있는 달입니다. 남의 말을 들으면 불리함을 겪을 수도 있는 형국의 달입니다. 신수가 막힘이 많으니 욕심을 버리고 나아가려 해도 얻는 것이 없는 운수입니다. 이른바 경영을 함에 있어서 허망함을 겪어 보는 달입니다.

10월

한 번은 얻고 한 번은 잃는 달입니다. 이달의 운수는 얻는 것과 잃는 것이 서로 반반인 형국입니다. 만일 나무를 다루는 일이 아니면 농업 경영으로 이익을 보는 운수입니다. 남쪽에서 오는 사람이 해를 끼칠 수도 있는 운수입니다.

11월

남의 재물을 탐하면 손해를 입는 달입니다. 비 온 뒤에 봄 산에 백 가지 꽃이 피어나는 형국의 운수입니다. 남의 재물을 탐하면 흉한 일을 당할 수도 있는 운수입니다. 토성(土姓)을 가까이하면 손해를 볼 수도 있는 운수의 달입니다.

12월

가정을 잘 지켜야 순조로운 달입니다. 이익이 남쪽에 있는데 우연히 귀인이 찾아와 돕는 형국의 운수입니다. 때로는 흉신이 침노하니 가정이 불화하는 운수의 달입니다. 혹여 도둑이 들어 물건을 훔쳐가는 운수이니 집단속, 문단속을 잘하여야 하는 운수의 달입니다.

11. 천天 사死

현재現在의 처지 문제로 심신이 괴롭고, 가정불화와 실의에 빠지기 쉽다. 그러나 이 시기에는 자신이 오랫동안 경험한 일을 계속 유지한다면 실수가 없을 것이요, 만약 알지 못하는 일을 새로이 시작한다면 손실損失을 보게 될 것이다.

[음력 이달의 운수]

1월

하는 일이 역부족인 달입니다. 음지의 능이요 달이 어두운 형국이니 장사가 방황하는 형국의 운수입니다. 세상사가 거슬림이 많은 운수이니 도처에 상함이 있는 형국의 달입니다. 험한 길에 말을 달리니 기운이 부족하여 나가지 못하는 운수의 달입니다.

2월

분수를 지켜야 하는 달입니다. 험한 길을 이미 지났는데 다시 태산을 만난 형국의 운수입니다. 손재수와 구설이 연달아 끊이지 않게 일어나는 운수입니다. 분수를 지키면 길하고, 망동하면 흉한 운수의 달입니다.

3월

구설수가 따를 수 있는 달입니다. 토성(土姓)을 가까이하면 일에 허망함이 많은 형국의 운수입니다. 우연한 일로 인하여 구설을 면하기 어려운 운수의 달입니다. 명산에 치성을 드리면 혹여 액운을 면함이 있는 달입니다.

4월

욕심을 삼가야 하는 달입니다. 의외의 재물을 허비하게 되는 운수이니 어디 하나 상하지 않은 곳이 없는 달입니다. 그러나 허욕의 마음이 생기는 것을 삼가야 하는 운수입니다. 만일 구설이 아니면 몸에 병이 가히 두려운 운수의 달입니다.

5월

들어온 만큼 나가는 형국의 달입니다. 바람이 뜬구름을 쓸어버리는 격이니 해와 달이 명랑한 형국의 운수입니다. 망령 되게 행동하면 형벌을 받게 되는 운수이니 조심하여야 하는 달입니다. 하여간 재물 운은 얻고도 잃어버리는 형국의 운수입니다.

6월

주색을 멀리하여야 하는 달입니다. 하루아침 광풍에 떨어지는 꽃잎이 분분한 형국의 달입니다. 하는 일에 마음이 가지 않는 운수의 달입니다. 만일 다른 여색을 가까이하면 불의의 운수가 되는 달입니다.

7월

고진감래 하는 운수의 달입니다. 재앙이 사라지고 복이 흥하니 일신이 편안하고 한가로운 형국의 운수입니다. 만일 관록을 얻지 않으면 횡재를 하는 운수의 달입니다. 도둑을 조심하여야 하니 실물수가 두려운 운수의 달입니다.

8월

근신하여야 하는 달입니다. 집안에 경사가 있는 격이니 자손에게 좋은 소식이 있는 달입니다. 재물의 근원이 깊지 못하니 밖에서 재물을 구하지 말아야 하는 운수의 달입니다. 모이고 흩어짐이 정해진 것이 없으니 득실의 운수입니다.

9월

하는 일을 바꾸어 보는 달입니다. 길신이 명국에 드니 작은 성공은 가히 기약하여 보는 달입니다. 재물이 북쪽에 있으니 수산물이 가장 좋은 업종의 달입니다. 만일 목성(木姓)을 가까이하면 실패 수가 따를 수 있는 운수의 달입니다.

10월

다른 사람과 다투지 말아야 하는 달입니다. 흉함을 피하여 남쪽으로 가나 다시 흉화를 만나는 형국의 달입니다. 백화가 난만한데 광풍이 홀연 일어나는 형국의 달입니다. 두 사람이 서로 다투는 형국이니 승부를 판단하기 어려운 형국의 달입니다.

11월

재물이 들어오는 달입니다. 달이 동쪽 산마루에 나오니 사방이 밝은 형국의 달입니다. 흉함은 적고 길함이 많은 형국이니 길한 사람은 하늘이 돕는 달입니다. 재물 운이 왕성하니 반드시 재물이 생기는 운수의 달입니다.

12월

구설수를 주의하여야 하는 달입니다. 푸른 강이 달을 머금으니 경치가 새로운 형국의 달입니다. 큰 재물은 얻기 어렵지만 작은 재물은 가히 얻는 운수의 달입니다. 주색을 가까이하면 손재수와 구설수가 따를 수 있는 운수의 달입니다.

12. 천天 묘墓

이 시기에는 다니는 직장에서 독립을 한다든지, 신규 사업을 시작하면 성공을 장담하기 힘들다. 또한 운이 불길하여 파란이 예고된다. 위험한 일에 손을 대지 말 것이며, 눈으로 확인한 것이라도 욕심을 내지 말아야 한다. 인연이 아니면 손실을 보게 된다.

[음력 이달의 운수]

1월

가까운 친척이나 가족에게 병고가 있거나 슬하에 근심이 있을 수 있는 달입니다. 육충(六沖, 계획이 깨지거나 다툼이 있는 수)이 발동하니 처음은 길하다 하나 나중에는 다툼이 생겨 길한 것이 흉한 것으로 변하는 형국입니다. 집을 나와 어느 곳을 가야 이익이 생기는가 하니 내 고향에서는 이익이 없고, 땅 설고 물 설은 타향에서 이익을 구하는 형국입니다.

2월

길한 일과 흉한 일이 한 번씩 교차하는 달입니다. 좋은 일과 나쁜 일이 번갈아 찾아드니 울고 웃는 인생사의 쓴맛과 단맛을 보는 달입니다. 몸이 밭 갈고 있는 농부의 형국이니, 밭갈이 하며 백 가지 만 가지 생각을 하여 본들 바깥일을 도모하는 것은 역부족인 달입니다. 또한 일가친지들이 냉정하니 자신의 힘으로 모든 일을 헤쳐 나가는 달입니다.

3월

금전 운은 있어 재물은 취할 수 있으나 상복을 입을까 염려되는 달입니다. 몸이 길 한가운데 있어 어찌할 바를 모르니 재수가 없는 형국입니다. 만일 여의치 않다면 관재구설이 따를 수도 있으니 항상 입조심을 하여야 하는 운수입니다. 어쨌든 이달의 운수는 한 번은 좋고 한 번은 근심이 생길 수 있는 달입니다.

4월

이번 달은 송사 건(재판을 받거나 경찰서에 갈 일이 생기는 것)이 있어 분주한 달입니다. 그러니 남과 다투거나 시비가 생기는 일을 절대 하지 말아야 합니다. 모든 흉사가 입으로부터 생겨나는 것이니 입단속을 하게 되면 아무 일도 발생하지 않게 될 것입니다. 다만 대인관계에서는 친한 사람이 되되, 감언이설은 듣지 말아야 이롭습니다.

5월

대인은 길하고 소인은 흉한 달입니다. 대인이라 함은 덕을 갖춘 성인군자의 성품을 가진 사람으로서 자신의 이권에 있어서 오로지 법도에 어긋나는 일을 하지 않고 삿된 언행과 허황한 행동이나 언행을 하지 않는 사람을 말하며, 소인이라 함은 자신의 이익을 추구하는 데 있어서는 수단과 방법을 가리지 않는 사람입니다.

6월

이달은 집 안에 있으면 불리하고 출행하면 이익이 있는 달입니다. 산도 내가 보던 산이 아니요, 물도 내가 마시던 물이 아니로다. 산 설고 물 설은 타향에서 몸이 편안하니 역마가 발동한 형국입니다. 이익이 타향에 있으니 타향에서 몸과 마음은 외롭지만 경영하는 일이 순조로울 운수입니다.

7월

수고한 만큼 공은 있으나 처음은 길하고 나중은 흉한 달입니다. 심신이 안정되지 못하여 마음에 번민이 많은 달이기도 합니다. 매사에 조심 또 조심하여 신중을 기한다면 흉한 액은 가히 면할 수 있을 것입니다. 새옹지마라 하였으니 복은 복이 아닐 수 있고, 화는 화가 아닐 수 있습니다.

8월

하는 일마다 허황한 꼴을 당하니 분수를 잘 지켜야 하는 달입니다. 일을 추진하고자 하나 불리한 운수이니 경영함을 자제하여야 하는 달입니다. 특히 일이 허황하다 하였으니 내 것을 놔두고 남의 것을 탐하였다가는 낭패를 보기 쉬운 달이기도 합니다. 이달은 분수를 지키는 것이 상책입니다.

9월

작은 재물은 얻을 수 있으나 질병이 침범하기 쉬운 달입니다. 어룡이 때를 잃으니 조화를 부릴 수 없어 마침내 활기가 없는 운수입니다. 그리고 몸에 질병이 침범할 수이니 미리 액막이를 하여야 합니다. 출행 시 서쪽과 남쪽이 가장 길한 방향이니 참고하여 피해를 보지 않기를 바랍니다.

10월

강을 건너려 나루터에 도착하였으나 마침 대기하는 배가 없어 강을 건너지 못하고 발을 동동 구르는 형국의 달입니다. 그리고 남의 말을 믿으면 낭패를 볼 수도 있는 달이니 남의 말을 믿게 되면 허울만 좋고 실속이 없으니 마음의 중심을 잘 잡아야 합니다. 마음은 급하고 여건은 안 갖춰지는 달입니다.

11월

신수가 불리한 달이니 횡액(횡래지액橫來之厄의 준말, 객지나 타향에서 뜻밖의 재난을 당할 수 있는 것)을 주의하여야 합니다. 특히 재물이 들어오면 재앙이 생겨날 수도 있는 달이니 재물에 대한 욕심을 버리고 금전적으로 어려움을 겪는다고 하여도 참고 견뎌야 이롭습니다. 차라리 돌아다니지 말고 집에 있는 것이 최선책입니다.

12월

최선을 다하여 일을 하였으나 그 결과를 얻지 못하는 달입니다. 다른 사람과 같이 동업을 한다면 성과를 보지 못할 가능성이 있는 달이기도 합니다. 또한 사소한 일로 구설수에 오르니 억울하기 짝이 없는 달이기도 합니다. 몸과 마음이 지치니 질병이 때를 기다렸다는 듯이 침범할 수 있는 운수이기도 합니다.

13. 택澤 절絕

직장에 근무한다면 근면과 노력을 필요하다. 일이 잘 풀리지 않고 몸과 마음에 고충이 따를 수 있다. 사업을 한다면 매매의 손실이 많고, 실패가 걱정된다. 결혼한 남자의 경우 처妻로 인해 고심이 생길 수 있다. 모든 일에 선배의 조언이 필요하다.

[음력 이달의 운수]

1월

실물수를 조심하여야 하는 달입니다. 고목이 봄을 만나니 반드시 빛이 생겨나는 형국의 달입니다. 범사가 순조롭게 이루어지는데 이익은 논밭에 있는 형국의 달입니다. 만일 그렇지 아니하면 실물수가 있는 운수의 달입니다.

2월

관록이 따르는 달입니다. 분수를 지키고 편안히 지내면 즐거움이 그중에 있는 형국의 달입니다. 시기를 놓치지 아니하면 관록이 몸에 휘감기는 형국의 달입니다. 봄 동산의 복숭아꽃에 벌과 나비가 와서 기쁜 형국의 운수입니다.

3월

귀인이 돕는 달입니다. 모래를 일어 황금을 보고 흙을 쌓아 산을 만드는 형국의 달입니다. 성심으로 노력하면 도모하는 일을 가히 이루는 운수의 달입니다. 동쪽의 귀인이 뜻밖에 나를 돕는 운수의 달입니다.

4월

사람들이 우러러보는 달입니다. 부부가 화합하니 기쁨이 집안에 가득한 운수의 달입니다. 수복이 면면하니 만인이 우러러보는 형국의 달입니다. 재물과 비단이 진진하니 사람마다 우러러보는 운수의 달입니다.

5월

이사 수가 있는 달입니다. 게를 잡아 물에 놓아 주고 길 위에서 크게 웃어 보는 형국의 달입니다. 서쪽과 북쪽 두 방향에 출행하면 불리한 운수의 달입니다. 가신이 발동하니 이사하면 길한 운수의 달입니다.

귀인을 보는 달입니다. 여간 재수는 먼저 얻고 나중에 잃는 운수의 달입니다. 비록 구설수는 있을 수 있으나 재수는 흠이 없는 운수의 달입니다. 만일 귀인을 만나면 마침내 길한 이익을 얻는 운수의 달입니다.

7월

큰 재물을 얻는 달입니다. 안으로는 기쁘고 밖으로는 순조로우니 출입에 재앙이 없는 달입니다. 재물과 토지가 있으니 의식이 풍족한 운수입니다. 동쪽과 북쪽 두 방향에서 반드시 큰 재물을 얻는 운수의 달입니다.

8월

뜻밖의 성공을 거두는 달입니다. 재물이 풍만하니 한 집안이 태평한 운수의 달입니다. 낮은 데서 높은 데로 오르니 작은 것을 쌓아 큰 것을 이루는 형국의 달입니다. 의외의 성공을 하니 의기가 남아다운 형국의 달입니다.

9월

고진감래 하는 달입니다. 만사 중에서 인내하는 것이 상책인 달입니다. 재앙이 가고 복이 오니 편안한 곳에 태평한 형국의 달입니다. 만일 집안에 근심이 아니면 도리어 관록이 있는 운수의 달입니다.

10월

기쁨과 근심이 교차하는 달입니다. 집안에 작은 근심이 있는데 처를 향해 있을 수도 있는 운수의 달입니다. 재물의 쾌효가 왕기를 만났으니 도처에 이익이 있는 운수의 달입니다. 기쁨이 흩어지고 근심이 생길 수도 있으니 기쁨과 근심이 서로 반반인 운수의 달입니다.

11월

구설수를 조심하여야 하는 달입니다. 버들가지는 어둡고 꽃은 밝으니 만화방창한 형국의 운수입니다. 만일 혼인이 아니면 반드시 생남하는 운수의 달입니다. 재물 운은 평길하나 혹여 구설이 있을 운수의 달입니다.

12월

사람이 따르는 달입니다. 재물과 곡식이 있으니 즐거움이 그 가운데 있는 형국의 달입니다. 사람이 있어 많이 도우니 기쁜 일이 중중한 운수의 달입니다. 술이 있고 안주가 있으니 귀한 벗이 집 안에 가득한 형국의 달입니다.

14. 택澤 태胎

조직에 몸을 담고 있다면 자리 이동 또는 실직할 수도 있으며, 사업을 한다면 업종 전환을 할 수도 있는 변화變化가 많은 시기다. 그리고 기혼 남녀의 경우 자녀 문제로 가정불화가 생기고, 사업 실패로 정신적 불안 등 고충苦衷이 따를 수 있다.

[음력 이달의 운수]

1월

경사가 있는 달입니다. 동원의 붉은 복숭아가 때를 만나 꽃이 만발한 운수의 달입니다. 만일 혼인이 아니면 아들 낳을 경사가 있는 달입니다. 복록을   아 하늘에서 내려오는 격이니 도모하는 일이 점점 새로워지는 운수의 달입니다.

2월

고진감래 하는 달입니다. 작은 것을 쌓아 큰 것을 이루니 백 가지 일이 가히 이루어지는 운수의 달입니다. 풍진에 골몰하다가 부귀를 편안히 누리는 운수의 달입니다. 이익이 어느 성씨에 있는고 하니 반드시 금성(金姓)에 있는 달입니다.

3월

전화위복하는 달입니다. 봄 언덕에 양지의 버들가지가 때를 만나 서로 돕는 형국의 달입니다. 우연히 재물을 얻으니 가히 부자의 이름을 기약하는 운수의 달입니다. 목성(木姓)이 와서 도우니 전화위복하는 운수의 달입니다.

4월

부귀 겸전하는 달입니다. 비록 재물은 왕성하나 자손에 근심이 있을 수 있는 운수의 달입니다. 명산대천에 미리 도액하는 기도를 하여야 하는 운수의 달입니다. 명리가 모두 흥왕하니 부귀를 겸전하는 운수의 달입니다.

5월

분수를 지켜야 하는 달입니다. 이름을 이루고 이익을 만나니 축하객이 문전성시를 이루는 운수의 달입니다. 안정하면 길하고 출행하면 불리한 운수의 달입니다. 이달의 운수는 동기간에 액운이 있는 운수의 달입니다.

귀인이 돕는 달입니다. 정 씨와 이 씨 두 성씨가 우연히 와서 돕는 운수의 달입니다. 재성 괘효가 왕기를 만나니 천금을 얻기가 어렵지 않은 달입니다. 도처에 영화로움이 있으니 의기가 남자다운 달입니다.

7월

복록과 재물을 얻는 달입니다. 몸이 황금 계곡에 드니 구리 산이 높다 하겠습니까. 길성이 나를 도우니 반드시 기쁜 일이 있는 운수의 달입니다. 군자는 록을 얻고 소인은 재물을 얻는 운수의 달입니다.

8월

큰 재물을 얻는 달입니다. 나는 용이 하늘에 있으니 이익이 대인을 보는 형국의 달입니다. 마음을 맑고 욕심을 작게 하면 자연히 몸이 편안하여지는 달입니다. 재물을 모은 것이 산과 같으니 반드시 큰 일가를 이루는 운수의 달입니다.

9월

자손을 얻는 달입니다. 재물이 나를 도우니 반드시 큰 재물을 얻는 운수의 달입니다. 가도가 흥왕하니 반드시 귀자를 낳는 운수의 달입니다. 봄빛이 꽃을 희롱하는 격이니 이에 보배로운 영화를 얻는 운수의 달입니다.

10월

사람을 조심하여야 하는 달입니다. 내가 만일 남을 속인다면 남도 역시 나를 속이는 형국의 달입니다. 신수가 불리하니 횡액을 조심하여야 하는 달입니다. 만일 목성(木姓)을 가까이 하면 손재수가 적지 않은 운수의 달입니다.

11월

고진감래 하는 달입니다. 재수는 오히려 잃기도 하는 형국의 운수입니다. 여색을 조심하지 않으면 손재수를 면하기 어려운 운수의 달입니다. 곤고함을 한탄하지 않아야 먼저는 가난하고 나중에는 부유한 운수의 달입니다.

12월

금옥만당한 달입니다. 가운이 대길하니 화기가 만당한 형국의 운수입니다. 시운이 길함을 만나니 천금을 얻기가 어렵지 않은 운수의 달입니다. 만세 풍류에 재물과 복록이 남음이 있는 운수의 달입니다.

15. 택澤 양養

재물財物의 변동이 불리하게 움직일 운이다. 문서文書의 변동이 있을 수 있으며, 재물의 손실 발생으로 법원法院의 송사, 관공서官公署 출입을 할 수도 있다. 가정불화와 부부 이별, 형제자매 간에 불화, 병약 등 모든 일에 액厄이 많다.

[음력 이달의 운수]

1월

분수를 지켜 인내하여야 하는 달입니다. 비록 경영함은 있으나 손해가 많을 수 있는 운수의 달입니다. 이익을 탐하느라 주저함을 만나면 후회막급한 운수의 달입니다. 재수를 말하자면 먼저는 얻고 나중은 잃는 운수의 달입니다.

2월

분수를 지켜야 하는 달입니다. 이달의 운수는 안정하고 있음이 길한 달입니다. 환자가 짝을 얻으니 오래가지 않아 이별을 하는 운수의 달입니다. 여자를 가까이하면 손재수와 구설수가 따를 수 있는 운수의 달입니다.

3월

모든 일이 이루어지지 못하니 하나도 큰 소득이 없는 형국의 달입니다. 토성(土姓)을 가까이할 경우 공연히 구설이 있을 수 있는 운수의 달입니다. 집에 있으면 곤란하고 나가면 희망이 있는 운수의 달입니다.

4월

일신이 수고로운 달입니다. 조객 살이 침범하니 심상치 않은 운수의 달입니다. 가정은 평안하나 일신이 괴롭고 고단한 운수입니다. 다행히 금성(金姓)을 만나면 일시적으로 평안한 운수의 달입니다.

5월

손재수가 있을 수도 있는 달입니다. 봄이 이미 지났으니 벌과 나비가 오지 않는 형국의 달입니다. 하루살이 인생이니 아침에 저녁을 걱정하지 않는 운수입니다. 만일 손재하지 아니하면 자손에 우환이 있을 수도 있는 운수의 달입니다.

귀인이 돕는 달입니다. 귀인이 나를 도우니 때를 만나 성공을 하는 운수의 달입니다. 문서에 기쁨이 있으니 글로써 재물을 얻는 운수의 달입니다. 처음은 비록 재물이 궁하나 늦게 재물의 이익을 얻는 운수의 달입니다.

7월

횡재수가 있을 수 있는 달입니다. 재성이 몸에 따르니 문필로써 재물이 생기는 운수의 달입니다. 다른 사람 말을 들을 경우 해는 있고 이익은 없는 운수의 달입니다. 만일 횡재가 아니면 귀자를 낳는 운수의 달입니다.

8월

귀인이 돕는 달입니다. 귀인이 와서 도우니 몸으로 천금을 이루는 형국의 달입니다. 큰 재물을 바라기 어려우나 작은 재물은 가히 얻는 운수의 달입니다. 신수가 대길하니 재수가 형통하는 운수의 달입니다.

9월

출행하여 보는 달입니다. 집에 있으면 심란하고 출행하면 이익을 얻는 운수의 달입니다. 편한 중에 위태함이 있는 형국이니 특히 몸을 옥과 같이하여야 하는 달입니다. 서쪽과 남쪽 두 방향에 반드시 재물이 왕성한 운수의 달입니다.

10월

분수를 지켜야 하는 달입니다. 어둠을 등지고 밝음으로 향하는 격이니 출입함에 있어 광채가 있는 형국의 달입니다. 분수를 지키고 안정하면 평범한 운수의 달입니다. 도모하는 일이 불리한 운수이니 집에 있으면 길한 달입니다.

11월

주색을 멀리하여야 하는 달입니다. 경영하는 일은 손재만 하고 이루지 못할 가능성이 있는 달입니다. 강가의 단풍나무와 물고기 굽는 불이 묵는 손님의 시름만 가득하게 하는 형국입니다. 만일 술집을 가까이하면 손재수와 구설수가 있을 수 있는 운수의 달입니다.

12월

분수를 지켜 경거망동 하지 말아야 하는 달입니다. 공을 이루면 몸이 물러남은 이치에 당연한 것입니다. 가운이 이와 같으니 손재수가 있을 수도 있는 운수입니다. 집에 있으면 길하고 원행하면 불리한 운수의 달입니다.

16. 택澤 생生

먼 사촌형제四寸兄弟 또는 모르는 이복형제異腹兄弟가 갑자기 나타나 재산財産상의 문제를 제기하여 송사訟事가 발생할 수 있다. 이로 인해 마음 고충이 많으며, 가정불화家庭不和와 건강이 위험할 수 있으니 각별히 주의하여야 한다.

[음력 이달의 운수]

1월

손재수를 조심하여야 하는 달입니다. 가을 풀이 서리를 만나니 슬픈 마음을 견디기 어려운 형국의 달입니다. 만일 손재수가 없으면 처궁이 불리한 형국의 운수입니다. 북쪽에 가까이 갈 경우 손재수가 있을 수도 있는 운수입니다.

2월

관재구설이 있을 수 있는 달입니다. 관재수와 구설수가 끊이지 않는 운수의 달입니다. 초가을에 서리를 만난 격이니 하는 일이 와해됨이 많은 운수의 달입니다. 심신이 불안한 운수의 달입니다. 쓰라린 고통이 찾아올 수도 있습니다.

3월

이사 수가 있는 달입니다. 가을바람에 잎이 떨어지고 다시 광풍을 만나는 형국의 운수입니다. 만일 이사를 하지 않으면 원해하여 길한 운수의 달입니다. 다른 사람의 일로 횡액이 가히 침노하는 운수의 달입니다.

4월

귀인이 돕는 달입니다. 밤길에 등불을 잃으니 앞길이 캄캄한 형국의 운수입니다. 말을 조심하지 않으면 횡액을 당할 수 있는 운수의 달입니다. 자기 힘으로 재물을 만드니 암암리에 돕는 사람이 있는 형국의 운수입니다.

5월

실물수를 조심하여야 하는 달입니다. 시비를 가까이하면 구설을 면하기 어려운 운수의 달입니다. 실물수가 있으니 출입을 삼가야 하는 운수입니다. 칠성님께 기도하면 가히 액운을 면하는 운수의 달입니다.

번뇌가 많은 달입니다. 저물게 산길을 드니 그 누가 지시를 하겠습니까. 매사에 막힘이 있으니 한갓 심력만 허비하는 운수의 달입니다. 주야로 생각이 많으니 마음먹은 일에 번뇌가 많은 운수의 달입니다.

시비 수를 조심하여야 하는 달입니다. 가신이 발동하니 예방하면 그 액운을 면하는 달입니다. 사람들과 다툴 경우 손재하고 이름이 실추되는 운수의 달입니다. 시비를 가까이할 경우 관재송사가 두려운 운수의 달입니다.

근신 자중하여야 하는 달입니다. 도모하는 일이 불리하니 근심과 고통이 끊이질 않는 운수의 달입니다. 천 리 타향에서 집안의 믿음을 얻지 못한 형국의 운수입니다. 어두운 구릉지에서 길을 잃으니 어리석은 농부에게 길을 묻는 형국의 운수입니다.

관재수를 조심하여야 하는 달입니다. 비록 분한 마음이 있더라도 참는 것이 상책인 달입니다. 남과 다툴 경우 관액이 가히 염려되는 운수의 달입니다. 적막한 여관 창가에서 공연히 탄식을 하는 형국의 운수입니다.

귀인을 만나는 달입니다. 사람이 옛 인연으로 우연히 와서 도와주는 형국의 달입니다. 다만 허욕을 탐할 경우 낭패할 운수의 달입니다. 만일 관록이 아니면 자손을 얻는 운수의 달입니다.

고진감래 하는 달입니다. 의외로 성공을 하니 산업이 흥왕하는 운수의 달입니다. 액운이 사라지니 자연히 재물을 얻는 운수의 달입니다. 이제 길운을 만나니 편안함을 지나 태평한 운수의 달입니다.

분수를 지켜야 하는 달입니다. 모래를 일어 금을 보는 격이요, 돌을 쪼아 옥을 얻는 형국의 운수입니다. 금년의 운수는 분수를 지켜야 길한 해입니다. 경거망동 하면 피해가 있고 분수를 지키면 길한 운수가 됩니다.

17. 택澤 욕浴

부모형제 중에 질병으로 병원病院 신세를 지거나, 생활형편이 좋지 않아 가족이 헤어져 객지客地에서 생활할 수도 있다. 이사移徙 운도 있으며, 산재散財 운도 있다. 결혼을 준비하고 있는 청춘 남녀는 이별 수가 있으니 상대에게 관심을 가져야 한다.

[음력 이달의 운수]

1월

집안에 우환이 있을 수도 있는 달입니다. 뜻은 있으나 이루지 못하고 한갓 마음만 상하는 운수의 달입니다. 스스로 만드는 상황이니 누구를 원망할 필요 없는 운수의 달입니다. 만일 상복을 입지 않으면 자손의 액운을 면하기 어려운 형국의 달입니다.

2월

손재수가 있을 수도 있는 달입니다. 물에 잠긴 용이 세력을 잃으니 미꾸라지가 희롱을 하는 형국의 달입니다. 물가로 갈 경우 손재수가 있을 수도 있는 운수의 달입니다. 비록 일을 구해도 빈손으로 돌아올 가능성이 있는 운수의 달입니다.

3월

사람을 조심하여야 하는 달입니다. 시운이 불리하니 수고함은 있으나 공은 없을 수 있는 운수의 달입니다. 도모하는 일은 의심스러운 일이고 가는 길은 의심스러운 길인 형국의 달입니다. 남에게 피해를 입을 것이니 이를 피하려면 북쪽으로 출행하여야 하는 운수의 달입니다.

4월

입조심을 하여야 하는 달입니다. 초당에 봄이 깊으니 날이 새는 줄 모르는 날들이 가는 형국입니다. 경솔한 말을 하면 불리한 운수의 달입니다. 작은 일을 참아 내지 못하면 큰 계획을 이루기 어려워지는 운수의 달입니다.

5월

이사 수가 있는 달입니다. 만일 이사하지 않으면 근심과 고통을 면하기 어려운 형국의 운수입니다. 순리로 행하면 하는 일이 가히 여의한 운수의 달입니다. 가신께 치성을 드리면 마침내 형통함이 있는 운수의 달입니다.

횡재수가 있을 수 있는 달입니다. 쌓인 눈이 아직 없어지지 않았으니 꽃 소식이 멀기만 한 형국의 운수입니다. 하는 일이 마음에 들지 않으니 항상 번민이 있는 형국의 달입니다. 먼저는 잃고 나중에 얻는 격이니 반드시 횡재하는 운수의 달입니다.

7월

다른 사람으로 횡액이 있을 달입니다. 길에 나설 경우 가히 질병이 두려운 운수의 달입니다. 맹호가 함정에 빠진 격인데 용맹함만 있을 뿐 어찌할 수 없는 상황입니다. 다른 사람을 믿을 경우 횡액수가 있는 운수의 달이기도 합니다.

8월

고진감래 하는 달입니다. 하는 일에 두서가 없으니 마음이 삼대와 같이 어지러운 형국의 운수입니다. 근신하고 안정하면 반드시 성공하는 운수의 달입니다. 소복을 입을 운수이니 초상집에 가지 말아야 하는 운수의 달입니다.

9월

질병을 주의하여야 하는 달입니다. 다른 사람과 더불어 동업을 하면 피해가 적지 않은 운수의 달입니다. 출행하면 이득이 있으니 남쪽에 길함이 있는 운수의 달입니다. 초상집을 가까이하면 질병이 있을까 불리한 형국의 달입니다.

10월

친구를 조심하여야 하는 달입니다. 실물수가 있으니 물건 숨기기를 게을리하면 안 되는 운수의 달입니다. 친한 사람을 가까이하면 불리한 운수의 달이기도 합니다. 밝은 곳에 나갔다 어두운 곳에 드는 격이니 하는 일마다 지체됨이 많은 운수의 달입니다.

11월

말조심을 하여야 하는 달입니다. 몸이 길 위에 있으니 노고를 견디기 어려운 형국의 운수입니다. 친한 벗을 조심해야 합니다. 은혜가 도리어 원수가 되는 형국의 달입니다. 시운이 불리하니 도모하는 일이 불리한 운수의 달입니다.

12월

구설수를 조심하여야 하는 달입니다. 주작이 모르는 사이에 동하니 구설이 가히 두려운 운수의 달입니다. 하는 일이 남쪽과 북쪽에 있으니 근심과 기쁨이 서로 섞여 있는 운수의 달입니다. 사람과 이별하고 재물이 흩어지니 한 손바닥으로 소리내기가 어려운 형국입니다.

18. 택澤 대帶

연초年初부터 복록福祿이 많아 운이 뜻하는 대로 풀리는 듯하나, 후일 그 일 때문에 곤란과 고통이 따를 수 있는 운運이라 항시 안심을 할 수 없는 운이다. 그렇지 않으면 가정불화家庭不和와 부부夫婦 불화不和가 발생할 수 있는 운이다.

[음력 이달의 운수]

1월

분수를 지켜야 하는 달입니다. 속히 하려고 하나 이루지 못하고 나루터에 다다르나 배가 없는 형국의 운수입니다. 분수를 지키는 것이 현명한 운수의 달입니다. 성공하는 것 같으나 성공을 이루지 못하고 한갓 마음에 상처만 받을 수도 있는 운수의 달입니다.

2월

마음과 같이 이루기 어려운 달입니다. 깊은 곳에 물을 뜨려 하나 줄이 짧아 마음만 타들어 가는 형국의 운수입니다. 동쪽과 남쪽 두 방향으로 출행하면 불리한 달입니다. 만일 재물을 구하고자 한다면 마땅히 서쪽으로 행하여야 하는 달입니다.

3월

관재수와 손재수를 조심하여야 하는 달입니다. 말을 삼가야 하니 망언은 해가 되는 운수의 달입니다. 관재수가 가히 염려되니 시비에 참여하지 말아야 하는 운수의 달입니다. 금성(金姓)을 가까이하면 손재수를 면하기 어려운 운수의 달입니다.

4월

횡재수가 있을 수 있는 달입니다. 물고기와 용이 물을 만나니 반드시 경사가 있는 운수의 달입니다. 만일 관록이 아니면 횡재하는 운수의 달입니다. 백 가지 일이 여의하니 도처에 이익이 있는 운수의 달입니다.

5월

귀인이 돕는 달입니다. 신수가 대길하니 기쁜 일이 중중한 달입니다. 길한 사람은 하늘이 돕는 것이니 수고롭지 않고 얻는 형국의 운수입니다. 분수를 지켜 한가로이 살고 있으면 도 닦는 맛도 점점 아름다워지는 운수의 달입니다.

주색을 삼가야 하는 달입니다. 이익을 탐내는 것이 지나치면 후회막급한 형국의 달입니다. 동분서주 하여도 별로 큰 소득이 없는 운수의 달입니다. 여색을 가까이하면 불리한 일이 있을 운수의 달입니다.

고진감래 하는 달입니다. 만 리 길 원정에 갈수록 태산인 형국의 달입니다. 착한 사람은 친하게 지내고 악한 사람은 멀리하여야 하는 운수의 달입니다. 무너진 집을 재건하니 늦게 빛이 나는 형국의 달입니다.

도모한 일을 신속히 행하여야 하는 달입니다. 눈 속에 곡식을 심으니 그 공을 거두기 어려운 형국의 운수입니다. 세월이 유수와 같으니 매사를 신속히 도모하여야 하는 운수의 달입니다. 재물이 남방에 있으니 구하고자 하면 가히 얻는 운수의 달입니다.

집안에 우환이 있는 달입니다. 하는 일마다 형통하는데 이익은 서쪽에 있는 형국의 달입니다. 처궁에 액운이 있을 수 있으니 미리 도액하여야 하는 운수의 달입니다. 춘풍이 도처에 있으니 만물이 회생하는 형국의 달입니다.

귀인이 돕는 달입니다. 만일 관록이 아니면 토지가 증가하는 운수의 달입니다. 귀인이 서로 도우니 재물과 복록이 진진한 운수의 달입니다. 옛것을 버리고 새것을 쫓으니 작은 것을 쌓아 큰 것을 이루는 형국의 달입니다.

원행을 삼가야 하는 달입니다. 부지런하고 고단한 덕으로 의외의 성공을 하는 운수의 달입니다. 만사 중에 참는 것이 상책인 달입니다. 원행하면 불리하고 집 안에 있으면 길한 운수의 달입니다.

고진감래 하는 달입니다. 양으로 소를 바꾸는 격이니 작게 가고 크게 오는 형국의 운수입니다. 주색을 가까이하면 손재수가 있을 수도 있는 달입니다. 몸이 왕성하고 재물도 왕성하니 즐거움이 그중에 있는 형국의 달입니다.

19. 택澤 건建

이 운은 길흉화복吉凶禍福이나 비상한 노력과 근면함이 필요하다. 인연이 없으면 갑작스럽게 수직 하락하여 나락으로 떨어지기 쉽다. 형제자매 지간에 상속 문제로 불화가 발생할 수 있으니 지중하고 주위를 요한다.

[음력 이달의 운수]

1월

관록이 있는 달입니다. 허한 중에 실함이 있으니 거짓을 희롱하고 진실을 이루는 형국의 달입니다. 가히 공명을 얻으니 관록이 몸에 임하는 운수의 달입니다. 복이 스스로 하늘에서 오니 재물과 비단이 상자에 가득한 형국의 운수입니다.

2월

재물과 명예가 모두 길한 달입니다. 명리가 모두 길하니 손에 천금을 희롱하는 운수의 달입니다. 도모하는 일이 여의하니 자수성가 하는 운수의 달입니다. 좋은 벗이 집에 가득하니 술과 안주가 풍만한 형국의 달입니다.

3월

소원 성취하는 달입니다. 다만 작은 이익을 탐하지 않아야 큰 재물을 가히 얻을 수 있는 운수의 달입니다. 일신이 영귀한 운수이니 소망이 뜻과 같이 이루어지는 운수의 달입니다. 서쪽과 북쪽 두 방향에 반드시 재물이 왕성한 형국의 달입니다.

4월

분수를 지켜야 하는 달입니다. 동원의 붉은 복숭아가 꽃이 떨어지고 열매를 맺는 형국의 달입니다. 만일 횡재함이 없으면 처궁에 기쁨이 있는 운수의 달입니다. 허황한 일은 삼가 행하지 말아야 하는 달입니다.

5월

귀인이 돕는 달입니다. 범을 그리는데 가죽은 그려도 뼈는 그리기 어려운 형국의 달입니다. 노고함을 한탄하지 말아야 합니다. 먼저는 고단하나 나중은 길한 운수의 달입니다. 서쪽과 북쪽의 귀인이 우연히 와서 나를 돕는 운수의 달입니다.

근신 자중하여야 하는 달입니다. 구설이 많고 관재수가 가히 두려운 운수의 달입니다. 화와 복의 이치는 미묘하여 발견하기 어려운 것입니다. 사람들이 모두 치하하나 이름만 있고 실속이 없는 운수의 달입니다.

7월

고진감래 하는 달입니다. 이달의 운수는 재앙은 사라지고 복이 오는 형국의 달입니다. 먼저는 곤고하고 나중은 길한 운수이니 가히 큰 재물을 얻는 달입니다. 경영하는 바 하는 일은 그림 속의 닭이 새벽을 알림과 같은 형국의 달입니다.

8월

집안이 화평한 달입니다. 연못의 고기가 바다에 나가니 의기가 양양한 형국의 달입니다. 몸이 편안하고 마음이 태평하니 백 가지 일이 모두 길한 운수의 달입니다. 재물과 비단이 집안에 가득하니 한 집안이 화기애애한 형국의 달입니다.

9월

관재수를 조심하여야 하는 달입니다. 재물의 샘이 양양하니 화기가 집안에 가득한 형국의 달입니다. 재물이 풍만하니 가도가 중흥하는 형국의 달입니다. 관귀가 몰래 동하니 출행하면 피해가 있을 수도 있는 운수의 달입니다.

10월

근신 자중하여야 하는 달입니다. 신상에 근심이 없으니 편한 곳에서 태평한 형국의 달입니다. 이달의 운수는 관재수를 조심하여야 하는 달입니다. 술집으로 향하지 말아야 합니다. 향할 경우 횡액이 가히 침노하는 운수의 달입니다.

11월

이사 수가 있는 달입니다. 음양이 화합하니 만물이 스스로 생겨나는 형국의 달입니다. 만일 과거 급제가 아니면 반드시 생남하는 운수의 달입니다. 만일 이와 같지 않으면 외방으로 이사하는 운수의 달입니다.

12월

분수를 지켜야 하는 달입니다. 흉한 중에 길함을 얻는 운수이니 전화위복하는 달입니다. 시운이 불리하니 분수를 지킴만 같지 아니한 운수입니다. 남쪽에 해가 있으니 장 씨, 이 씨가 나에게 피해를 주는 사람인 달입니다.

20. 택澤 왕旺

이 운은 부부 간에 복록福祿은 있으나, 방심하면 가정불화, 재산상 손실과 송사가 발생할 수 있으니 서로 자중하여야 한다. 여자는 재산상 손실과 가정생활의 불만으로 이성 문제를 야기시킬 수 있으니 마음을 경건히 하고 주변을 잘 정리하여야 한다.

[음력 이달의 운수]

1월

질병과 근심이 침범할 수 있는 달입니다. 질병이 침범하니 몸이 편안할 날이 없는 형국의 운수입니다. 나의 마음은 정직하나 세상일이 애매한 것이 많은 형국의 달입니다. 만일 몸에 액운이 다르지 않으면 자식에게 근심이 있을 운수의 달입니다.

2월

재물을 잃을 운수의 달입니다. 달리는 말이 길을 잃은 격이니 앞으로 나아가려 하나 나아가기 어려운 형국입니다. 일을 도모하려다가 이루지 못하니 손재가 적지 않은 운수입니다. 명산에 기도하고 정성을 드리면 가히 액운을 면할 수 있는 달입니다.

3월

남과 다투지 말고 가정을 잘 돌봐야 하는 달입니다. 이것은 길고 저것은 짧다고 다른 사람과 다투지 말아야 하는 형국입니다. 마음의 근심은 없으나 재수는 불리한 달입니다. 가정불화가 있으니 풍파가 종종 발생하는 운수의 달입니다.

4월

관재구설을 조심하여야 하는 달입니다. 몸과 마음을 수양하면 실수를 막을 수 있는 운수입니다. 관귀가 어둠에서 발동하니 원행을 삼가야 하는 달입니다. 손을 감추고 문에 드니 친한 벗과 정을 나누지 못하는 형국의 달입니다.

5월

시비를 멀리하여야 되는 달입니다. 꽃이 동산 속에서 웃고 있으니 나비들이 스스로 날아드는 형국의 운수입니다. 심신이 불안한 상태이니 남과 시비를 하지 말아야 하는 운수입니다. 수성(水姓)을 가까이하면 모든 일이 무너지는 형국이 되는 달입니다.

6월

스스로 겸손해야 어려움이 물러나는 달입니다. 굶주린 자가 풍년을 만난 격이니 생활이 넉넉한 운수의 달입니다. 스스로 겸손해 남의 시선을 피하여야 심신을 보존하는 형국의 운수입니다. 가만히 집에 있는 게 상책이요, 출행하면 불리한 달입니다.

7월

화재를 조심하여야 하는 달입니다. 이달의 운수는 가히 화재가 염려되는 달입니다. 서 있어도 불안하고 앉아 있어도 불안하니 좌불안석의 운수입니다. 물과 불을 조심하여야 하는데, 특히 불을 조심하여야 하는 달입니다.

8월

신중을 기하여 일을 하니 그 이득이 있는 달입니다. 좋은 새는 나무를 가려서 앉고, 어진 선비는 벗을 가려서 사귀는 법입니다. 벗을 사귐에 있어서 신중하지 않으면 도리어 벗에게 피해를 입는 형국입니다. 작은 것으로 큰 것을 이루는 형국이요, 모든 하천이 바다로 흐르는 것 같은 운수입니다.

9월

사람으로 인해 실망하여 보는 달입니다. 내 마음에 근심이 있는데 그 누가 나의 아픔을 알아주겠습니까. 태을이 명궁을 비추니 관록이 몸에 임하는 형국의 달입니다. 화성(火姓)이 나에게 해를 끼치니 화성(火姓)을 가까이하지 말아야 하는 달입니다.

10월

고진감래의 달입니다. 형산백옥이 그 빛을 감춘 형국의 달입니다. 한결같은 마음으로 일을 한다면 성공은 눈앞에 오는 운수입니다. 길한 것과 흉한 것이 서로 반반이나 고통은 다할 것이요, 길함은 다가오는 운수의 달입니다.

11월

구설을 조심하여야 하는 달입니다. 낚싯대를 동해에 던지니 물고기가 스스로 물려오는 형국의 달입니다. 만일 그렇지 아니하면 집안에 놀랄 일이 한 번 생겨 보는 운수입니다. 다만 구설수가 있으니 말을 조심하여야 하는 달입니다.

12월

집에 있으면 불편하고 나가면 편안한 형국의 달입니다. 동쪽 동산에 봄이 돌아와 백화가 만발한 형국의 운수입니다. 집에 있으면 불편하고 나가면 오히려 마음이 편안한 운수의 달입니다. 이 가(李家)와 김 가(金家)와는 같은 일을 하면 불리하게 되는 달입니다.

21. 택澤 쇠衰

좋은 일도 없고 나쁜 일도 없다. 큰 손실損失도 없는 반면에 발전發展도 없다. 즉 평온무사平穩無事. 운으로 실리失利도 없고 덕德도 없다. 일상이 무미건조하다 보니 부부夫婦 관계 또한 그러하다. 애정愛情 운運에 주의를 요한다.

[음력 이달의 운수]

1월

집 안에 있으면 불편하고 나가면 편한 운수의 달입니다. 높은 곳에 올라 멀리 바라보니 저 멀리 바다가 삼천 리나 되는 듯 펼쳐 보이는 형국의 달입니다. 서쪽과 북쪽은 불리한 방향이니 그 방향으로는 출행하지 말아야 하는 운수입니다.

2월

고진감래라 처음은 고단하나 나중에는 태평할 운수의 달입니다. 운수가 고르지 못하니 괴로움이 있고 근심이 많은 달입니다. 길운이 서서히 돌아오니 하는 일마다 순조로울 운수입니다. 집 안에 근심이 있으니 나가면 길한 운수의 달입니다.

3월

원행하여 보는 달입니다. 날을 받아 행장을 꾸리니 멀리 강남까지 가는 형국의 운수입니다. 깊은 산에서 길을 잃는 격이니 동쪽과 서쪽을 분별치 못하는 형국의 운수입니다. 마음에 정한 곳이 없이 떠도니 일함에 있어 허황함을 맛보는 달입니다.

4월

재물 운이 좋은 달입니다. 작은 것을 쌓아 큰 것을 이루는 격이니 재물과 복록이 가득한 운수입니다. 노인은 배를 두드리고 아이는 즐거운 웃음을 웃으니 길한 운수의 달입니다. 귀한 별이 집 안을 비추니 귀인이 나를 돕는 형국의 운수입니다.

5월

정성을 다하면 재물을 얻는 운수의 달입니다. 오류문 앞에 꾀꼬리가 둥지를 잃는 형국의 운수입니다. 쌀과 나무에 이익이 있는 형국입니다. 지성으로 기도하여 그 액을 없애면 재수가 길함을 얻는 달입니다.

6월

소원을 이루는 달입니다. 장사로써 재물을 얻는 형국이니 널리 논밭을 얻는 운수입니다. 솔바람 부는 곳에 달도 밝으니 복록을 편안히 누리는 운수의 달입니다. 기쁨으로 남을 대하니 하는 일마다 성취하는 운수의 달입니다.

7월

하나를 얻고 하나를 잃는 달입니다. 진나라가   던 사슴을 잃어 천하가 함께 그 사슴을   는 형국의 달입니다. 재물이 집에 들어오나 그 반은 잃기도 하는 운수입니다. 먼저 목성(木姓)을 알면 재앙이 변하여 복이 되는 형국의 운수입니다.

8월

관재구설을 조심하여야 하는 달입니다. 구름과 비가 공중에 가득하니 큰 비가 오려는 형국의 달입니다. 겨우 구설은 면하였으나 뜻밖에 관재를 입어 보는 운수의 달이니 지성으로 기도하여 면하여 보는 달입니다. 얻어도 지키기 어려운 형국의 달입니다.

9월

구설수를 조심하여야 하는 달입니다. 호랑이와 표범이 서로 싸워 길을 막고 있는 형국의 운수입니다. 동쪽과 서쪽에서 일을 구하나 그 뜻을 이루지 못하는 운수의 달입니다. 구설을 조심하지 않으면 송사가 두려우니 항상 경거망동 하지 말아야 하는 달입니다.

10월

허망한 욕심을 버리고 자숙하여야 되는 달입니다. 비록 경영하는 일은 있으나 잘 이루어지지 않는 운수입니다. 공연히 고집을 부리면 그 해를 입을 수도 있는 운수의 달입니다. 허황한 욕심을 부리게 되면 도리어 해를 입는 운수의 달입니다.

11월

남의 꼬임으로 인한 재물을 멀리하여야 길한 달입니다. 새가 옛 둥지에 돌아오니 독수리가 날개를 펼치는 형국의 달입니다. 재물이 집에 들어오지만 더 큰 욕심을 부리면 도리어 피해를 보는 운수입니다. 동쪽의 금성(金姓)이 나를 꾀이면 해를 입을 수 있는 달입니다.

12월

모든 사람을 겸손하게 대하면 복록이 들어오는 달입니다. 재물 운이 비로소 돌아오니 하는 일에 길함이 있는 운수의 달입니다. 항시 족함을 알고 근신하는 것이 상책인 운수입니다. 항상 드러내 놓고 일을 하지 않는다면 마침내 큰 이득을 얻는 운수의 달입니다.

22. 택澤 병病

형제자매兄弟姉妹 간에 재산 문제로 다툼이 오가고 이로 인해 가정 우환이 예견된다. 여자는 친정 일로 고심苦心을 하게 되며, 건강에 망칠 수 있으니 각별히 신경을 쓰는 것이 좋다. 남자는 사업 운이 불길하고, 직장의 상사와 마찰이 있을 것이다.

[음력 이달의 운수]

1월

재물을 얻기 어려운 달입니다. 음양이 불합하니 세월이 공을 이루지 못하는 운수의 달입니다. 재수를 말하자면 얻고도 오히려 잃기도 하는 형국의 운수입니다. 하는 일에 두서가 없으니 한갓 심력만 허비하는 운수의 달입니다.

2월

실물수를 조심하여야 하는 달입니다. 남과 다투게 되면 재물로 인하여 마음을 상하게 되는 운수의 달입니다. 남쪽에서 북쪽으로 갔다가 다시 남쪽으로 감만 못한 형국의 달입니다. 만일 물건을 잃지 않으면 밖에 나가서 실패할 운수의 달입니다.

3월

하는 일이 여의치 않은 달입니다. 게를 잡아 물에 놓아 주는 격이니 세상일이 꿈만 같은 형국의 운수입니다. 하는 일이 여의치 않으니 재물을 얻지 못하는 운수의 달입니다. 하는 일이 마음에 어그러지니 재복을 이루기 어려운 형국의 운수입니다.

4월

길에 나가면 낭패하고 돌아오는 형국이니 주의하여야 하는 달입니다. 망령되이 허욕이 생기니 한갓 심력만 허비하는 운수의 달입니다. 금성(金姓)을 가까이하면 이해관계로 마음을 상하게 되는 운수의 달입니다.

5월

근신 자중하는 달입니다. 깊은 우물물을 길어 올리려 하나 두레박줄이 짧아 수고롭고 공이 없을 수 있는 형국의 운수입니다. 미리 도액하지 않으면 자손에 근심이 있을 운수입니다. 급하게 하고자 하나 이루는 것이 없고 교묘하게 하고자 하여도 소용이 없는 운수의 달입니다.

6월

움직이면 후회할 일이 있고 집에 있으면 항상 편안한 운수의 달입니다. 비록 헛된 이름은 있으나 빈손을 면하지 못하는 운수의 달입니다. 목성(木姓)을 가까이하지 말아야 합니다. 그럴 경우 구설이 가히 두려운 형국의 운수입니다.

7월

고진감래 하는 달입니다. 마른 나무에 꽃이 피니 길하고 상서로운 일을 가히 아는 달입니다. 곤고함을 한탄하지 말아야 합니다. 먼저는 가난하고 나중은 부유한 운수의 달입니다. 다른 경영을 도모하지 말아야 합니다. 그럴 경우 한갓 마음만 상하는 운수의 달입니다.

8월

역시 고진감래 하는 달입니다. 좋은 비가 때를 아니 초목이 무성한 형국의 달입니다. 가는 물줄기가 바다로 돌아가는 격이니 티끌 모아 태산을 이루는 형국의 운수입니다. 토성(土姓)이 나를 도우나 그 생색냄이 다섯 배는 될 것입니다.

9월

질병이 있을 달입니다. 가운이 불리하니 질병을 조심하여야 하는 운수의 달입니다. 초면인 사람과 삼가 동행을 하지 말아야 하는 운수의 달입니다. 명산에 기도하면 가히 질병을 면하는 운수의 달입니다.

10월

손재수가 있을 수도 있는 달입니다. 육친이 무덕한 운수이니 사면초가 당할 수 있는 달입니다. 꽃이 지고 봄이 없는 계절이니 벌과 나비가 오지 않는 형국의 달입니다. 손재수가 가히 두려우니 동쪽을 가까이하지 말아야 하는 운수입니다.

11월

분수를 지켜야 하는 달입니다. 하는 일이 복잡함이 있으니 도무지 이익이 없는 운수의 달입니다. 범사가 허황한 격이니 한갓 심력만 허비하는 운수의 달입니다. 헛된 욕심을 부리지 말아야 합니다. 도리어 허황함이 있을 수 있는 운수의 달입니다.

12월

고진감래 하는 달입니다. 먼저는 흉하고 나중은 길한 격이니 하는 일이 가히 여의한 달입니다. 천만 뜻밖으로 금성(金姓)이 와서 돕는 운수의 달입니다. 분수를 지키고 집에 거하면 가히 곤고한 액운을 면하는 운수의 달입니다.

23. 택澤 사死

부모 형제자매 중 사고로 인해 이별하는 경우가 있다. 인간관계人間關係 면에서는 양보한다는 마음으로 조금의 손실을 감수하여야 하며, 액운을 맞기 위하여서는 제사를 정성껏 모시고 조상 공양을 잘하여야 한다. 가정 우환, 재물 손실, 관액, 교통사고 면에서 주의를 요한다.

[음력 이달의 운수]

1월

기운이 쇠진한 달입니다. 범이 진력을 다하니 기운이 쇠진한 형국으로 어찌 생활에 활력이 있으리오. 하는 일에 두서가 없으니 마음과 생각이 정하여지기 어려운 형국의 운수입니다. 출행하면 길하니 동쪽이나 남쪽으로 가는 것이 마땅한 운수의 달입니다.

2월

이달은 실물수가 따를 수도 있는 달입니다. 음력 이월과 삼월은 하는 일에 거스름이 많은 운수의 달입니다. 만일 원행을 하지 않으면 관재수도 조심하여야 하는 운수의 달입니다.

3월

어려움이 따를 수 있는 달입니다. 반대로 만일 질병이 없으면 자손을 얻는 운수의 달입니다. 한 손바닥으로는 소리를 낼 수 없고 많은 입은 막을 수 없는 것 같은 형국의 달입니다. 소원을 쉬이 이루기 어려운 운수의 달입니다. 신상에 위태함이 있을 수 있으니 사람 많은 도회지에 가지 말아야 하는 운수의 달입니다.

4월

남 좋은 일만 시키는 달입니다. 조개와 까치가 서로 다투는데 어부가 이익을 챙기는 형국의 달입니다. 동쪽은 길하고 남쪽은 해로운 방향의 달입니다. 하는 일에 분수를 지켜 남의 재물을 탐내지 말아야 하는 달입니다.

5월

금전 운이 약한 달입니다. 신수가 불리하니 횡액을 가히 주의하여야 하는 운수의 달입니다. 가까운 곳으로부터 시작하여 먼 곳에 이르는 것이 이치이니, 작은 것을 쌓아 큰 것을 이루는 형국의 운수입니다. 피해를 주는 사람은 금성(金姓)이니 동업을 하지 말아야 하는 운수의 달입니다.

고진감래의 달입니다. 황량한 산에 날이 저물고 비만 추적추적 내리는 형국의 달입니다. 하지만 고목에 봄이 돌아오니 종래에는 빛을 보는 형국의 달입니다. 매사에 막힘이 있을 수 있습니다. 심신이 산란한 달입니다.

기쁨과 실망이 교차하는 달입니다. 가문 하늘에 단비가 내리니 오곡백과가 풍성한 형국의 달입니다. 몸은 왕성하나 재물은 물러나는 형국으로 얻음과 잃음이 각각 반반인 형국의 달입니다. 분수를 지키며 살아야 하고 망령되이 행동하면 실패가 따를 수 있는 형국의 달입니다.

마음을 다스리고 자중하여야 하는 달입니다. 사방에서 초나라 노래가 들리는 형국이니 나를 이롭게 하는 사람이 없는 운수의 달입니다. 마음에 정한 바가 없으니 뜻밖의 일을 당할 수 있는 운수의 달입니다. 도모하는 일에 어두운 그림자가 드리워졌으니 때를 기다려 행동하여야 하는 운수의 달입니다.

때를 기다려 움직여야 하는 달입니다. 서쪽과 북쪽에 길함이 있으니 필시 여인의 도움을 받는 운수의 달입니다. 그러나 종래에는 좋지 않을 수 있습니다. 남을 원망한들 소용없으니 괜히 노여워 말아야 합니다. 도모하는 일이 분명하지 않으니 기회를 보아 행동하여야 하는 운수의 달입니다.

질병을 앓아 보는 달입니다. 고목에서 벌레가 생겨나는 형국이니 밖은 화려하나 속은 비어 있는 형국의 달입니다. 질병을 조심하여야 하는 운수의 달입니다. 길한 날을 택하여 미리 액을 물리치면 가히 액운을 면하는 달입니다.

경거망동 하면 해를 보는 달입니다. 조용히 안정하고 있으면 길하나 움직여 경거망동 하면 해를 보는 운수의 달입니다. 목성(木姓)과 동업을 한다면 가히 재물을 얻을 수 있는 운수의 달입니다. 분수 밖의 일을 행하지 말아야 하는 달입니다.

구설수가 따를 수 있는 달입니다. 밝은 달빛으로 별빛이 흐리니 까마귀와 까치가 밝음을 찾아 남쪽으로 날아가는 형국의 달입니다. 크게 가문 때에 단비를 만나 기쁨을 얻는 형국의 달입니다. 이따금 이익 본 것도 없고 피해 본 것도 없는데 구설수가 따를 수 있는 형국의 달이기도 합니다.

24. 택澤 묘墓

부모 형제자매 중 환자가 발생하든지 사망으로 인해 상복을 입을 수 있다. 가정에 소홀하여 집안에 불화가 많아 금전 손실이 발생하기도 한다. 남녀 모두 직장을 다닌다면, 동료와의 갈등으로 불평불만이 발생하기도 하니 장중인내自重忍耐하길 바란다.

[음력 이달의 운수]

1월

건강에 유의하여야 하는 달입니다. 오래 가물고 비가 오지 않으니 초목이 자라지 못하는 형국의 달입니다. 심신이 쇠퇴하고 흩어지는 격이니 헛것을 보는 일이 많은 달입니다. 하룻밤 광풍으로 꽃잎이 흩어져 떨어지는 형국의 달입니다.

2월

재물이 들어오는 달입니다. 작은 것으로 큰 것을 바꾸는 격이니 재운이 형통하는 운수의 달입니다. 재성이 문에 드는 격이니 우연히 재물을 얻는 운수의 달입니다. 하지만 반드시 치성을 드려야 합니다. 만일 치성을 드리지 않으면 불리한 형국의 달입니다.

3월

귀인이 돕는 달입니다. 그럼에도 친한 벗을 삼가지 않으면 은혜가 도리어 원수가 되는 운수의 달입니다. 서쪽과 남쪽 양방향에 반드시 귀인이 있는 운수의 달입니다. 도모하는 일이 불리하니 안정하면 길한 운수의 달입니다.

4월

기도하여 액운을 막아야 하는 달입니다. 길한 날과 좋은 날을 가려 치성드려 도액을 하여야 하는 운수의 달입니다. 만일 서쪽이나 북쪽으로 가면 질병이 침노하는 형국의 달입니다. 성심으로 구하면 작은 이익을 가히 얻어 보는 운수의 달입니다.

5월

고진감래 하는 달입니다. 고통스럽고 힘듦을 한탄하지 마십시오. 처음은 곤고하나 나중은 태평한 운수의 달입니다. 동쪽과 남쪽으로 향해 가지 말아야 합니다. 횡액을 만날까 두려운 운수의 달입니다. 질병과 별개로 자손에 우환이 있을 수도 있는 운수의 달입니다.

6월

가정이 불안한 달입니다. 육친이 무덕한 격이니 도처에 해가 있을 수도 있는 운수의 달입니다. 운수가 이와 같으니 도액을 하면 흉한 것이 길한 것으로 변하는 운수의 달입니다. 가운이 불리하니 가정에 불안함이 있을 수도 있는 운수의 달입니다.

7월

관재수를 조심하여야 하는 달입니다. 구설을 겨우 면하였지만 관재수를 만나기도 하는 형국의 운수입니다. 동쪽의 귀인이 반드시 나를 돕는 운수의 달입니다. 집에 우환이 있으니 옥황상제께 치성을 드려 액운을 면하여야 하는 운수의 달입니다.

8월

시비 수를 조심하여야 하는 달입니다. 뜻 막기를 성벽을 막는 것 같이 하고 시비에 참여하지 말아야 하는 달입니다. 분수를 지키고 편히 안거하면 흉함이 변하여 길함이 되는 운수의 달입니다. 하극상의 운수이니 북쪽 사람을 조심하여야 하는 달입니다.

9월

구설수를 조심하여야 하는 달입니다. 눈 속을 나는 새가 석양에 집을 잃은 형국의 운수입니다. 만일 관록이 아니면 처궁에 기쁨이 있는 운수의 달입니다. 만일 영귀한 사람이 아니면 구설수가 분분한 운수의 달입니다.

10월

재물이 들어오는 달입니다. 목성(木姓)이 와서 도우니 우연히 횡재하는 운수의 달입니다. 음력 구월과 시월에는 반드시 재물이 왕성한 운수의 달입니다. 액운이 소멸하니 소망이 여의한 운수의 달입니다.

11월

손재수가 있을 수도 있는 달입니다. 눈이 가득한 창가에 차가운 매화가 홀로 서 있는 형국의 운수입니다. 수성(水姓)을 조심해야 합니다. 손재수가 가히 염려되는 운수의 달입니다. 큰 재물은 얻기 어렵고 작은 재물은 얻을 수 있는 운수의 달입니다.

12월

근심 자중하고 지나야 하는 달입니다. 이달의 운수는 구사일생하는 운수의 달입니다. 실물수가 두려우니 미리 기도하여 액운을 막아야 하는 달입니다. 금년의 운수는 별로 신기함이 없는 운수입니다.

25. 화火 절絕

여자에게 불길한 운세이다. 만약 임신을 하였다면 태중의 아이가 위태로울 수 있으니 항상 몸가짐을 바르게 할 것이며, 언행을 삼가야 한다. 남자는 운기運氣가 쇠약하여 추진하는 일이 중도에 실패하거나, 각종 재화災禍로 재산상 많은 손실이 발생할 수도 있다.

[음력 이달의 운수]

1월

분수를 지켜야 하는 달입니다. 가운이 대길하니 한 집안이 태평한 운수의 달입니다. 귀한 별이 나를 도우니 관록이 몸에 임하는 형국의 달입니다. 분수 밖의 것을 탐하지 말아야 합니다. 도리어 불리한 운수의 달입니다.

2월

다른 일에 관여하지 말아야 하는 달입니다. 만 리 창파에 일엽편주의 형국인 달입니다. 관청이 주관하는 일에 참여하지 말아야 합니다. 불리한 운수입니다. 공적인 일이나 사적인 일 모두 삼가여 간섭하지 말아야 하는 운수의 달입니다.

3월

집안에 근심이 있을 수 있는 달입니다. 재성이 몸에 따르니 재물을 구하면 가히 얻는 운수의 달입니다. 재물 괘효가 살을 띠니 처궁에 근심이 있을 수 있는 운수의 달입니다. 다른 사람과 같이 도모하면 그 피해가 적지 않은 운수의 달입니다.

4월

원행을 해보는 달입니다. 뜻은 있으나 이루지 못하고 한갓 심신만 상하는 운수의 달입니다. 집에 있으면 불리한데 나가면 어느 곳으로 갈지 갈피를 잡기가 어렵습니다. 그럼에도 들어오면 곤고하고 나가면 길한 운수의 달입니다.

5월

귀인이 돕는 달입니다. 산에 들어 범을 만난 격이니 진퇴양난한 운수의 달입니다. 귀인이 와서 도우니 기쁜 일이 중중한 운수의 달입니다. 다른 분야의 경영은 하지 말아야 합니다. 손재수를 면하지 못할 가능성이 있는 운수의 달입니다.

집안에 근심이 사라지는 달입니다. 화기애애함이 무르익으니 집안이 단란한 형국의 달입니다. 만일 화성(火姓)을 만나게 되면 가도가 창성하는 운수의 달입니다. 자손에 근심이 있을 수 있으나 별로 피해는 없는 달입니다.

근신 자중하여야 하는 달입니다. 산길을 가는 사람이 길을 잃고 방황하는 형국의 달입니다. 이달의 운수는 편안한 가운데 위험을 막아 내는 운수의 달입니다. 마음이 위태로울 수 있는 운수의 달입니다.

심신이 흩어지고 물러나니 항상 두려움이 있는 운수의 달입니다. 만일 손재수가 없다면 부모에게 근심이 있을 수 있는 운수의 달입니다. 관청의 일에 참여하지 말아야 합니다. 불리한 징조가 있는 달입니다.

천지신명께 치성드리는 달입니다. 마음이 불안하고 마음이 뜬구름인 것 같은 형국의 달입니다. 신명께 치성을 드리면 가히 이 액운을 면하게 되는 운수의 달입니다. 분수 밖의 것을 탐하지 말아야 합니다. 도리어 손재가 있는 운수입니다.

구설수를 조심하여야 하는 달입니다. 해가 서산에 지니 앞길이 어두운 형국의 달입니다. 금성(金姓)이 불리하고 서쪽에 피해가 있을 수도 있는 운수의 달입니다. 적은 구설이 있으니 시비에 참여하지 말아야 하는 달입니다.

시비 수를 조심하여야 하는 달입니다. 적막강산의 창가에서 공연히 탄식하는 형국의 달입니다. 다른 사람의 죄로 인하여 액운이 미간에 있는 형국의 달입니다. 서로 다투지 말아야 합니다. 구설이 분분할 운수의 달입니다.

횡재수가 있을 수 있는 달입니다. 길한 사람은 하늘이 도우니 스스로 질병과 고통이 없는 형국의 달입니다. 재성이 나를 따르니 의외의 재물을 얻는 운수의 달입니다. 만일 이와 같지 아니하면 자손에 근심이 있을 수 있는 달입니다.

26. 화火 태胎

부동산 매매, 이사, 취직, 결혼이 있을 운運이다. 이 시기에는 일을 추진할 때 천천히 완급을 조정하여야 한다. 급하게 서둘러 무리하게 진행하다 보면 일을 망칠 수 있다. 특히 문서의 진위眞僞여부를 잘 감별하여야 하며, 대가를 바라는 감언이설甘言利說를 경계해야 한다.

[음력 이달의 운수]

1월

분수를 지켜야 하는 달입니다. 운수가 대길하니 백 가지 일이 순조롭게 이루어지는 운수의 달입니다. 나아가고 물러남을 알면 가히 재액을 면하는 운수의 달입니다. 만일 식구를 더하지 않으면 생남하는 운수의 달입니다.

2월

귀인이 돕는 달입니다. 옛것을 지키고 분수를 지키면 가히 재액을 면하는 달입니다. 남쪽에 길함이 있으니 귀인이 와서 돕는 운수의 달입니다. 부부가 서로 반목하니 가정에 불화가 있는 운수의 달입니다.

3월

복록이 풍만한 달입니다. 하늘은 기름진 이슬을 내리고 땅에는 단 샘물을 내는 형국의 달입니다. 오곡이 풍등하니 풍년이 집안에 가득한 형국의 달입니다. 귀인이 항상 도우니 복록이 항상 있는 운수의 달입니다.

4월

고진감래 하는 달입니다. 안정하여 옛것을 지키면 이익이 그 가운데 있는 형국의 달입니다. 남의 말을 믿지 말아야 합니다. 피해가 적지 않은 운수의 달입니다. 먼저는 가난하고 나중은 부유하고, 처음은 천하나 나중은 귀하게 되는 운수의 달입니다.

5월

횡재수가 있을 수 있는 달입니다. 운수가 형통하니 집안에 길한 상서로움이 있는 운수의 달입니다. 재물이 스스로 하늘에서 오니 도처에 재물이 있는 운수의 달입니다. 만일 혼인이 아니면 횡재하는 운수의 달입니다.

원행수가 있는 달입니다. 노인은 배를 두드리고 아이는 노래를 부르는 형국의 달입니다. 재물이 바깥에 있으니 원행하면 이익을 얻는 운수의 달입니다. 만일 경사가 아니면 반드시 횡재하는 운수의 달입니다.

집안이 태평한 달입니다. 도가 높고 명리가 있으니 이름이 사방에 떨쳐지는 형국의 달입니다. 만일 관록이 아니면 반드시 횡재하는 운수의 달입니다. 금옥이 만당하니 한 집안이 화평한 형국의 달입니다.

고진감래 하는 달입니다. 분수 밖의 것을 탐하지 말아야 합니다. 도리어 손해가 있을 수도 있는 운수의 달입니다. 미리 도액해야 합니다. 질병이 가히 두려운 운수의 달입니다. 재해가 점점 사라지고 길운이 당도하여 오는 운수의 달입니다.

자수성가 하는 달입니다. 봄바람이 화창하고 꽃이 떨어져 열매를 맺는 운수의 달입니다. 신운이 크게 통하니 영화가 중중한 운수의 달입니다. 길운이 이미 돌아오니 자수성가 하는 운수의 달입니다.

재앙이 사라지고 복록이 흥하니, 하는 일마다 여의한 운수의 달입니다. 다른 사람과 더불어 동쪽으로 가면 반드시 성공하는 운수의 달입니다. 황금을 쌓고 옥을 쌓는 격이니 당시의 석숭을 부러워하지 않는 달입니다.

성공을 기약하는 달입니다. 어둠 속을 가는 사람이 우연히 밝은 등불을 얻은 형국의 달입니다. 길운이 오니 재앙과 화가 점점 사라지는 형국의 운수입니다. 성심으로 노력해야 합니다. 성공하기에 가장 길한 운수의 달입니다.

분수를 지켜야 하는 달입니다. 분수 밖의 것을 탐하지 말아야 합니다. 도리어 불리함이 있을 수 있는 운수의 달입니다. 목성(木姓)을 조심해야 합니다. 손재수가 많은 운수의 달입니다. 안정하면 길하고 경거망동 하면 피해가 있을 수도 있는 운수의 달입니다.

27. 화火 양養

특별히 대운은 없으나, 토지, 주택 등 매매 운이 있으며, 멀리 여행할 운도 있다. 그러나 생각지도 못한 곳에서 재산상 손실이 있을 수 있으니 자중, 조심하여야 한다. 여자의 경우 출산 또는 뜻하지 않은 아이가 생길 수 있다

[음력 이달의 운수]

1월

남의 말을 믿으면 낭패를 볼 수도 있는 달입니다. 도를 닦고 악을 멀리하니 마침내 길한 이익을 보는 운수의 달입니다. 몸에 질병이 침노하는 격이니 거처가 불안한 형국의 달입니다. 주변 사라달의 말에, 특히 여인의 말에 주의할 필요가 있습니다. 변덕을 부리니 믿기 어려운 운수의 달입니다.

2월

이사를 해보는 달입니다. 시운이 불리하니 아무 일도 경영하지 말아야 하는 운수의 달입니다. 집안에 불안함이 있으니 이사를 하면 길한 운수의 달입니다. 만일 관록이 아니면 자손을 낳는 운수의 달입니다.

3월

명예와 재물이 따르는 달입니다. 수성(水姓)과 같이 동업하면 재물의 이익을 가히 기약하여 보는 운수의 달입니다. 뜻밖에 공명하여 이름이 사방에 떨쳐지는 운수의 달입니다. 비록 구설은 있을 수 있으나 재물의 이익이 크게 통하는 운수의 달입니다.

4월

비가 순조롭게 내리고 바람이 고르게 부니 만물이 스스로 즐기는 형국의 달입니다. 가정에 경사가 있는 격으로 특히 자손에 경사가 있는 운수의 달입니다. 다만 여인을 가까이하면 명예에 손상이 따를 수 있는 운수의 달입니다.

5월

횡액을 주의하여야 하는 달입니다. 가정이 불화하니 풍파가 끊이지 않는 운수의 달입니다. 마음속에 근심이 숨어 있으니 누가 이를 알아주리오. 횡액이 있는 운수이니 매사에 근신하여 조심하여야 하는 달입니다.

이별 수가 있는 달입니다. 이익을 주는 사람은 토성(土姓)이고 피해를 주는 사람은 목성(木姓)인 달입니다. 실물수가 있는 운수이니 미리 기도하여 막아야 하는 달입니다. 해 넘어간 다리 위에서 형제가 이별하는 형국의 달입니다.

7월

화성(火姓)이 이롭지 못하니 가까이하면 피해를 보는 운수의 달입니다. 복록이 만당한 형국이니 근심이 흩어지고 기쁨이 생겨나는 운수의 달입니다. 그럼에도 기쁨이 곳곳에 숨어 있는 달입니다. 하지만 만일 여자를 가까이하면 명예에 손상이 있을 수 있습니다.

8월

재물은 생기는 형국이나 얻으면 반을 잃기도 하는 운수의 달입니다. 재물이 공망이 되고 복록이 숨는 격이니 소망이 별로 없는 형국의 달입니다. 목성(木姓)을 믿으면 허망함을 당할 수도 있는 운수의 달입니다.

9월

실물수를 조심하여야 하는 달입니다. 봄의 성곽에 가랑비가 오니 만물이 모두 즐거워하는 형국의 달입니다. 길운이 이미 돌아오니 귀인이 와서 돕는 운수의 달입니다. 도적을 조심하여야 하는 달이니 실물수가 가히 두려운 운수입니다.

10월

귀인이 나를 돕는 달입니다. 가운이 왕성한 격이니 의식이 풍족한 운수의 달입니다. 사람이 늘고 모든 일이 이루어지는 형국의 달입니다. 이익이 문서에 있으니 귀인이 나를 도와 성공하는 운수의 달입니다.

11월

재물이 따르나 구설이 있을 수 있는 달입니다. 집안사람이 한마음이 되니 재물이 스스로 하늘에서 오는 형국의 운수입니다. 다만 원행을 삼가야 합니다. 구설이 또 침노하는 운수의 달입니다. 위는 맑고 아래는 편안하니 재물이 스스로 밖에서 들어오는 형국의 달입니다.

12월

상업을 하면 재물을 얻을 수 있는 달입니다. 백 가지 일이 여의하니 이 밖에 무엇을 더 바라겠습니까. 우물 안의 물고기가 바다로 나가니 그 형상이 태평한 형국의 운수입니다.

28. 화火 생生

급진急進을 피하고 무리하지 않으면 사회적으로 성공하여 만인의 존경을 받을 운이다. 어디를 가나 사랑을 받을 것이며, 모든 사람의 신망을 얻어 출세할 운이다. 여자의 경우 남편으로부터 사랑을 받을 것이요, 짝 없는 여인들은 사랑을 시작한다.

[음력 이달의 운수]

1월

운수가 대통하는 달입니다. 물고기와 용이 물을 만난 격이니 의기가 양양한 달입니다. 재성이 몸에 임하는 형국이니 천금을 손에 희롱하는 운수의 달입니다. 재물이 풍만하니 큰 집안이 태평한 형국의 달입니다.

2월

귀인이 와서 돕는 격이니 하는 일마다 뜻한 대로 이루어지는 운수의 달입니다. 만일 생남하지 않으면 관록이 몸에 임하는 운수의 달입니다. 다만 친한 사람으로 인하여 피해를 보는 형국이니 같이 일을 하지 말아야 하는 운수입니다.

3월

부부 금슬이 좋은 달입니다. 만일 귀인을 만나면 반드시 성공을 하는 운수의 달입니다. 궁에서 쇠북을 치는 형국이니 금슬이 맑고 향기로운 형국의 달입니다. 집안에 경사가 잇는 격이니 기쁨이 가정에 가득한 형국의 달입니다.

4월

군자의 도가 오래가니 작게 가고 크게 오는 형국의 달입니다. 재수가 대길하니 구하지 않아도 스스로 재물이 들어오는 형국입니다. 다만 동쪽으로 오가는데 관재를 조심하여야 하는 달입니다.

5월

소원을 성취하여 보는 달입니다. 재물과 곡식이 창고에 가득하니 편안하고 태평한 세월의 운수입니다. 목마른 자가 물을 만난 격이오, 굶주린 자가 풍년을 만난 격의 운수입니다. 다른 사람 말을 믿지 말아야 실패 수가 없는 달입니다.

관재구설수가 따를 수 있는 달입니다. 만일 출행하지 않으면 이사를 하면 길한 운수의 달입니다. 질병이 있을 수 있는 가운데 여색으로 인하여 재물을 취하는 형국의 달입니다. 송사로 다투게 되면 구설로 인하여 불리하여지는 운수의 달입니다.

7월

원하는 바를 성취 못하고 헛된 노력을 해보는 달입니다. 일신이 곤고하기도 합니다. 호랑이 굴에 들어가지 않고는 호랑이 시기를 얻지 못하는 형국의 운수입니다. 이달의 재물 운은 구하려 하여도 얻지 못할 가능성이 있는 운수의 달입니다.

8월

귀인을 만나는 달입니다. 이달의 운수는 구름이 흩어져 달을 볼 수 있는 형국의 운수입니다. 다행히 귀인을 만나면 생활이 태평하여지는 운수의 달입니다. 관록이 몸에 따르는 격이니 이름이 사방에 높은 운수의 달입니다.

9월

흉한 가운데 길함이 찾아오는 달입니다. 어두운 길을 가는 사람이 우연히 밝은 등불을 얻은 격의 운수입니다. 믿음이 사람에게 미치는 격이니 살길을 알려 주는 형국의 운수입니다. 재물이 동쪽에 있으니 우연히 재물이 들어오는 형국의 달입니다.

10월

고진감래의 달입니다. 내 가슴에 옥을 안고 진주를 품고 있는 격이나 이를 알아주는 사람이 없는 형국의 달입니다. 재물은 뜻하는 대로 얻는 형국이지만 구설이 조금 따르는 운수의 달입니다. 복록이 몸에 임하니 의식이 풍족한 운수의 달입니다.

11월

재물이 들어오는 달입니다. 길성이 문에 들어오니 화기애애한 기운이 문에 들어오는 형국의 달입니다. 쇠를 연철하여 금을 만드니 적은 것을 쌓아 큰 것을 이루는 형국의 운수입니다. 이름이 높고 복록이 중하니 복록이 산과 같은 형국의 달입니다.

12월

고생 끝에 낙이 오는 달입니다. 집안사람이 같은 마음으로 함께하니 이익이 그중에 있는 운수의 달입니다. 명산에 기도하면 근심이 흩어지고 기쁨이 생겨나는 운수의 달입니다. 재물과 복록이 풍만하니 한 집안이 태평한 형국의 달입니다.

29. 화火 욕浴

현재 주변의 모든 일이 생각과 같지 않아 금전金錢 손실損失, 부부夫婦 불화不和, 또는 이별 등 고난의 연속이다. 여자는 자식 문제로 고심하든지 애정 문제로 고민할 운이며, 결혼한 남녀는 이성 문제가 발생할 수 있으니 조심하여야 한다.

[음력 이달의 운수]

1월

나는 새가 날개가 부러져 땅에 떨어진 격이니 크게 놀랄 일이 있을 수도 있는 달입니다. 물에 놀라고 불에 놀랄 일이 발생하는 달이기도 합니다. 불조심을 하고 물가에 가까이 가지 말아야 할 것입니다. 음력 정월과 이월에는 한 번 흉하고 한 번 길하니 어디에 마음을 두어야 할지 모르는 운수이기도 합니다.

2월

다른 사람을 도와주다가 낭패를 당할 수 있는 달입니다. 다른 사람에게 호의를 베풀었으나 도리어 물에 빠진 사람 건져 주니 보따리 내놓으라는 형국이 되는 달이기도 합니다. 신수가 불길하니 출행함을 자제하여야 합니다. 이번 달에는 가족에게 근심이 생길 수도 있으니 가족의 건강이나 심리를 평안하게 하여야 합니다.

3월

서쪽과 북쪽에서 귀인이 나타나 도와주는 달입니다. 다만 음력 삼월과 사월에는 가족에게 우환이 따를 수 있으니 미리 명산에 기도하여야 액을 막을 수 있습니다. 치성으로 기도하면 가히 액을 면할 수 있을 것입니다. 심신을 수양한다 생각하고 명산을 찾아가 기도한다면 더할 나위 없이 좋을 것입니다.

4월

얕은 물에서 배를 끌려 하는 형국이니 운수가 답답한 달입니다. 다른 사람의 감언이설에 속아 손해를 보게 될 수 있는 달입니다. 마음이 산란하니 자꾸 집을 나가려는 생각이 드는 달이기도 합니다. 명산에 기도하면 좋지 않은 기운을 미리 막을 수 있게 될 것입니다.

5월

큰 재물은 얻지 못하나 작은 재물은 얻을 수 있는 달입니다. 동쪽에 사는 목성(木姓)이 우연히 찾아와 나를 도와주는 형국입니다. 재수를 말하자면 아무리 정성을 다한다 하여도 적게 얻을 것이요, 아무리 욕심을 갖는다 하여도 그에 미치지 못할 가능성이 있는 운수입니다. 분수를 지켜 최선을 다하면 조금은 얻을 수 있는 운수입니다.

음양이 화합하는 운수이니 바라는 것을 얻는 달입니다. 다른 사람과 힘을 합하여 경영을 한다면 재물을 모을 수 있는 달입니다. 신수도 대길하고 재수도 흥왕하니 원하는 바를 성취할 운수입니다. 조업 즉, 조상의 가업을 대대로 이어서 경영하는 사람보다 자수성가한 사람이 이로운 달입니다.

토끼를 쫓다가 사슴을 잡는 격입니다. 사소한 일을 열심히 하니 오히려 큰일과 연결이 되는 달입니다. 음력 칠월과 팔월은 수복이 계속 이어지는 운수입니다. 공직이나 직장에 있는 사람은 관록이 몸에 드니 승진할 운수요, 그렇지 않으면 자손에 경사가 있을 수입니다. 아침에는 꽃, 저녁에는 달 사이에서 노니는 형국입니다.

이달은 운수는 나쁘지 않으나 사소한 일을 조심하여야 하는 달입니다. 대범하게 큰일은 잘 넘길 수 있을 수 있으나 사소한 일이 시비가 되어 화근으로 발전하게 됩니다. 분수를 지키는 것이 상책이니 크게 움직이지 말아야 됩니다. 특히 수성(水姓)을 가까이하게 되면 피해를 보게 됩니다.

바깥의 재물을 탐하면 그 피해가 생기는 달입니다. 사슴을 보고 말이라 하는 형국이니 내 꾀에 내가 넘어가는 격입니다. 경영하는 일에 머리는 있고 꼬리가 없는 형국이니 노력하여도 결과를 얻기 어려운 달이기도 합니다. 귀인은 어느 쪽에 있는고 하니 서쪽과 북쪽에 있습니다.

주색을 가까이하면 낭패를 볼 수도 있는 달입니다. 흉신이 가정에 침범하니 배우자 궁에 액운이 따를 수 있는 운수입니다. 이익은 서쪽과 북쪽에 있습니다. 앞으로 전진하려 하나 일이 순조롭지 못하여 막힘이 많을 수 있는 운수입니다. 주색을 가까이하여 몸이 고달프고 정신도 혼미하여 판단을 흐리게 하는 형국입니다.

이달은 비록 재물은 얻는다 하여도 다른 사람이 나에게 해를 끼칠 수도 있는 달입니다. 동쪽은 불리하고 서쪽은 이득이 생기는 방위입니다. 화성(火姓)과 금성(金姓)이 나에게 도움을 주는 사람들입니다. 믿었던 사람이 나에게 피해를 주는 형국이니, 마음의 중심을 잘 잡아 서로 간에 우정이 지켜지도록 노력하여야 합니다.

복을 주관하는 칠성님에게 기도하면 흉한 액운을 면하는 달입니다. 혹여 다른 사람과 함께 경영을 한다면 미리 그 마음을 알아 좋은 방향으로 이끌어 주어야 하는 운수입니다. 하늘 높고 땅은 넓은데 길 잃은 산새가 갈 곳은 어디일까요. 이리저리 헤매는 형국이니 방향을 잘 잡아야 합니다.

30. 화火 대帶

만인의 존경과 신망으로 출세할 운이다. 사업을 한다면 번창繁昌할 것이오, 직장을 다닌다면 직위가 올라갈 것이오, 직장을 구하는 자는 취직就職을 할 것이다. 결혼한 여자의 경우 남편의 덕으로 경사가 생기며, 주위로부터 존경尊敬을 받을 것이다.

[음력 이달의 운수]

1월

작은 것으로 큰 것을 얻는 달입니다. 가는 것 없이 크게 오는 격이니 이름이 사방에 전하여지는 형국의 운수입니다. 덕을 쌓은 연고로 재산이 흥왕하여지는 운수의 달입니다. 칠월의 개똥벌레의 빛이 십 리를 비추는 형국의 운수입니다.

2월

집안에 경사가 있는 달입니다. 귀인이 와서 도우니 의외의 성공을 하는 운수의 달입니다. 만일 관록이 아니면 자손에 경사가 있는 운수의 달입니다. 집에 경사가 있으니 만인이 치하하는 운수의 달입니다.

3월

작은 것으로 큰 것을 이루는 달입니다. 단비가 때때로 내리니 백초가 무성한 형국의 운수입니다. 작게 가고 크게 오는 격이니 스스로 영광이 있는 운수입니다. 하는 일에 반복됨이 많으니 다른 사람을 조심하여야 하는 운수의 달입니다.

4월

고진감래 하는 달입니다. 용을 타고 하늘을 오르는 격이니 구름이 가고 비가 오는 형국의 운수입니다. 처음은 비록 곤고하나 나중은 안락함을 보는 운수입니다. 봄 동산의 자두나무와 복숭아나무에 벌 나비가 향기를 찾는 형국의 운수입니다.

5월

여유가 생기는 달입니다. 저기 남산에서 사냥하니 한 번 쏘아 다섯을 맞추는 형국의 운수입니다. 재물이 언덕과 산과 같으니 이외에 무엇을 더 바랄까요. 돈이 있고 곡식도 있으니 다시 무엇을 바랄까요.

6월

구설을 조심하여야 하는 달입니다. 산 깊은 사월에 녹음이 번성하는 형국의 달입니다. 비록 재물과 복록은 있으나 신상에 해가 있을 수도 있는 운수의 달입니다. 구설이 가히 두려우니 입을 병뚜껑 같이 닫아야 하는 운수의 달입니다.

7월

귀인이 돕는 달입니다. 취하고 버림을 살피지 않으면 이익과 피해를 끊고 맺음을 하여야 하는 운수의 달입니다. 동쪽과 남쪽 두 방향에서 귀인이 와서 돕는 운수의 달입니다. 남아가 뜻을 얻으니 가는 곳마다 춘풍의 형국인 달입니다.

8월

이름을 떨치는 달입니다. 의외로 성공을 하니 이름이 사해에 떨쳐지는 운수의 달입니다. 만일 관록이 아니면 자손에 경사가 있는 운수의 달입니다. 이름이 원근에 퍼지는 격이니 사람들이 와서 축하하는 운수의 달입니다.

9월

건강을 유의하여야 하는 달입니다. 심신이 물러나 흩어지니 항상 두려움이 많은 운수입니다. 재성이 몸에 따르니 횡재하는 운수의 달입니다. 이익이 금성(金姓)에 있으니 우연히 와서 돕는 운수의 달입니다.

10월

자손을 얻는 달입니다. 몸과 재물이 왕성하니 하는 일마다 여의한 달입니다. 매사가 여의로우니 이익이 그중에 있는 운수의 달입니다. 나는 곰이 꿈에 든 격이니 생남할 운수의 달입니다.

11월

가정이 화목한 달입니다. 집안사람이 합심을 하니 하늘의 복을 받는 운수의 달입니다. 가정이 화평하니 기쁜 일이 중중한 운수의 달입니다. 재물이 스스로 밖에서 오는 격이니 이달이 가장 이익이 있는 달입니다.

12월

일확천금을 해보는 달입니다. 작은 것으로 큰 것을 바꾸는 격이니 어찌 광명이 아니리오. 용이 명주를 얻은 격이니 조화가 무쌍한 운수의 달입니다. 하루아침에 부귀하니 만인이 우러르는 형국의 운수입니다.

31. 화火 건建

뜻한 바가 있다면 뜻을 이룰 것이오, 매사 순조롭게 풀리며, 공명영달功名榮達 할 것이다. 결혼을 한 여자는 자식을 얻을 것이요, 미혼 여는 배우자를 만날 것이다. 재물은 증식이 순조로우며, 문서이득文書利得이 있을 것이다.

[음력 이달의 운수]

1월

원하는 바를 성취하여 보는 달입니다. 꽃이 봄 산에 만발하니 그 빛깔이 화려한 형국의 달입니다. 명리가 마음을 맞이하니 기쁜 일이 있는 운수입니다. 천지사방 하는 일이 백발백중 하는 운수의 달입니다.

2월

고진감래 하는 달입니다. 재물이 선박에 있으니 재물의 이익이 많은 운수의 달입니다. 옛것을 버리고 새 것을 생하는 격이니 백 가지 일이 여의한 형국의 달입니다. 이달의 운수는 먼저는 흉하고 나중에 길한 운수의 달입니다.

3월

귀인이 나를 돕는 달입니다. 귀인이 와서 돕는 격이니 스스로 천금을 얻는 형국의 달입니다. 황룡이 여의주를 얻은 격이니 기쁜 일이 생기는 운수의 달입니다. 나는 기러기가 갈대를 물고 어둠을 헤치고 밝음으로 나아가는 형국의 달입니다.

4월

안정을 찾는 달입니다. 도처에 재물이 있으니 이름이 사해에 떨쳐지는 형국의 달입니다. 금성(金姓)이 와서 도우니 성공이 앞에 있는 형국의 운수입니다. 깊은 산 그윽한 골짜기에 잠잘 새가 숲속에 드는 형국의 달입니다.

5월

소원을 이루어 보는 달입니다. 물고기가 변하여 용이 되니 변화가 무쌍한 형국의 달입니다. 식구가 늘고 토지를 더하니 한 집안이 화평한 운수의 달입니다. 가도가 흥왕하니 이밖에 무엇을 바라겠습니까.

6월

자손에 경사가 있는 달입니다. 덕을 쌓은 집에는 경사가 남아 있는 운수의 달입니다. 명산 대천을 찾아가 미리 액운을 막아야 하는 달입니다. 집에 길한 경사가 있는 운수이니 자손에 영화가 있는 운수의 달입니다.

7월

음양이 화합하니 만물이 화생하는 운수의 달입니다. 처자에 근심이 있을 수 있는 운수이니 미리 기도하여 예방하여야 하는 달입니다. 금성(金姓)과 화성(火姓) 두 성씨가 이롭지 못한 사람들입니다.

8월

고진감래 하는 달입니다. 남과 다투게 되면 송사가 일어나 불리하게 되는 달입니다. 다른 경영을 하지 말아야 합니다. 소망을 이루는 데 쉽지 않을 형국의 달입니다. 만일 횡재수가 아니면 관록이 몸에 따르는 운수의 달입니다.

9월

소원을 이루어 보는 달입니다. 물고기가 큰 바다에서 노니는 형국이니 의기가 양양한 운수의 달입니다. 백 가지 일이 순조롭게 이루어지니 많은 사람이 공경하고 우러르는 운수의 달입니다. 신수가 대길하니 소망이 뜻과 같이 이루어지는 달입니다.

10월

사람을 조심하여야 하는 달입니다. 복숭아꽃이 이미 떨어지니 그 열매를 가히 얻을 수 있는 운수입니다. 토성(土姓)을 가까이하면 나에게 이롭지 못한 달입니다. 목성(木姓)이 해로우니 거래를 하지 말아야 하는 운수의 달입니다.

11월

귀인이 나를 돕는 달입니다. 신운이 크게 통하니 하는 바가 모두 길한 운수의 달입니다. 마음을 정하여 안정을 하면 기쁜 일이 스스로 있는 형국의 달입니다. 달 밝은 산창에 귀인이 와서 돕는 형국의 달입니다.

12월

서쪽과 남쪽 양방향에 재물이 왕성한 운수의 달입니다. 만일 벼슬을 하지 않으면 자손에 경사가 있는 운수의 달입니다. 두 곳의 마음이 같은 마음이니 도모하는 일을 가히 이루어 보는 운수의 달입니다.

32. 화火 왕旺

금전이나 재물에서 풍족할 운이다. 장사를 하는 사람은 매상이 늘어날 것이오, 직장을 다니는 사람은 진급을 할 수 있으며, 월급이 오를 것이다. 가정에서는 자녀로 인하여 기쁨이 있으며, 여자는 건강을 회복하고 집안에 경사스러운 일이 많을 것이다.

[음력 이달의 운수]

1월
귀인을 만나는 달입니다. 때를 따르는 풀과 나무에 꽃과 잎이 무성한 형국의 달입니다. 귀인이 동쪽에서 와서 우연히 힘을 돕는 형국의 운수입니다. 재물이 동쪽에서 왕성하니 날로 천금을 취하는 운수의 달입니다.

2월
운수가 크게 통하니 의식이 스스로 족한 운수의 달입니다. 신수가 대길하고 가도가 흥왕한 운수의 달입니다. 이달의 운수는 흉함은 적고 길함은 많은 운수의 달입니다.

3월
근신하여야 하는 달입니다. 가신이 발동하니 집안에 불평함이 있는 운수의 달입니다. 복덕이 충을 만나니 근심 중에 기쁨을 바라는 운수의 달입니다. 자손에 근심이 있으니 미리 도액하여 넘겨야 하는 운수의 달입니다.

4월
기도하여 근심을 떨쳐 버려야 하는 달입니다. 이달의 운수는 근심과 즐거움이 서로 반반인 운수의 달입니다. 바위 위의 외로운 소나무요, 울타리 아래 노란 국화인 형국입니다. 명산 대천에 기도하면 길한 운수가 되는 달입니다.

5월
작은 이익이 있는 달입니다. 뒤뜰의 푸른 복숭아가 봄이 도래하여 스스로 개화하는 형국의 달입니다. 길한 사람을 하늘이 도우니 스스로 복이 오는 형국의 운수입니다. 성심으로 구하면 작은 이익은 가히 얻어 보는 운수입니다.

시비 수를 조심하여야 하는 달입니다. 분수를 지켜 편안하여야 재앙이 침노하지 않는 달입니다. 길성이 나를 도우니 수복이 면면한 운수의 달입니다. 남과 다투지 말아야 합니다. 송사가 가히 두려울 수 있는 운수의 달입니다.

근신 자중하여야 하는 달입니다. 고독한 일신이 고단하여도 의지할 곳이 없는 형국의 운수입니다. 만일 삼가지 않으면 일을 그르칠 수 있는 운수의 달입니다. 봉황이 대나무 숲을 잃은 격인 운수의 달입니다.

재물이 들어오는 달입니다. 작은 것을 쌓아 큰 것을 이루는 격이니 천금을 가히 얻는 운수의 달입니다. 재수가 흥왕하니 자수성가 하는 운수의 달입니다. 금옥이 만당한 운수이니 복록이 끊이지 않는 운수의 달입니다.

기도하고 근신하여야 하는 달입니다. 먼저는 곤고하고 나중에는 왕성한 운수이니 때를 기다려 편안히 지내야 하는 운수입니다. 처궁에 액운이 있을 수 있으니 미리 기도하여 막아야 하는 달입니다. 신수가 불리하니 밤에 꿈이 산란한 형국의 운수입니다.

횡재수가 있을 수 있는 달입니다. 피도 있고 기장도 있으니 농가에 즐거움이 있는 형국의 달입니다. 하늘은 단비를 내리고 땅에는 감천이 있는 형국의 운수입니다. 횡재가 있는 운수이니 손에 천금을 희롱하는 운수의 달입니다.

손재수가 있을 수도 있는 달입니다. 비리를 탐하지 말아야 합니다. 도리어 허황함이 있을 수 있는 운수의 달입니다. 나가면 몸이 수고롭고 들어오면 마음이 편안한 형국의 운수입니다. 친구를 믿지 말아야 합니다. 손재수가 있어 불리한 운수입니다.

귀인이 돕는 달입니다. 꽃이 피고 열매 맺는 격이니 길한 일이 중중한 운수의 달입니다. 귀성이 문에 비치니 귀인이 와서 도와주는 운수의 달입니다. 만일 관록이 아니면 생남하는 운수의 달입니다.

33. 화火 쇠衰

가급적 자중해야 한다. 시작은 좋으나 끝이 불길한 운이다. 마음을 먹었으며 시작은 하되 매사 꼼꼼하게 처리하지 않으면 유종의 미를 거둘 수 없어 용두사미龍頭蛇尾 될까 두렵다. 경제적으로 고통이 따를 수 있으며 자식으로 인하여도 고뇌가 따를 수 있다.

[음력 이달의 운수]

1월

생각은 많으나 실천이 안 되고, 믿는 도끼에 발등 찍히는 형국의 달입니다. 몸이 객지에서 떠도니 언제나 집으로 돌아가겠습니까. 많은 생각에 비해 편할 날이 적은 운수입니다. 남의 말을 믿다가 발등 찍히는 격이요, 친구에게 배신당할 수 있는 운수입니다.

2월

주변 여건이 따르지 않아 일의 추진이 지지부진한 달입니다. 모래로 밥을 짓는 격이니 하는 일이 허망한 운수입니다. 늙은 용이 물을 잃고 강가에서 슬피 우는 형국입니다. 이치가 아닌 일은 군자는 탐내지 아니하는 법이니 정도를 걸어야 탈이 없습니다.

3월

분수를 모르고 경거망동 하면 남에게 피해를 보는 달입니다. 다른 일에 관심을 두어 남과 경쟁하면 남이 나를 해치는 형국입니다. 원행을 삼가야 합니다. 원행하면 후회할 일이 벌어지는 달입니다. 분수 외의 것을 탐하면 도리어 나를 해치는 결과를 얻는 운수입니다.

4월

처음은 곤고하나 나중은 태평한 달입니다. 삼 년의 병고를 치른 사람이 우연한 기회에 명의를 만나 회복하는 형국입니다. 곤고함을 한탄하지 말아야 합니다. 처음은 손해지만 나중은 이익을 보는 운수입니다. 침착하게 자중하여 밖에 나가지 않으면 남 보기는 없어 보이지만, 실속은 챙기는 운수입니다.

5월

시비와 구설이 따를 수 있는 달입니다. 고요한 산중에 비가 오니 개천이 넘쳐흘러 나를 편히 쉬지 못하게 하는 형국입니다. 남의 말을 믿고 일하면 손재수가 따르는 운수입니다. 남들이 시비하는 곳에 끼어들지 말아야 구설수를 면할 수 있는 달입니다.

6월

어려움 중에 복을 받는 형국인 달입니다. 이슬이 연잎에 떨어지니 또르르 구르는 이슬방울이 아름다운 형국입니다. 어려움이 있어도 무난히 해결된다는 의미요, 귀인이 나를 돕는데 남쪽으로 가면 그렇게 되는 운수입니다. 헛된 일이라고 생각하며 한 일이 실속 있는 일로 변하는 운수입니다.

7월

동분서주 하여도 큰 실속이 없는 달입니다. 칠월과 팔월에는 열심히 하여도 하는 일이 허망한 형국입니다. 재물 운이 발동하니 출행하면 좋은 일이 있는 달입니다. 토성(土姓)이 방해를 하니 매사에 어려움이 따를 수 있는 운수입니다.

8월

재물을 모아도 나가는 재물이 많은 달입니다. 밝은 달이 수풀을 비추니 미인이 스스로 찾아오는 형국입니다. 일에 시작은 있고 마무리가 없으니 결과를 얻기 어려운 운수입니다. 재물이 저절로 나가니 다른 일을 경영하지 말고 하던 일에 최선을 다하여야 합니다.

9월

사소하고 보잘것없는 일도 최선을 다하면 이익이 있는 달입니다. 이익이 어느 쪽에 있는가 하면, 남쪽에 있습니다. 맛있는 술과 안주로 미인과 대작하는 형국입니다. 위태로운 중에 이익이 있고, 허망한 중에 실속이 있는 달입니다.

10월

허망한 일로 실망하지만 가끔 귀인이 돕는 달입니다. 이달의 운수는 이름도 없고 실속도 없는 달입니다. 귀인이 돕는 형국인데, 박 가(朴家), 송 가(宋家)가 귀인입니다. 큰일을 경영하면 실속도 없고 이름도 없을 것입니다.

11월

이달은 손재수가 있을 수도 있는 달입니다. 큰일을 도모하지 말아야 합니다. 실패 수가 따를 수 있는 운수입니다. 재효가 극함을 당하니 재물도 없어지고, 재효는 처궁이니 처에게도 불길함이 있는 운수입니다. 수성(水姓)을 가까이하면 재물에 손해가 있을 것입니다.

12월

손재수와 관재구설수가 따를 수 있는 달입니다. 밤길을 가는 나그네가 등불을 잃어버린 형국입니다. 재수가 불리하여 손재가 극심할 수 있는 운수입니다. 만일 구설이 없으면 관재수가 따를 수 있는 운수이니 깊은 산속에서 산신에게 치성드리면 가히 액을 면할 수 있는 달입니다.

34. 화火 병病

가정家庭 내內 풍파風波가 발생하고 특히 재산상의 문제가 생겨 형제자매兄弟姉妹
간에 불화가 발생할 운이다. 이 시기에는 결혼을 하였다면 가족의 건강에 특별히
신경을 써야 하며, 어린 자녀는 외부와 접촉을 삼가야 한다. 병마病魔가 두렵다.

[음력 이달의 운수]

1월

일하는 양에 비해 소득이 없을 수 있는 달입니다. 사방으로 분주하니 고달픈 운수의 달입
니다. 그렇다고 다른 일을 경영하지 말아야 합니다. 손재만 있고 이익이 없는 운수의 달입
니다.

2월

분수를 지켜야 하는 달입니다. 우뢰가 백 리를 흔들지만 소리는 있으되 형상은 없는 형국입
니다. 안정하여 옛것을 지키면 재앙이 침범하지 않는 운수의 달입니다. 목성(木姓)을 가까
이 말아야 합니다. 손재수를 면하기 어려운 운수의 달입니다.

3월

집안이 안정되는 달입니다. 목마른 사람이 물을 얻은 격이요, 굶주린 사람이 풍년을 만난
형국의 달입니다. 만일 이와 같지 않으면 자손에 경사가 있는 형국의 달입니다. 재성이 나
를 도우니 재물을 얻어 가정을 일으키는 운수의 달입니다.

4월

횡재수가 있을 수 있는 달입니다. 재물이 동쪽에서 왕성하고 남쪽에 길함이 있는 운수의 달
입니다. 횡재수가 있으니 이 기회를 놓치지 말아야 하는 달입니다. 재물과 복록은 흠이 없
으나 적은 구설이 있을 수 있는 운수의 달입니다.

5월

집안에 근심이 있을 수 있는 달입니다. 부부가 불안하니 집안이 편안치 않은 형국의 달입니
다. 만일 친한 사람이 불안하지 아니하면 형제 지간의 불안함이 있을 형국의 달입니다. 서
쪽에 길함이 있으니 서쪽으로 가는 것이 마땅한 운수의 달입니다.

사람을 조심하여야 하는 달입니다. 시운이 불리하니 공연히 마음만 상하는 운수의 달입니다. 사방에서 분주하나 별로 이해는 없는 형국의 달입니다. 서쪽 사람은 해가 있을 수도 있는 사람인 달입니다.

근신 자중하여야 하는 달입니다. 이달의 운수는 복록이 지나쳐 재앙이 생겨나는 형국의 달입니다. 신수가 불리하니 도적을 조심하여야 하는 운수의 달입니다. 친한 사람을 가까이 말아야 합니다. 우연히 손재하는 운수의 달입니다.

주색을 멀리하여야 하는 달입니다. 비록 재수는 있을 수 있으나 얻고도 오히려 잃기도 하는 운수의 달입니다. 희살(삶을 희롱하는 살)이 와서 침노하니 하는 일에 장애가 많은 운수의 달입니다. 만일 여자를 가까이하면 손재가 적지 않을 수 있는 운수의 달입니다.

집안에 근심이 있을 수 있는 달입니다. 이달의 운수는 근심 가운데 기쁨을 바라보는 운수의 달입니다. 하는 일이 여의치 않으니 한탄함을 버리지 못할 가능성이 있는 운수의 달입니다. 부부가 불안하니 집안에 불안함이 있는 형국의 달입니다.

주색을 멀리하여야 하는 달입니다. 마음에 번민이 많으니 수심을 풀기가 어려운 형국의 달입니다. 여인을 가까이 말아야 합니다. 명예를 손상할까 두려운 운수의 달입니다. 만일 목성(木姓)을 만나면 우연히 재물을 얻는 운수의 달입니다.

귀인이 돕는 달입니다. 용이 천문에 있으니 변화가 비상한 형국의 운수입니다. 서쪽과 북쪽 두 방향에서 귀인이 나를 돕는 운수의 달입니다. 만일 묘한 계책이 없으면 도리어 곤란함만 있는 운수의 달입니다.

횡재수가 있을 수 있는 달입니다. 재수를 말하자면 적게 얻고 많이 쓰는 운수의 달입니다. 만일 조심하지 않으면 구설수가 끊이지 않는 운수의 달입니다. 횡재수가 있으니 이때를 놓치지 말아야 하는 운수의 달입니다.

35. 화火 사死

봄바람 타고 경사스러운 일이 찾아오나, 중도에 흉사凶事가 많아 끝에는 다소 길한 운이 반감된다. 제반사諸般事 유야무야有耶無耶 되어 심노心勞가 많고 비관적으로 변해 별로 기뻐할 일이 없으니, 인간세상 새옹지마塞翁之馬다.

[음력 이달의 운수]

1월

처음은 흉하나 나중에 길한 달입니다. 먼저 흉하고 나중에 길하니 재물이 진진할 운수의 달입니다. 혹여 소복을 입어 볼 수도 있으니 초상집에 가지 말아야 합니다. 밝은 달이 구름에 가려지니 달빛을 볼 수 없는 형국입니다.

2월

구설수가 있을 수 있는 달입니다. 초나라에 들어가 조나라와 도모하니 구설이 많을 운수입니다. 대인관계에 신경 써야 할 달입니다. 신수가 불길하고 질병이 찾아드는 좋지 않은 운수입니다. 하는 일마다 막힘이 있으니 원행하면 역시 불리한 달입니다.

3월

처음은 곤란을 겪으나 나중에 길한 달입니다. 삼월과 사월에는 먼저는 곤란을 겪고 나중에는 길하게 되는 형국입니다. 좋은 터로 이사를 한다면 복록이 진진할 것입니다. 귀인을 만나게 되는데, 귀인을 제대로 알아보고 잘 대한다면 재수가 대길 할 것입니다.

4월

어렵게 재물을 얻는 달입니다. 근심하고 있는 중에도 기쁨을 기대하니 음모를 꾸미는데 기이함이 있는 형국입니다. 재물이 동쪽에 있을 수 있으나 재물을 얻는다 하여도 그 절반은 잃을 수 있는 운수입니다. 길성이 문에 비추니 재물이 들어오는 운수이기도 합니다.

5월

작은 것을 탐내다가 큰 것을 잃기도 하는 형국입니다. 농부가 때를 놓치니 생활에 어려움이 찾아오는 형국입니다. 작은 일로 화를 내거나 어려움을 참아 내지 못하면 큰일을 도모함에 있어 어려움을 초래할 것입니다. 금성(金姓)이 불리하니 가까이하면 손재수가 따를 것입니다.

6월

식구가 늘거나 재물을 얻는 달입니다. 이달의 운수는 이름만 있지 실속이 없는 달입니다. 만일 횡재가 있거나 식구가 늘어나는 형국의 달입니다. 목성(木姓)이 불리하니 그 말을 믿고 행하면 손재수가 있는 운수입니다.

7월

재물이 들어오나 구설이 따를 수 있는 달입니다. 칠월과 팔월에는 재물이 들어오는 운수입니다. 관귀가 길을 지키고 방해를 하고 있으니 출행하면 불리한 달입니다. 재수가 오랫동안 막혀 있었으나 하루아침에 재물을 얻게 되는 형국입니다.

8월

마음도 산란하고 몸도 아플 수 있는 달입니다. 이달의 운수는 초상집을 피하여야 하는 달입니다. 마음속에 고민이 있으니 세상사가 허황한 운수입니다. 만일 재물을 잃지 않으면 질병으로 고생할 수 있는 운수의 달입니다. 건강관리를 철저히 하여야 합니다.

9월

어려움에서 일시적으로 해방되는 달입니다. 길신이 와서 도와주니 하는 일이 모두 여유로운 달입니다. 그러나 금성(金姓)을 가까이한다면 피해를 볼 수도 있으니 삼가고 상대하지 말아야 합니다. 만일 금성(金姓)을 가까이한다면 하는 일마다 이루지 못할 것입니다.

10월

재물은 들어오나 시비와 구설이 있을 수 있는 달입니다. 따사로운 바람과 보슬비가 내리니 경작하는 전답을 늘리고 조상님을 잘 받드는 형국의 달입니다. 재물은 어디에 있는가 하면 남쪽에 있습니다. 주작이 발동하니 시비와 구설이 있을 수 있는 달이니 입단속을 잘하여야 합니다.

11월

이달은 불조심을 하여야 하는 달입니다. 동짓달과 섣달에는 불조심을 하여야 하는 달입니다. 미리 대비하여 불조심을 한다면 무사히 넘어갈 것입니다. 재수있기를 원한다면 시장으로 나가서 구하면 소원 성취하는 운수입니다.

12월

나가도 머물러도 이익이 없는 달입니다. 집에 있어도 답답하고 나가도 내가 노닐 곳이 없는 형국입니다. 목성(木姓)과 상대함이 불리하고 북쪽 방향도 불리하니 조심하여야 합니다. 북쪽과 남쪽 두 방향에서는 나를 도와주는 사람이 적은 달입니다.

36. 화火 묘墓

인연이 아니면 무리하게 관계를 맺지 말라. 사업가는 투자에 신중을 기하여야 한다. 특히 신규 사업에 신중하여야 하며 과욕은 금물禁物이다. 여자는 자녀에게 불의의 사고 수가 있거나, 남편과 이별 수가 있을 수 있으니 가정을 위해 기도해야 한다.

[음력 이달의 운수]

1월

관록이 있는 달입니다. 이름을 공문에 거니 관록이 길게 이르는 운수의 달입니다. 비록 노력은 있을 수 있으나 한갓 심력만 허비하는 운수의 달입니다. 꽃바람 녹음에 벌과 나비가 서로 희롱하는 운수의 달입니다.

2월

먼저는 길하고 나중은 흉한 달입니다. 동풍이 해동을 하는 격이니 근심 가운데 기쁨이 생겨나는 운수의 달입니다. 목성(木姓)이 해로우니 이 사람과 함께 이익을 취하지 말아야 하는 운수의 달입니다. 동쪽과 서쪽은 크게 길하고 북쪽은 불리한 운수의 달입니다.

3월

구설수를 조심하여야 하는 달입니다. 뜰의 난초가 푸르고 푸르니 가지 위에 가지를 더하는 형국의 달입니다. 만일 구설수가 아니면 횡액이 가히 두려운 운수의 달입니다. 문서가 극을 만나니 소복 입을까 가히 두려운 운수의 달입니다.

4월

허욕을 버려야 하는 달입니다. 남쪽으로 가고 북쪽으로 가나 하는 일이 여의하지 못한 운수의 달입니다. 재물이 서쪽에 있으니 마땅히 서쪽으로 행하여야 하는 달입니다. 이달의 운수는 재물의 이익을 말하지 말아야 합니다.

5월

집안에 우환이 있을 수도 있는 달입니다. 배를 타고 바다에 뜨니 심신이 상쾌한 형국의 달입니다. 만일 질병과 고단함이 아니면 처궁이 불리한 운수의 달입니다. 십 주 삼산에 옥녀가 나를 부르는 형국의 달입니다.

사람을 조심하여야 하는 달입니다. 좋은 새는 나무를 가려 앉고 어진 선비는 벗을 가려 사귀는 법입니다. 친한 사람을 믿지 말아야 합니다. 손재수가 있고 이름에 손상이 가는 운수의 달입니다. 동갑내기를 믿지 말아야 합니다. 이름이 손상이 가고 손재수가 따르는 운수의 달입니다.

구설수를 조심하여야 하는 달입니다. 관귀가 길을 지키고 있으니 출행하는 것이 이롭지 못한 운수의 달입니다. 논쟁하지 말아야 합니다. 구설이 가히 침범할 수 있는 운수의 달입니다. 입단속을 병뚜껑 닫듯이 해야 합니다. 구설이 침범할 수 있는 운수의 달입니다.

고진감래 하는 달입니다. 잠깐의 춘몽에 천 리를 행하는 형국의 달입니다. 의외의 재물을 얻는 격이니 늦게 빛을 보는 운수의 달입니다. 큰일을 도모하지 말아야 합니다. 이름만 있고 실속이 없는 운수의 달입니다.

분수를 지켜야 하는 달입니다. 높이 날고 있는 새가 더 높게 나니 좋은 활을 가히 감추는 형국의 달입니다. 마음이 헛되게 움직이니 불길한 징조의 운수입니다. 공은 있을 수 있으나 상은 없으니 한갓 심력만 허비할 수 있는 형국의 달입니다.

손재수를 조심하여야 하는 달입니다. 화가 집 안에서 일어나니 길게 쌓은 성이 헛되게 되는 형국의 달입니다. 앞길이 험악하니 미리 도액하여야 하는 운수의 달입니다. 다른 사람을 들이지 말아야 합니다. 손재가 가볍지 않은 운수의 달입니다.

분수를 지켜야 하는 달입니다. 이달의 운수는 나무에 올라 물고기를 구하는 형국의 달입니다. 옛것을 지키고 안정을 하면 별로 재앙과 액운이 없는 운수의 달입니다. 편안히 있고 분수를 지키면 재해가 침범하지 않는 운수의 달입니다.

집안에 경사가 있는 달입니다. 바다에 들어가 구슬을 구하는 격이니 근심 가운데 기쁨이 있는 운수의 달입니다. 길성이 나를 도우니 집안에 길한 경사가 있는 운수의 달입니다. 밖에는 곡식이 남고 안으로는 영화가 있는 운수의 달입니다.

37. 뢰雷 절絶

모든 일에 마음의 노고勞苦가 많은 시기다. 때문에 사업을 하는 사람은 신규 사업 투자에 신중하여야 하며, 봉급생활자는 이직을 생각한다면 한 번 더 고려하는 것이 좋다. 모든 일에는 인연因緣이 이는 법, 무리하게 일을 진행하다 보면 실패의 우려가 많다.

[음력 이달의 운수]

1월

매사에 막힘이 많고 바라는 일이 뜻대로 성취되지 않는 달입니다. 다만 좋은 사람을 만나 간신히 일은 성사시킬 수 있을 수 있으나 그 결과는 얻기 어려운 달이기도 합니다. 대인관계에 있어서 잘잘못을 가리려다가는 도리어 피해를 보는 형국입니다.

2월

질병이 몸에 침범하니 일이 무슨 소용이리요. 건강을 잘 챙겨야 하는 달입니다. 희망을 찾을 길이 없으니 답답한 마음뿐입니다. 동쪽과 남쪽에서 돌파구를 찾으니 지금까지의 고생이 보람으로 바뀔 수 있습니다. 다만 금성(金姓)을 가까이하면 낭패를 봅니다.

3월

운수가 좋은 방향으로 바뀌니 하는 일에 보람을 찾는 달입니다. 집안사람들이 나의 마음을 알아주고 마음을 같이하니 힘을 얻는 달입니다. 식솔이 늘어나고 재물이 나를 따르니 경영하는 일을 성취하게 됩니다. 운수가 대길하니 경영하는 일을 성취할 운입니다.

4월

집안 식구들과 불화가 있어 일에 막힘이 많을 수 있는 달입니다. 여름을 시작하는 달이니 마음의 준비를 철저히 하여야 하는 달이기도 합니다. 바라고자 하는 일이 제대로 이루어지지 않으니 마음고생을 하는 운수입니다.

5월

거짓으로 말을 하다가 관재수를 겪을 수도 있는 달입니다. 먼저는 웃은 형국이나 나중에는 우는 형국으로 변하는 운수이니 앉지도 서지도 못하고 엉거주춤한 불편한 마음으로 세월을 보내게 됩니다.

재수가 좋으니 모든 일을 이루는 달입니다. 만일 다른 사람의 도움을 뿌리치지 않고 순수한 마음에서 받아들인다면 좋은 결과를 얻는 달이기도 합니다. 그러나 남쪽에서 온 사람을 믿게 되면 재물을 잃을 수이니 각별히 주의하여야 합니다.

7월

이번 달은 귀인을 만나 덕을 보는 달입니다. 재앙이 소멸되며 질병이 사라지고 경사가 있는 운수입니다. 자신의 분수를 잘 지켜 겸손한다면 화가 변하여 복으로 변하는 운수입니다. 정성을 다하여 집안의 터주 신에게 고사를 지내면 만사가 잘 풀릴 것입니다.

8월

이번 달은 손재수가 따르는 달입니다. 토성(土姓)을 가까이하게 되면 재물을 잃게 되고 화병을 얻게 될 것이니 주의를 요합니다. 동쪽과 서쪽에도 근심거리가 있으니 집 안에 있어도 마음이 편하지 않는 운수입니다.

9월

관귀가 발동하는 달입니다. 관귀가 발동하니 사소한 시비에도 구설이 생기며, 관청 출입으로 인하여 명예가 실추되는 달이기도 합니다. 아직 때를 만나지 못하여 마음고생을 하는 달입니다. 관재구설이 넘어간 후에는 지난 고생은 한갓 꿈에 불과할 것입니다.

10월

욕심은 가득하니 마음만 앞섰지 뜻은 이루지 못할 가능성이 있는 달입니다. 권 가(權家)와 김 가(金家)가 피해를 줄 수도 있으니 가까이하지 말아야 합니다. 허울만 좋고 실속이 없어 심신만 고달픕니다. 재물을 잃고서 밤잠을 이루지 못하는 형국입니다.

11월

금전 운이 서서히 좋아지는 달입니다. 이익이 있는 곳은 서쪽과 북쪽이니 이곳을 출행하면 재물을 얻을 것입니다. 목성(木姓)과 화성(火姓)은 나에게 해를 끼치니 가까이하지 않는 것이 좋습니다. 뜻밖의 재물을 얻는 횡재수도 잠재되어 있는 달이기도 합니다.

12월

정성이 하늘에 닿으니 하는 일이 순조로운 달입니다. 지금까지의 고난과 역경은 이달에 모두 해소되니 고생 끝에 낙을 찾은 형국입니다. 지난날의 불편했던 가족 관계는 말끔히 사라지고 세월의 뒤안길을 되돌아보며 미소를 머금는 달이기도 합니다.

38. 뢰雷 태胎

운運이 고르지 못하여 아침, 저녁으로 변화가 많다. 급진急進과 과욕過慾은 피하고 맡은 일을 서서히 신중히 진행하면 무사하나, 마음이 앞서면 낭패狼狽를 보게 된다. 여성은 형제자매兄弟姉妹 간 문제로 고뇌가 많은 한 해 운運이다.

[음력 이달의 운수]

1월

운수가 불리하니 우환이 두려운 달입니다. 동갑내기 지인이 나를 속이니 다 된 밥에 재를 뿌리는 형국입니다. 재물을 구하나 얻지 못하니 마음만 답답할 뿐입니다. 이번 달은 운수가 사나우니 재물 구하기가 어렵습니다. 외향적으로는 화려한 생활을 하지만 정작 실속 없는 생활을 할 수도 있습니다.

2월

설상가상이라 하였으니 눈 내린 산중에 서리가 보입니다. 어려운 가운데 어려움이 겹치니 갈팡질팡하는 달입니다. 만일 손재수가 아니면 사람을 잃기도 하는 형국입니다. 또한 구설을 조심하여야 하니 말조심을 철저히 하여야 후회가 없습니다. 서북쪽이 길한 방향이니 경영하는 일에 참고하기 바랍니다.

3월

이번 달은 실물수가 있으니 각별히 주의를 요하는 달입니다. 또한 처궁이 불리하여 부부지간에 다툼이 생길 수이니, 이해심을 발휘하여 슬기롭게 극복하여야 합니다. 출행은 북쪽이 불리한 방향이니 참고하기 바랍니다. 재앙이 서쪽에서 들어오니 서쪽에서 오는 사람을 조심하여야 피해를 보지 않습니다.

4월

재앙이 복록으로 변하니 고목에 꽃이 피는 달입니다. 복성이 내 몸을 비추니 재앙은 사라지고 복록이 찾아오는 달입니다. 다른 사람과 함께 향응을 즐기니 세상사가 모두 나와 함께 즐겁습니다. 다만 분수를 지켜야 복록을 지킬 수 있으니 나의 능력 이외의 것은 탐하지 말아야 합니다.

5월

손해를 보지 않으면 구설수가 따를 수 있는 달입니다. 돌 속에 묻혀 있는 보석을 얻으려 하니 조심하여 돌을 깨야 하는 운수입니다. 함부로 돌을 깨면 보석이 상하게 되는 것처럼 경영하는 일에 신중을 기하여야 하는 달입니다. 그러니 성심으로 노력하여 일을 추진한다면 좋은 성과를 얻는 운수입니다.

많이 실천하고 많이 실패하니 하는 일이 무심한 달입니다. 복록이 끊어지고 관록이 멈추니 재수가 막히는 운수입니다. 일에는 마(魔-삿되고 요사스러운 기운)가 끼어서 뜻하지 않는 실수를 하게 되는 달이기도 합니다. 가까운 친구가 나를 배신하고 피해를 주는 운수이고, 구설수가 따를 수 있으니 입조심을 하여야 합니다.

7월

이달의 운수는 옛것을 버리고 새것을 취하는 달입니다. 봄 가뭄에 타들어 가던 여린 봄풀이 단비를 만난 격입니다. 새로운 활력을 얻으니 경영하는 일마다 막힘이 없는 운수입니다. 다만 이성을 탐하면 관재구설이 되어 신상에 피해를 주니 각별히 유념하여야 합니다.

8월

동남쪽에서 재물이 들어오는 달입니다. 몸에 재물이 다가오니 태평하게 지내는 달이기도 합니다. 다만 간사한 사람과 가까이하면 후회할 일이 생길 것이니 주의하여야 합니다. 남자는 특히 아름다운 여자를 조심하여야 낭패를 면하고 관재수를 피할 수 있으니 외도를 하지 말아야 후회가 없습니다.

9월

비바람이 몰아치던 밤은 지나고 밝은 햇살이 비추는 아침이 밝아오니 희망을 품는 달입니다. 토성(土姓)을 조심하여야 낭패를 피할 수 있고, 물과 불을 조심하여야 하는 달입니다. 국화꽃이 만발하여 아름다우나 그 아름다움이 찬 서리를 맞으니 길지 못함을 못내 아쉬워하는 형국입니다.

10월

화가 도리어 복이 되어 돌아오는 달입니다. 이달의 이익은 서쪽에 있고, 이익을 주는 사람의 성씨는 목성(木姓)입니다. 천 리 관산을 헤매는 사람이 드디어 목적지에 당도하여 한숨 돌리는 형국이니, 지금까지의 노고를 슬퍼하거나 아쉬워하지 않아도 되겠습니다. 인생은 일장춘몽이니 아무런 후회도 없이 인생을 즐기는 운수입니다.

11월

산에 올라 고기를 구하는 격이니 하는 일이 허망한 달입니다. 남에게 잘해 주고 뺨 맞는 격이니 베풀고 바라는 마음이 없어야 시비거리가 생기지 않는 법입니다. 만일 송사 중인 사람은 송사를 멈추고, 송사를 하고자 하는 사람은 서로 화해를 하여야만 더 큰 손해를 보지 않는 달이기도 합니다.

12월

관청에 들어가면 불리한 달입니다. 관청에 들어가거나 병문안이나 상갓집을 출입하게 되면 좋지 않은 기운이 심신에 파고들어 심신에 어려움이 따를 수 있는 형국입니다. 마지막 달에는 불길한 중에 경사가 있으니 한 해의 노고를 달래 줄 수 있는 운수입니다. 가정의 평화가 찾아오니 세상사가 부럽지 않습니다.

39. 뢰雷 양養

길운吉運과 흉운凶運이 교차하니 뜻한 바를 성공할 수도 있고, 실패할 수도 있다. 직장인은 면직免職을 당할 수 있으며, 사업을 하는 사람은 무리하게 투자하면 실패할 수 있다. 기혼 여성은 유산 또는 잠시 아이가 집을 잃어버릴 수 있으니 자녀 양육에 힘쓸 것이다.

[음력 이달의 운수]

1월

재물을 잃기도 하는 운수의 달입니다. 우물 안의 개구리 격이니 소견이 넓지 못함을 한탄하는 운수의 달입니다. 산길에서 말달리는 격이니 길이 험해 곤란을 겪는 형국의 달입니다. 얻는다 하여도 많이 잃기도 하는 격이니 도리어 없느니만 못한 형국의 운수입니다.

2월

고진감래 하는 달입니다. 배회하며 하늘을 우러르며 다니지만 결국 돌아오는 길에 재물을 얻는 격이니 시간을 허비한 연후에 길한 운수입니다. 일을 도모한 연후에 성공을 가히 바라보는 형국의 운수입니다. 재물이 길 도중에 있는 형국이니 출행하면 가히 얻을 수 있는 운수의 달입니다.

3월

몸과 마음이 바쁜 달입니다. 천 리 타향에 고독한 혼자의 몸인 형국인 달입니다. 남의 말을 믿으면 황당한 꼴을 당할 수 있는 운수의 달입니다. 아침에 동쪽에 있고 저녁에 서쪽에 있는 형국이니 분주함은 피할 수 없는 운수의 달입니다.

4월

구설수를 조심하여야 하는 달입니다. 해가 검은 구름에 드는 격이니 동서를 분별치 못하는 형국의 달입니다. 운수가 불길하니 가시밭길을 걸어가는 형국이 두려운 달입니다. 이 씨와 박 씨, 두 성씨가 내일을 몰래 시기하는 운수의 달입니다.

5월

최선을 다하면 재물을 얻는 달입니다. 길한 날 두 날을 정하여서 정성으로 복을 빌어야 하는 달입니다. 이익은 무슨 성씨가 있는고 하니 수성(水姓)에 있는 달입니다. 우물에 있던 물고기가 바다로 나가는 격이니 그 의기가 양양한 형국의 달입니다.

귀인을 만나는 달입니다. 산에 들어가 도를 닦으니 가히 신선이라 불리는 형국의 달입니다. 귀인은 동쪽에 있고 이익은 남쪽에 있는 운수의 달입니다. 횡액을 조심하지 않으면 흉악한 일을 당할 수 있는 운수의 달입니다.

재물이 따르지 않는 달입니다. 이달의 운수는 남으로 인하여 실패하여 보는 운수의 달입니다. 하는 일에 많은 장애가 있으니 원행하면 불리한 달입니다. 본래 재물 운이 없으니 몸과 마음이 고단한 운수의 달입니다.

재물을 얻는 달입니다. 피해를 주는 사람은 누구인고 하니 화성(火姓) 중에 있는 달입니다. 동쪽과 서쪽 양방향은 좋은 일이 있는 방향의 달입니다. 만일 남의 도움이 있으면 천금을 얻는 달입니다.

고민거리가 생겨나는 달입니다. 원행이 불리하니 분수를 지켜 안정함만 못한 운수의 달입니다. 기쁨과 근심이 서로 뒤섞여 있는 형국이니 길함과 흉함이 반반인 달입니다. 일신이 고단하니 마음속에 번민이 많은 달입니다.

마음고생을 하여보는 달입니다. 가을 삼경에 집을 생각하니 저절로 탄식이 나오는 운수의 달입니다. 하는 일이 뜻과 같지 않은 달이니 옛것을 지켜 편한 일상을 하여야 길한 달입니다. 동쪽에서 오는 악한 손님으로 인하여 풍파를 겪는 운수의 달입니다.

구설수가 따를 수 있는 달입니다. 가정이 불화하여 풍파가 식지 않는 형국의 달입니다. 매사가 이루어지는 일이 없는 운수이니 분수를 지킴이 상책인 달입니다. 말을 조심하지 않으면 구설수가 따를 수 있는 운수의 달입니다.

처음은 얻으나 나중에 잃기도 하는 달입니다. 섣달의 운수는 재물을 도모함이 성취되는 달입니다. 가까운 것을 놓고 먼 것을 취하니 수고로움은 있을 수 있으나 공로가 없는 운수의 달입니다. 집안에 불평함이 있고 손재가 따르는 달입니다.

40. 뢰雷 생生

가정사家庭事에 변화가 많은 시기다. 특히 가족 간에 이별 수가 있을 수 있으니 슬프다. 그러나 사회생활은 길흉하고 사업 운은 점차적으로 일어나는 형국形局이다. 결혼한 여자는 임신을 할 것이요, 출산은 순산할 것이다. 미혼자未婚者는 결혼 운이 도래한다.

[음력 이달의 운수]

1월

음력 정월과 이월에는 재성(財星), 즉 재물을 주관하는 별이 내 몸을 비추니 금전 운이 좋은 달입니다. 출행하면 우연히 재물을 얻을 수입니다. 중천에 뜬 조각달이 다시 보름달로 바뀌니 만사가 여유로울 운수입니다. 시절이 화평하고 풍년이 되니 태평세계를 누리는 달이기도 합니다.

2월

목마른 용이 물을 얻으니 좋은 일이 있는 달입니다. 물속에 있던 용이 구름을 얻어 하늘로 오르니 그 변화가 무쌍하여 만인을 우러르는 운수입니다. 그러나 기쁨 중에 근심이 생길 운수이니 항상 입을 무겁게 하여 구설에 오르내리지 않도록 주의하여야 하는 달이기도 합니다.

3월

뜻밖의 성공으로 의기가 양양한 달입니다. 공직자는 관록이 있을 운수요, 자식을 원하는 사람은 득자 할 운수입니다. 달 밝은 하늘 아래 아름다운 여인이 귀한 옥을 얻은 것 같은 운수입니다. 이익은 어느 방향에 있는고 하니 서쪽과 북쪽의 두 방향입니다. 두 사람이 합심하여 쇠도 끊을 수 있으니 이 어찌 기쁘지 아니하겠습니까.

4월

음력 삼월과 사월에는 화목한 기운이 집안 곳곳에 서리는 달입니다. 용이 하늘로 오르니 지위가 높은 사람의 덕을 볼 수 있는 운수입니다. 액운이 사라지고 다시 복이 찾아오니 귀인이 스스로 찾아와 돕는 운수입니다. 집안에 근심이 사라지고 기쁨이 찾아오니 화기애애한 기운이 가득할 수입니다.

5월

이익이 여러 곳에 있으니 하루아침에 천금을 얻을 수 있는 달입니다. 귀인이 스스로 찾아와 도와주니 그 이익이 적지 않을 운수입니다. 비가 순하게 내리는데 바람이 불어 비를 조화롭게 흔들어 주니 백곡이 결실을 맺는 운수입니다. 봉이 하늘을 나니 온 세상이 오색이 영롱한 격입니다.

음력 유월의 운수는 관재수(송사 건이 있다든지, 경찰서 출입을 한다든지 하는 흉살)를 조심하여야 하는 달입니다. 다른 사람과 시비를 가리려고 다투기는 하나 그 결과를 얻지 못할 가능성이 있는 답답한 운수입니다. 다만 재성이 몸을 비추니 뜻밖의 재물을 얻는 달이기도 합니다.

음력 칠월과 팔월에는 사람으로 인한 재액을 면하기 어려운 달입니다. 재액을 면하였다 하여도 다른 사람으로부터 속임을 당해 볼 수 있는 운수입니다. 무릇 토성(土姓)을 가까이하면 끊이지 않는 구설에 휘말릴 수도 있는 운수입니다. 항상 입조심을 하여 구설을 경계하여야 합니다.

소망하는 일이 이루어지지 않아 안타까워하는 달입니다. 운수가 풀리지 않아 재물을 구하려 노력하여도 구하기 어려운 달입니다. 분수를 모르고 큰 재물을 탐낸다면 재물로 인하여 낭패를 볼 수 있는 운수입니다. 다행히 쌓아 온 신용이 바탕이 되어 작게나마 재물을 얻을 운수입니다.

음력 구월과 시월에는 기쁜 일이 있는 달입니다. 경영하는 일을 계획하는 대로 성취를 하니 만인이 모두 부러워할 운수입니다. 음양이 화합하니 만물이 스스로 흥왕한 형국입니다. 보름달이 차올라 누각에 걸리니 천지가 교화하여 태평성대를 이루는 형국입니다.

식구가 늘어나고 토지가 늘어나니 복록이 온전하게 갖추어지는 달입니다. 다만 이성을 가까이하여 탐욕을 즐긴다면 구설을 면하지 못할 가능성이 있는 운수입니다. 몸이 꽃밭에 누워 꽃향기에 취하니 그 즐거움을 누구에게 말하겠습니까. 이익은 어느 곳에서 볼 수 있느냐 하면 서쪽과 북쪽입니다.

음력 동짓달과 섣달에는 활은 있을 수 있으나 화살이 없어 정작 구하고자 하는 것을 얻지 못할 가능성이 있는 달입니다. 또한 구설이 따를 운수이니 주의하여야 합니다. 문서가 공망(空亡)을 맞은 형국이니 흰옷을 입을 운수입니다. 흰옷은 상복을 말하기도 하고 관재수를 말하기도 합니다. 출행은 남쪽 방향이 불리하니 피하여야 합니다.

이달은 분수를 지켜야 길하고 경거망동 하면 낭패를 볼 수도 있는 달입니다. 사소한 일로 시비를 가리려 하지 말아야 구설을 면할 수 있는 운수입니다. 분수를 지키는 것이 최선의 방법입니다. 다른 사람과 동업을 하거나 동행을 하는 경우가 있다면 좋은 일과 나쁜 일이 번갈아 일어날 운수입니다.

41. 뢰雷 욕浴

남녀男女 모두 마음이 들떠 주변 사람들과 좌충우돌하여 직장인은 내부의 불만으로 사직辭職할 수 있다. 장사를 하는 사람은 손재損財 구설수口舌數가 있으니 주의하여야 한다. 미혼 여성은 애정 부분에서 삼각관계를 뜻하지 않게 겪어 곤란에 처할 수 있다. 기혼 여성은 출산의 고통이 다소 있을 수 있다.

[음력 이달의 운수]

1월

질병을 조심하여야 하는 달입니다. 발로 범의 꼬리를 밟은 격이요, 텅 빈 계곡에 메아리만 이는 형국의 달입니다. 병살이 침노하니 질고가 끊이지 않는 운수의 달입니다. 다른 재물을 탐하지 말아야 합니다. 그러면 손해를 볼 수 있는 운수입니다.

2월

경거망동을 삼가야 하는 달입니다. 쇠잔한 꽃이 서리를 만나니 자연히 떨어지는 형국의 운수입니다. 인정에 얽매이지 않으면 범사가 여의한 운수의 달입니다. 망령되게 행동하면 실패하는 운수의 달입니다.

3월

관재수를 조심하여야 하는 달입니다. 요귀가 문을 엿보는 형국이니 질병이 가히 침노하는 운수의 달입니다. 터주 신께 치성을 드리면 재앙이 사라지고 복이 오는 운수의 달입니다. 남의 말을 들으면 혹여 관재수가 두려운 운수의 달입니다.

4월

횡액을 조심하여야 하는 달입니다. 인생이 술 취함과 같고 꿈과 같으니 하는 일에 어두움이 많은 운수의 달입니다. 길에 나가지 말아야 합니다. 혹여 횡액이 있을까 두려운 운수입니다. 매사를 조심하지 않으면 큰 화가 당두하는 운수의 달입니다.

5월

분수를 지켜야 하는 달입니다. 비록 도모하는 일이 있을 수 있으나 맞지 않으니 어찌하겠습니까. 움직이면 잃기도 하는 것이 있으니 옛것을 지키는 것이 상책인 운수입니다. 처궁에 액운이 있을 수 있으니 미리 기도하여야 하는 운수의 달입니다.

6월

근신 수양하여야 하는 달입니다. 마음을 속이는 일로 다른 사람에게 베풀지 말아야 하는 달입니다. 만일 목성(木姓)을 가까이하면 그 피해가 있을 수도 있는 운수의 달입니다. 스스로 지은 업보를 누구에게 탓하겠습니까.

7월

고진감래 하는 달입니다. 원행을 하여도 별로 큰 소득이 없는 운수의 달입니다. 양을 얻고 소를 잃은 격이니 무슨 이익이 있겠는가. 재운이 형통하니 억지로 구하면 얻을 수 있는 운수의 달입니다.

8월

다른 일을 경영하지 말아야 합니다. 도처에 불리함만 있는 형국의 운수입니다. 만일 혼인하지 않으면 득남할 운수의 달입니다. 주색을 가까이하지 말아야 합니다. 손재수가 있을 수도 있는 운수의 달입니다.

9월

질병과 액운을 막아 내는 치성을 하여야 하는 달입니다. 매사를 이루지 못하고 또 질병을 얻는 운수의 달입니다. 심산유곡에 마음만 처량한 형국의 달입니다. 조왕신께 치성하면 가히 신액을 면하는 운수의 달입니다.

10월

재물 구하기가 어려운 달입니다. 이달의 운수는 재물의 이익을 논하지 못할 가능성이 있는 운수의 달입니다. 바다에서 금을 구하는 격이요, 깊은 바다에서 토끼를 구하는 형국의 달입니다. 운수가 사나우니 분수를 지킴이 상책인 달입니다.

11월

분수를 지켜야 하는 달입니다. 비록 수고로우나 노력에 비하여 공이 없을 수 있는 운수의 달입니다. 머리만 있고 꼬리가 없는 격이니 하는 일마다 이루어지지 않는 운수의 달입니다. 운수가 비색함이 위와 같으니 분수를 지키는 것이 상책인 달입니다.

12월

머리를 어느 쪽으로 내놓을까 하나 어디 한 곳 의지할 곳이 없는 형국의 운수입니다. 목성(木姓)을 가까이하면 피해가 있을 수도 있는 운수의 달입니다. 심가(沈家)가 피해를 주니 동업을 삼가야 하는 달입니다.

42. 뢰雷 대帶

사업을 하는 사람의 경우 신규 사업은 불가하나, 현상 유지는 무난하다. 미혼未婚 남녀 男女에게 결혼이 찾아오니 길하다. 직장인은 사회적 지위가 생기고, 큰 문제없으며 안정을 찾는 시기다. 다만 간혹 부하 직원의 문제로 고뇌가 발생할 수 있다.

[음력 이달의 운수]

1월

욕심을 부리지 않으면 평안한 달입니다. 흉함이 변하여 길함이 되는 격이니 세상사가 태평한 운수의 달입니다. 집에 있으면 길한 운수이니 외방에 나가지 말아야 하는 달입니다. 재물이 소모되는 운수이니 재리를 탐하지 말아야 하는 운수의 달입니다.

2월

근신 자중하여야 흉함을 면하는 달입니다. 이달의 운수는 관재수가 두려운 운수의 달입니다. 손해 보는 운수이니 목성(木姓)을 가까이하지 말아야 하는 운수의 달입니다. 해는 서산에 저물고 갈 길은 머니 마음만 바쁜 형국의 달입니다.

3월

구설수가 따를 수 있는 달입니다. 시비를 가까이하면 구설을 면하기 어려운 운수의 달입니다. 타인의 말을 믿으면 재물을 잃기도 하는 운수의 달입니다. 음력 춘삼월에 꾀하는 일은 허망함이 따르는 운수의 달입니다.

4월

고진감래의 운수입니다. 삼 년의 병고를 치르고 있던 사람이 우연히 명의를 만나 병을 고치는 형국의 달입니다. 집에 경사가 있는 운수이니 자손을 얻는 기쁨이 있는 달입니다. 쓰라린 고생을 한탄하지 말아야 합니다. 먼저는 가난하지만 나중에 부자가 되는 운수의 달입니다.

5월

어려운 가운데 재물을 얻는 달입니다. 해는 서산에 지고 나그네가 길을 잃은 형국의 운수입니다. 복성이 운명에 비치니 길한 경사가 모두 모이는 형국의 달입니다. 이익은 어느 방향에 있는고 하니 북쪽이 가장 길한 방위입니다.

진퇴양난의 달입니다. 이달의 운수는 시비가 구름 같이 이는 형국의 달입니다. 앞으로 나가면 근심이 있고 뒤로 물러서면 힘이 없는 운수의 달입니다. 남의 말을 듣게 되면 하는 일에 허망함이 많이 생기는 운수의 달입니다.

7월

소원을 이루어 보는 달입니다. 의외로 공명을 얻으니 멀고 가까운 곳에 이름을 떨치는 운수의 달입니다. 다만 남의 말을 듣게 되면 구설수가 많이 생기는 운수의 달입니다. 자손에 길함이 있고 재물과 복록이 가득한 운수의 달입니다.

8월

식구를 늘리고 재물을 얻는 달입니다. 두 사람의 마음이 하나같은 형국이니 남으로 인하여 일이 성사되는 운수의 달입니다. 사람이 늘어나는 운수이니 자손을 얻는 달입니다. 이익이 출입하는 데 있으니 움직이면 이익을 얻는 운수의 달입니다.

9월

액운을 겪어 보는 달입니다. 마음을 바로 하여 수양하면 이익은 그중에 있는 형국의 달입니다. 비록 재물은 얻으나 액운이 떠나지 않는 운수의 달입니다. 모든 일에 성취함이 있으니 일신이 스스로 평안한 운수의 달입니다.

10월

몸과 마음을 안정시키면 이익이 있는 달입니다. 마음을 편안히 하고 도를 즐기니 몸이 평안하고 근심이 사라지는 운수의 달입니다. 급하게 서두르지 않아도 마침내 재물의 이익을 얻는 운수의 달입니다. 나가면 해를 입는 형국이니 옛것을 지켜 안정함이 최상인 달입니다.

11월

큰 재물을 얻어 보는 달입니다. 횡재수가 있을 수 있는 운수이니 그 기회를 잃지 말아야 하는 운수의 달입니다. 수성(水姓)을 친하게 하면 손에 천금을 희롱하는 운수의 달입니다. 몸도 왕성하고 재물도 왕성하니 모든 일이 순조롭게 이루어지는 운수의 달입니다.

12월

심신이 평안한 달입니다. 재물이 풍족한 운수이니 심신이 스스로 평안을 찾는 달입니다. 가랑비와 동풍에 백 가지 풀이 성장하는 형국의 운수입니다. 집안이 안락하니 재록이 스스로 왕성한 운수의 달입니다.

43. 뢰雷 건建

공직에 있다면 명예가 따르고, 뜻하지 않는 곳에서 기쁜 소식과 함께 영전할 것이다. 어려운 시기는 지나고 점차적으로 길흠한 운運으로 변할 것이다. 사업을 한다면 동업의 제안을 받아들여야 한다. 재물이 함께 온다. 미혼未婚 여성은 주위를 살펴야 한다. 배우자가 찾아온다.

[음력 이달의 운수]

1월

욕심을 버려야 관재구설을 면하는 달입니다. 봄이 고국에 돌아오니 만물이 다시 살아나는 형국의 달입니다. 의식이 풍족한 운수이니 무엇을 더 바랄 것이 있겠습니까. 재물을 탐하게 되면 관재수가 생겨나는 운수이니 조심하여야 하는 달입니다.

2월

재물이 들어오는 달입니다. 한 조각구름에 상서로운 기운이 감도는 형국이니 좋은 일이 있을 달입니다. 용이 작은 시냇물에 있는 형국이니 큰 것을 구하기는 어려워 지금에 만족하여야 하는 달입니다. 재물 운의 때를 만나니 우연히 천금을 얻는 운수의 달입니다.

3월

소원을 이루는 달입니다. 봄바람 삼월에 복숭아꽃이 만발한 형국의 달입니다. 길성이 운명에 드니 가히 관록을 얻는 운수의 달입니다. 근심이 흩어지고 기쁨이 생기는 운수이니 신수가 태평한 달입니다.

4월

귀인이 나를 돕는 달입니다. 동풍에 가랑비가 내리니 복숭아와 자두 꽃이 봄을 희롱하는 형국의 달입니다. 귀인이 나를 도우니 가히 천금을 희롱하는 운수입니다. 꽃이 봄 숲에 피는 형국이니 자손을 얻는 운수의 달입니다.

5월

재물을 얻는 달입니다. 음력 오월과 유월에는 재물이 산과 언덕을 이루는 형국의 달입니다. 문을 나서니 크게 길하여 의외의 재물을 얻는 운수의 달입니다. 경영하는 일이 사람으로 인하여 성사되는 운수의 달입니다.

귀인이 나를 돕는 달입니다. 재물로 성공하든 관록으로 성공하든 성공하는 달입니다. 많을 것을 갖추고 이루니 뜻밖의 재물을 얻어 보는 운수의 달입니다. 가운이 왕성하고 귀인이 나를 돕는 운수의 달입니다.

7월

남과 도모하는 일에 재물의 이익이 따르는 운수의 달입니다. 건조하고 찬바람이 저녁에 일더니 오동나무가 가을을 알리는 형국의 달입니다. 다만 서쪽의 여자를 믿지 말아야 합니다. 끊이지 않는 구설이 따를지도 모르는 운수의 달입니다.

8월

자손에 경사가 있을 달입니다. 움직이지 않으면 길하고 움직이면 허물을 얻는 형국의 달입니다. 집에 경사가 있는 우수인데 특히 자손에 경사가 있을 운수입니다. 만일 그렇지 않으면 관록을 얻는 운수의 달입니다.

9월

소원을 이루어 보는 달입니다. 가문 하늘에 단비가 내리니 오곡백과가 풍년을 이루는 형국의 달입니다. 경영하는 일은 남으로 인하여 성사되는 운수의 달입니다. 이달의 운수는 매사에 길함이 있는 달입니다.

10월

고진감래의 달입니다. 이달의 운수는 근심이 흩어지고 기쁨이 생기는 달입니다. 동원의 복숭아와 자두나무가 비로소 그 열매를 맺는 형국의 달입니다. 꽃이 타향에 피니 밖에 나가면 재물을 얻는 운수의 달입니다.

11월

집안에 경사가 있는 달입니다. 소망한 일은 성취되는 운수의 달입니다. 원앙이 서로 고개를 비비는 격이니 처궁에 경사가 있을 운수의 달입니다. 힘써 노력한다면 재물의 이익을 보는 달입니다.

12월

착한 마음으로 일하면 의외의 횡재수가 있을 수 있는 달입니다. 귀신의 눈은 번개와도 같으니 음한 일을 짓지 말아야 하는 달입니다. 재물로 인하여 마음이 상하는 운수이니 헛된 욕심을 부리지 말아야 하는 달입니다. 분수를 지키고 안정되게 있으면 의외의 횡재를 하는 운수의 달입니다.

44. 뢰雷 왕旺

봉급생활자는 직장에서 상사의 총예와 동료의 도움으로 추진하는 일이 목적을 달성한다. 만약 사업을 한다면 번창영달繁昌榮達, 재산이 늘고 풍요로워진다. 그러나 가정사家政事에 남편과 감정적인 문제로 마음의 고충苦衷이 따를 수도 있다

[음력 이달의 운수]

1월

고진감래 하는 달입니다. 길에 나가 수레를 얻으니 날로 만 리를 가는 형국의 달입니다. 백 가지 일이 여의하니 마침내 큰 이익을 보는 운수의 달입니다. 재물 운은 흠이 없으나 작은 구설수는 있을 수 있는 운수의 달입니다.

2월

분수를 지켜야 하는 달입니다. 한 집안이 태평하니 백 가지 일이 순조롭게 이루어지는 운수의 달입니다. 분수를 지켜 편안히 지내면 가히 평안함을 얻는 운수의 달입니다. 남산의 네 노인이 꿈에 금강산을 들어가는 형국의 운수입니다.

3월

구설수를 조심하여야 하는 달입니다. 남산의 붉은 복숭아가 홀로 붉은빛을 띤 형국의 달입니다. 동쪽과 남쪽 두 방향으로 이사하면 길한 운수의 달입니다. 다만 시비를 가까이 말아야 합니다. 혹여 구설수가 있을 운수의 달입니다.

4월

동업하면 이익이 있는 달입니다. 차가운 계곡에 봄이 돌아오니 도처에 길함이 있는 형국의 달입니다. 한마음으로 일을 구하면 성공하는 운수의 달입니다. 남과 더불어 동업하면 이익이 있는 운수의 달입니다.

5월

정직이 최상인 달입니다. 쥐가 겨울 곳간에 있는 격이니 의식이 스스로 풍족한 운수의 달입니다. 마음을 정직하게 가지면 재앙이 복으로 화하는 운수의 달입니다. 한가한 곳에서 재물을 구하는 형국이니 남과 다투면 피해를 보는 운수의 달입니다.

재물이 들어오는 달입니다. 재물이 흥왕하니 가히 부귀를 기약하는 운수의 달입니다. 이름이 높고 권세가 높으니 사람마다 우러러보는 형국의 달입니다. 하는 일을 성취하니 날로 큰 재물을 얻는 운수의 달입니다.

불조심을 하여야 하는 달입니다. 재수를 묻지 말아야 합니다. 얻고도 도리어 잃기도 하는 형국의 운수입니다. 길한 가운데 흉함이 있으니 상복을 입을까 가히 두려운 운수의 달입니다. 만일 이와 같지 아니하면 화재가 가히 두려운 달입니다.

일시적으로 흉함이 해소되는 달입니다. 여름날 마른 풀이 비를 만나는 형국의 달입니다. 꽃이 웃는 동산에 벌과 나비가 스스로 찾아드는 형국의 달입니다. 밖의 재물을 탐하지 말아야 합니다. 도리어 손재하는 운수의 달입니다.

고진감래 하는 달입니다. 나는 새가 둥지를 잃고 공연히 하늘 가운데를 헤매는 형국의 달입니다. 만들어서 사용하지 아니하면 못 만들 물건이 없는 형국의 달입니다. 고생과 고단함을 한탄하지 말아야 합니다. 마침내 길운을 얻는 달입니다.

귀인이 돕는 달입니다. 귀인이 나를 도우니 생활이 태평한 운수의 달입니다. 재물이 바깥에 있으니 움직이면 재물을 얻는 운수의 달입니다. 물고기와 용이 물을 얻으니 의기가 양양한 운수의 달입니다.

재해를 조심하여야 하는 달입니다. 출행하면 불리하니 옛것을 지키고 안정을 하여야 하는 달입니다. 시운이 불리하니 영웅도 어찌할 수 없는 운수입니다. 물과 불을 조심해야 합니다. 뜻밖에 한 번 놀랄 일이 있는 운수의 달입니다.

입단속을 하여야 하는 달입니다. 귀인이 와서 도우니 하는 일마다 여의한 운수의 달입니다. 길한 사람은 무슨 성씨인고 하니 이 씨, 박 씨 두 성씨인 달입니다. 신수에는 흠이 없으나 혹여 구설이 있을 수 있는 운수의 달입니다.

45. 뢰雷 쇠衰

자식으로 인하여 고뇌가 많든지, 노부모老父母로 인하여 노고가 많이 따른다. 제반사諸般事 불길하여 사람들 사이에 구설수口舌數와 시비是非가 많고, 관액 수官厄數 또는 부부夫婦 불화不和, 이별離別 등 흉사凶事가 속출한다.

[음력 이달의 운수]

1월

수고하고 배신당할 가능성이 있는 달입니다. 일도 없고 직업도 없으니 수고한다고는 하나 누가 알아주지도 않는 운수입니다. 곁에 있는 사람의 말을 듣다가 낭패 볼 수도 있는 운수의 달입니다. 비록 재물은 있을 수 있으나 마땅히 쓸 곳이 없는 달입니다.

2월

지성으로 정성을 드리면 소원을 이룰 수 있는 달입니다. 슬하에 경사가 있으니 아들을 얻을 수 있는 달입니다. 재물이 북쪽에 있으니 구하면 가히 얻을 수 있는 운수입니다. 먼저 조왕신에게 빌고 그다음 성조께 빌면 가히 소원을 이룰 수 있는 달입니다.

3월

운수가 불리한 달입니다. 만일 서로 다투는 일이 없으면 구설수가 따를 수 있는 운수의 달입니다. 운수가 사나우니 어찌 한탄의 한숨소리가 절로 나오지 않으리오. 서쪽과 남쪽에 손재수가 있으니 이 방향으로는 출행함이 마땅치 않은 달입니다.

4월

구설이 따르고 노력한 대가가 없는 달입니다. 수레를 밀어 산에 올라 보아도 그 노력의 대가는 없는 달입니다. 주작이 발동하니 간간히 구설수가 따를 수 있는 운수의 달입니다. 화성(火姓)을 조심하여야 하니 그를 상대하면 이롭지 못한 운수의 달입니다.

5월

인생의 허망함을 아는 달입니다. 남쪽으로 움직이면 길한 것이 변하여 흉한 것으로 변하는 형국의 달입니다. 옛날의 영화가 꿈만 같이 생각나는 허망함을 맛보는 달입니다. 만일 좋은 인연을 만나게 된다면 횡재할 수도 있는 운수의 달입니다.

6월

운수가 풀리는 듯하다 다시 어려움이 찾아오는 달입니다. 광풍이 홀연 휘몰아치니 꽃잎이 떨어지는 형국의 달입니다. 운수가 있는 곳에서는 사람이 아무리 노력한다 하나 그 운을 막지 못할 가능성이 있는 법입니다. 하는 일에 막힘이 많으니 일을 구하여도 성과가 없는 달입니다.

7월

재물 운은 있을 수 있으나 아직은 시기상조인 달입니다. 이달의 운수는 재앙이 물러가고 복이 들어오는 달입니다. 매사에 조심하지 않으면 재물을 잃어버릴 수 있는 달입니다. 벗이 동쪽과 북쪽에 있으니 시비가 있을 수 있는 형국의 운수입니다.

8월

눈앞의 이익을 보고도 얻지 못할 가능성이 있는 달입니다. 바다에 들어가 옥구슬을 구하니 이익이 눈앞에 보이는 듯한 형국의 달입니다. 이른바 경영하는 일들이 허망한 형국이니 허탈한 달입니다. 날고자 해도 날 수 없는 형국이니 인생의 허망함을 맛보는 달입니다.

9월

구설수가 따르고 마음이 편하지 않은 달입니다. 수심이 얼굴에 가득한 형국이니 나가도 집안에 있는 것만 못한 달입니다. 비록 재물 운은 있으나 신상에는 이롭지 못할 수 있는 운수의 달입니다. 구설이 몸에 따르나 이를 막으려고 송사를 하는 것은 마땅하지 못한 운수입니다.

10월

욕심을 부리면 재물을 잃기도 하는 달입니다. 바람이 수풀을 흔들어 놓으니 낙엽이 우수수 떨어지는 형국의 운수입니다. 욕심을 내면 도리어 실패 수가 있는 운수의 달입니다. 만일 손재수가 없으면 횡액을 두려워하여야 하는 운수의 달입니다.

11월

적은 재물은 들어오나 배신을 당할 수 있는 달입니다. 작은 재물이 있으니 그 방향은 북쪽입니다. 남의 말을 믿고 따르면 음해를 당할 수 있는 운수의 달입니다. 뒤늦게 좋은 말을 얻어 천 리를 가게 되는 운수이니 인내하고 기다리면 좋은 결과가 있는 달입니다.

12월

적은 재물을 얻어 보는 달입니다. 만일 노력을 게을리한다면 수복은 얻기 어려운 운수의 달입니다. 운수가 열려 있기는 하나 작지도 않고 크지도 않은 분수에 맞는 운수입니다. 동쪽과 북쪽에 작은 재물 운이 있는 달입니다.

46. 뢰雷 병病

친척親戚 간間에 불화不和와 구설수口舌數가 있을 수 있으며, 부모와 형제자매 父母兄弟姉妹 간에 불화가 발생할 수 있으니 주변을 살펴야 한다. 또한 자신과 자식의 건강健康에 힘써야 한다. 사업을 한다면 하는 일을 잠시 중단하고 주위를 살필 필요가 있다. 문제를 발견할 것이다.

[음력 이달의 운수]

1월

근신 자중하여야 하는 달입니다. 가신이 발동하는 운수이니 미리 안택하는 치성으로 액운을 막아야 하는 운수입니다. 운수가 어그러진 형국이니 다른 일을 경영하지 말아야 하는 운수입니다. 해가 서산에 저물었으니 배 타는 것이 불리한 형국의 달입니다.

2월

몸과 마음이 심란한 달입니다. 세력이 때를 만나지 못하였으니 영웅호걸이라도 죽음에 이르는 형국의 운수입니다. 친한 사람을 믿지, 말아야지 그렇지 않으면 피해를 입는 운수의 달입니다. 심신이 흩어지니 항상 두려움이 따르는 운수의 달입니다.

3월

구설이 따를 수 있는 달입니다. 신상에 근심이 많은 격이니 남을 가까이하지 말아야 하는 운수의 달입니다. 남과 일을 도모하면 음해를 입는 운수의 달입니다. 이십 년의 세월이 꿈과 같이 허망한 형국의 운수입니다.

4월

하는 일의 앞이 보이질 않는 달입니다. 푸른 산속 가랑비를 맞으며 처량히 홀로 외로이 서 있는 형국의 운수입니다. 서쪽과 남쪽 두 방향은 출행하지 말아야 하는 운수의 달입니다. 두 손에 떡을 잡고 있는 형국이니 머리와 꼬리를 구별 못하는 형국의 운수입니다.

5월

구설과 실물수를 조심하여야 하는 달입니다. 실물수가 있으니 도둑을 조심하여야 하는 달입니다. 재앙이 집안에 있는데 공연히 남을 의심하여 보는 운수의 달입니다. 집에 길하고 상서로운 일이 있느니 처궁에 길사가 있는 형국의 달입니다.

6월

재물을 얻어 보는 달입니다. 자손에 영화가 있고 재물이 흥왕한 운수의 달입니다. 초상집에 출입하면 질병을 얻는 운수의 달입니다. 동쪽과 서쪽 두 방향으로 가면 이익이 있는 운수의 달입니다.

7월

근신 자중하여야 하는 달입니다. 구설로 인하여 이익이 생기니 집안이 안락한 운수의 달입니다. 경거망동 하면 후회할 일이 생겨나는 운수의 달입니다. 겉은 부유한데 속은 비어 있는 격입니다.

8월

관재구설을 조심하여야 하는 달입니다. 탄식할 일이 많은 격이니 하는 일에 장애가 따를 수 있는 운수의 달입니다. 물귀신이 문을 엿보는 형국의 운수이니 물가에 가지 말아야 하는 운수입니다. 남이 지은 잘못으로 인하여 누명을 쓰게 되는 운수의 달입니다.

9월

동업을 하면 피해를 보는 달입니다. 급하게 하면 해가 있고 천천히 하면 이익을 보는 운수의 달입니다. 취하기만 하고 살피지 않는 격이니 해만 있고 이익은 없는 운수의 달입니다. 동업을 하지 말아야 합니다. 동업자들의 마음이 각각이니 무슨 이익을 보겠습니까.

10월

관록을 얻으나 동업하면 실패하는 달입니다. 고진감래 하니 점입가경하는 운수의 달입니다. 만일 관록을 얻지 않으면 자손을 얻는 운수의 달입니다. 두 사람이 마음을 모으나 결국에는 서로 적이 되는 운수의 달입니다.

11월

손재수가 있을 수 있는 달입니다. 마음에 정한 바가 없으니 나가고 물러섬을 알지 못할 가능성이 있는 운수의 달입니다. 십 년을 공들여 노력한 것이 하루아침에 허사가 되는 형국의 운수입니다. 북쪽을 가까이하면 손재수가 따르는 운수의 달입니다.

12월

하는 일이 지지부진한 달입니다. 남의 재물을 탐하면 허황함을 겪게 되는 운수의 달입니다. 하는 일에 두서가 없으니 유두무미한 운수의 달입니다. 찾는 물건이 동쪽에 있으니 그 도적을 가히 알 수 있는 달입니다.

47. 뢰雷 사死

남자는 사회생활 전반에 걸쳐 노고가 많고, 건강도 불길한 편이다. 또한 금전 문제로 타인과 불화가 생겨 심적 고통이 많이 따를 수 있다. 여자는 남편 걱정, 자녀 걱정을 많이 할 가능성이 높다. 그러나 일을 처리하는 면에서는 길운吉運이 따를 수 있다.

[음력 이달의 운수]

1월

어려운 중에 병을 얻는 달입니다. 맹호가 함정에 빠진 격이니 용맹함을 펼칠 수 없는 형국의 달입니다. 꽃이 떨어져 열매가 없는 격이니 의지할 곳 없는 형국의 달입니다. 병살이 몸에 침노하니 질병이 있을까 염려가 되는 운수입니다.

2월

욕심을 부리다가 재물을 잃기도 하는 달입니다. 먼 곳의 것을 탐하다가 가까운 것을 잃기도 하는 격이니 허욕을 품지 말아야 하는 달입니다. 옆 사람으로 인하여 끊이지 않는 횡액을 겪는 운수의 달입니다. 다른 경영을 하지 말아야 손재수가 없는 달이 됩니다.

3월

원행하여 재물을 얻는 달입니다. 하늘이 내린 첩의 자식을 무슨 수로 피할 수 있겠습니까. 재물이 서쪽에 있으니 나가면 손에 들어오는 형국의 운수입니다. 북쪽은 삼가야 합니다. 오히려 이익이 피해가 되는 방향의 운수입니다.

4월

고진감래 하는 달입니다. 본래 소망하는 것은 없으나 그 몸이 상할까 염려되는 달입니다. 남과 다투지 말아야 합니다. 관재수가 두려운 운수의 달입니다. 고통과 고난을 하찮게 여기지 말아야 합니다. 마침내 재물의 이익을 얻게 되는 운수의 달입니다.

5월

가족에게 근심이 있을 수 있는 달입니다. 할미새가 들판에 있는 격이니 형제가 어려움에 처하여 보는 형국의 운수입니다. 집에 작은 근심이 있을 수 있는 형국이니 자손에 근심이 있을 수 있는 달입니다. 옥녀가 술잔을 바치는 격이니 선경이 꿈같은 운수의 달입니다.

물 조심을 하여야 하는 달입니다. 칠년의 큰 가뭄에 초목이 자라지 못하는 형국의 달입니다. 배를 타지 말아야 합니다. 수살이 운명에 침노하는 운수의 달입니다. 장 씨나 이 씨는 남자건 여자건 간에 해를 끼칠 수도 있는 운수입니다.

7월

재물을 얻어 보는 달입니다. 다른 사람의 재물이 우연히 집에 들어오는 형국의 운수입니다. 남과 더불어 일을 성사시키니 이익이 그 가운데 있는 운수의 달입니다. 정성을 다하여 택신에게 기도하면 몸이 편안하고 마음이 평안하여지는 운수의 달입니다.

8월

물 조심을 하여야 하는 달입니다. 수액이 염려되니 배를 타지 말아야 하는 운수의 달입니다. 불이 아직 붙지 않음과 같고 물이 아직 깊어지지 않음과 같은 운수의 달입니다. 다른 곳에 가지 말아야 합니다. 손해는 있고 이익이 없을 가능성이 높은 운수의 달입니다.

9월

구설수를 조심하여야 하는 달입니다. 초목이 가을을 만난 격이니 한 번은 슬프고 한 번은 근심을 하는 운수입니다. 남과 더불어 논쟁을 하면 구설 시비가 따를 수 있는 운수의 달입니다. 정 씨와 김 씨 두 성은 결국 길한 사람들입니다.

10월

여색을 가까이하면 낭패를 볼 수도 있는 달입니다. 일에 실패가 따를 수 있는 운수의 달입니다. 만일 여색을 가까이하면 재앙과 화근이 따르는 운수의 달입니다. 움직이면 후회할 일이 있으니 출행을 삼가야 하는 운수의 달입니다.

11월

재물을 얻는 달입니다. 재성이 문을 엿보는 격이니 몸도 왕성하고 재물도 왕성한 운수의 달입니다. 마음속에 숨은 근심을 누가 알아주겠습니까. 재수가 왕성하니 그때를 잃지 말고 잡아야 하는 운수의 달입니다.

12월

고진감래의 달입니다. 이달의 운수는 흉함은 많고 길함은 적은 운수의 달입니다. 심신이 산란하니 뜻하지 않은 액운을 당할 수 있는 운수의 달입니다. 때를 옮기고 일을 옮기니 흉함이 변하여 길한 것이 되는 운수의 달입니다.

48. 뢰雷 묘墓

전체적으로 운세運勢가 약하여 일이 잘 풀리지 않는다. 금전金錢 문제는 부모의 유산 또는 타인에게 빌려 준 돈 때문에 상심이 많다. 그리고 가정사家庭事로 인하여 고민이 많으며, 특히 자녀 문제로 슬픈 일이 발생할 수 있으니 유념해야 한다.

[음력 이달의 운수]

1월
하는 일에 막힘이 많을 수 있는 달입니다. 강산으로 사람이 가는데 우연히 험한 길을 만나는 형국의 달입니다. 집 안이 불편하니 스스로 심란함이 있는 운수의 달입니다. 토끼를 바다에서 구하는 격입니다.

2월
믿는 도끼에 발등을 찍히는 달입니다. 달은 차면 이지러지고 그릇은 차면 넘치는 형국의 달입니다. 집안에 질고가 생기니 심신이 산란한 형국의 운수입니다. 친한 사람을 믿으면 실패할 가능성이 있는 운수의 달입니다.

3월
재물을 잃기도 하는 달입니다. 신운이 불리하니 결국 원수를 만나기도 하는 형국의 운수입니다. 만일 손재수가 없으면 횡액이 가히 두려운 운수의 달입니다. 범이 함정에 빠진 격이니 뜻은 있을 수 있으나 계책이 없는 운수의 달입니다.

4월
구설수가 있을 수 있는 달입니다. 뽕나무와 대마가 들을 덮은 격이니 태평함을 노래하는 형국의 운수입니다. 재성이 몸에 따르니 횡재가 많을 운수의 달입니다. 시비를 삼가야 하니 구설수가 따를 수 있는 운수의 달입니다.

5월
때를 기다려 일을 하여야 하는 달입니다. 스스로 하극상을 만드는 격이니 집안이 평안하지 못한 운수의 달입니다. 이달의 운수는 집안에 있음만 같지 않은 운수입니다. 급하게 일을 도모하지 말아야 합니다. 더디게 한즉 길한 운수입니다.

길흉이 상반하는 달입니다. 두 갈래 길에 서 있는 격이니 의심스러운 일을 겪어 보는 운수의 달입니다. 운수가 다시 회복하니 결국 생활의 기반을 잡는 운수의 달입니다. 동쪽의 목성(木姓)이 무단히도 해를 끼칠 수도 있는 형국의 운수입니다.

7월

집병이 있을 수 있는 달입니다. 하는 일이 마음에 맞지 않는 격이니 마음에 번민이 많은 운수의 달입니다. 운명이 이르는 곳에는 지혜가 있어도 운명을 거스르지 못할 가능성이 있는 달입니다. 질고가 끊이질 않으니 근심이 많은 운수의 달입니다.

8월

관재구설수가 따를 수 있는 달입니다. 악살이 침범할 수 있는 운수이니 집안에 우환이 끊이질 않는 운수의 달입니다. 혹여 상복을 입어 볼 수도 있는 운수의 달입니다. 관재수가 있으니 시비를 삼가야 하는 운수의 달입니다.

9월

항상 관재수를 조심하여야 하는 달입니다. 관귀가 문에 이르니 집안이 불안한 형국의 달입니다. 그 힘을 다 헤아리지 못하면 하는 일마다 실패를 하는 운수의 달입니다. 손재수가 있을 수도 있는 달이니 토성(土姓)을 멀리하여야 하는 달입니다.

10월

어려운 가운데 재물을 얻는 달입니다. 요순임금의 태평천하를 누리는 형국의 운수입니다. 도처에 재물이 있는 격이니 식록이 스스로 족한 운수의 달입니다. 만일 그렇지 아니하면 가정이 불안한 운수의 달입니다.

11월

이별 수와 구설수가 따를 수 있는 달입니다. 도처에서 말을 듣는 운수이니 조심하여야 합니다. 집안이 불안한 격으로 형제가 이별할 수도 있는 운수의 달입니다. 운수가 불리하니 손재수와 구설수가 따를 수 있는 운수의 달입니다.

12월

작은 재물을 얻어 보는 달입니다. 이달의 운수는 근신하는 중에 기쁨이 있는 운수의 달입니다. 성심으로 노력하면 작은 이익을 가히 얻을 수 있는 운수의 달입니다. 바깥의 재물을 탐하면 도무지 이익이 없는 형국의 운수입니다.

49. 풍風 절絕

외면外面으로는 번창에 보이나 내적內的으로는 그다지 좋은 운은 아니다. 밖으로는 직장 일에 신경이 많이 쓰이고, 안으로는 처처妻로 인해 복잡하여 내우외환內憂外患의 시기다. 특히 남녀 간에 불화가 많으며, 미혼 남녀는 결혼에 그리 긍정적이지 않다.

[음력 이달의 운수]

1월

순리를 따라야 평안한 달입니다. 깊은 산에 늙은 소나무요, 큰 바다에 조각배 같은 운수의 달입니다. 물을 거슬러 배를 항해하니 앞길이 순탄치 못한 형국의 달입니다. 일에 정한 이치가 있으니 흉함이 변하여 길함이 되는 달입니다.

2월

가시덤불을 지고 구들장 속에 있는 격이니 사람인가 귀신인가 몰골을 구분하기 어려운 형국의 달입니다. 위아래 사람이 마음이 서로 다르니 매사 이루어지는 일이 없는 운수의 달입니다. 토성(土姓)과 목성(木姓) 두 성씨가 우연히 찾아와 나를 해치는 달입니다.

3월

노력한 만큼 얻지 못할 가능성이 있는 달입니다. 봄 음력 삼 개월 동안은 이익이 없는 달이 되고 여름이 오면 여의한 일들이 많을 운수입니다. 북쪽을 가까이하면 재산을 탕진할 일이 있을 운수의 달입니다. 비록 노력은 하나 도리어 공이 없을 수 있는 운수의 달입니다.

4월

원행하여 보는 달입니다. 일에는 순서가 있는 법이니 급하게 서두르지 말아야 하는 운수의 달입니다. 심신이 태평한 형국이니 집안에 경사가 있는 운수의 달입니다. 재물이 땅 끝에 있는 격이니 원행하면 길한 운수의 달입니다.

5월

구설수가 있을 수 있는 달입니다. 수심이 끊이질 않고 구설이 침범할 수 있는 운수의 달입니다. 도로에서 낭패수가 있을 수 있으나 사람들이 모두 입을 닫고 쉬쉬하는 형국의 운수입니다. 사람 목숨을 구해 주었으나 도리어 은혜를 원수로 갚기도 하는 형국의 운수입니다.

고진감래의 달입니다. 귀인이 나를 도우니 영귀할 때가 있는 운수의 달입니다. 꽃 지고 열매 없는데 광풍까지 부는 형국의 운수입니다. 옛것을 지키고 평상시대로 생활하고 있으면 흉함이 변하여 길함으로 변하는 운수의 달입니다.

7월

적은 재물을 얻는 달입니다. 달 밝은 천산에 두견새가 슬피 우는 형국의 달입니다. 동쪽을 하면 뜻밖에 피해를 당할 수 있는 운수의 달입니다. 비록 재물을 얻는 운수이나 얻어서 반은 잃기도 하는 운수의 달입니다.

8월

상복을 입어 볼 수 있는 달입니다. 몸을 보전하는 방법은 근신하고 경거망동 하지 않는 것이 제일인 운수의 달입니다. 만일 손재수가 있지 않으면 상처하여 보는 운수의 달입니다. 운수가 이와 같으니 어찌 애석한 일이 아니겠습니까.

9월

실패 수가 있는 달입니다. 일이 여의치 못하니 마음에 번민이 많은 운수의 달입니다. 봄꽃이 만발하여 있는데 광풍이 불어치는 형국의 운수입니다. 집안이 안녕치 못하니 성조 신께 기도하여야 하는 운수의 달입니다.

10월

몸과 마음으로 노력한다면 가히 적은 재물은 얻을 수 있는 달입니다. 동분서주 하는 운수이니 분주한 달이 됩니다. 깊은 산속에서 흐르는 물이 쉬지 않고 바다로 흘러가는 형국의 달입니다.

11월

새로운 일을 시작하여 보는 달입니다. 구름이 흩어지고 달이 나오니 경치가 다시 새로운 형국의 달입니다. 이달의 운수는 어려운 가운데서 다시 살아나는 운수의 달입니다. 출행하면 이익을 보는 달이니 이는 하늘이 준 그 복이라 할 수 있습니다.

12월

귀인이 나를 도우나 관재구설을 조심하여야 하는 달입니다. 때를 기다려 움직이면 적은 이익이 있는 달입니다. 만일 시비를 가까이하면 송사가 두려운 운수의 달입니다. 이 씨와 김씨 두 성은 길한 사람들입니다.

50. 풍風 태胎

미래를 위하여 신규 사업이나 문서文書의 변동이 있을 운運이다. 모든 일에 변동이 예견되며, 직장에서는 변화가 야기할 수 있다. 기혼자는 처궁妻宮에 우환이 생길 수 있으며, 미혼자는 좋은 배필配匹을 만날 수 있는 기회가 찾아온다.

[음력 이달의 운수]

1월

재물이 왕성한 달입니다. 가문 때 초목이 기쁜 단비를 만나는 형국의 운수입니다. 재물이 흥왕하고 자손에 영화가 있는 운수의 달입니다. 길한 사람은 하늘이 도우니 마침내 크게 형통하는 운수입니다.

2월

길한 경사가 있는 달입니다. 토끼를 잡으려다 사슴을 잡은 격이니 구하는 바가 가히 넘치는 형국의 달입니다. 경영하는 일은 성공을 하는 운수의 달입니다. 때를 타서 덕을 쌓으니 몸이 길하고 경사스러움을 받는 운수의 달입니다.

3월

소원 성취하는 달입니다. 천마가 무리에 나서니 적은 것으로써 무리를 항복받는 형국의 운수입니다. 이익이 어디에 있는고 하니 농사일에 있는 달입니다. 하는 일은 성공하는 운수의 달입니다.

4월

액운이 있는 달입니다. 재물과 몸이 모두 왕성하니 한 집안이 화평한 형국의 달입니다. 길운이 장차 도래하니 비록 곤고하여도 근심하지 말아야 하는 달입니다. 만일 몸에 병이 아니면 자손에 액운이 가히 두려운 운수의 달입니다.

5월

횡재수가 있을 수 있는 달입니다. 귀인이 와서 도우니 기쁜 일이 있는 운수의 달입니다. 출입하는 데에 이익이 있으니 횡재하는 운수의 달입니다. 재효가 극제를 받으니 처궁이 불리한 운수의 형국입니다.

이름을 떨치는 달입니다. 꽃이 지고 열매를 맺는 격이니 자손에 영귀함이 있는 달입니다. 벼슬이 높고 권세가 중하니 이름이 사해에 떨쳐지는 형국의 달입니다. 항상 덕을 쌓으니 재화를 만나지 않는 운수의 달입니다.

7월

귀인을 만나는 달입니다. 운수가 형통하니 하는 일마다 여의한 운수의 달입니다. 부부가 화순하니 기쁨이 가정에 가득한 운수의 달입니다. 다행히 귀인을 만나는 운수이니 도모하는 일이 여의한 운수의 달입니다.

8월

친구를 조심하여야 하는 달입니다. 심신이 안락하니 귀인을 상대하는 운수의 달입니다. 다만 손재수가 있으니 친구를 믿지 말아야 하는 달입니다. 춘풍 삼월에 백화가 다투어 피는 형국의 운수입니다.

9월

이성이 생기는 달입니다. 때가 오고 운이 도래하니 만사가 여의한 운수의 달입니다. 만일 재물이 생기지 않으면 좋아하는 사람을 만나게 되는 달입니다. 혹여 질병이 있으면 목성(木姓)이 주는 약을 쓰면 효과가 좋은 달입니다.

10월

원행을 하여보는 달입니다. 몸이 명산에 드는 격이니 눈앞에 별천지가 펼쳐지는 달입니다. 수성(水姓)을 가까이하지 말아야 합니다. 구설이 가히 두려운 운수의 달입니다. 집안에 있으면 심란하니 마땅히 남쪽으로 가야 하는 달입니다.

11월

고진감래 하는 달입니다. 용이 얕은 물에 있는 격이니 만물이 비로소 생겨나는 형국의 운수입니다. 가도가 흥왕하니 편안하고 태평하게 지나는 운수의 달입니다. 작은 것을 구하다 큰 것을 얻는 격이니 어찌 아름답지 않겠습니까.

12월

재물과 식록이 풍부한 달입니다. 유월 염천지절에 단비를 만나 기쁜 형국의 달입니다. 재물을 천만이나 얻었으니 일신이 편안하고 한가로운 운수의 달입니다. 식록이 풍부하니 이밖에 무엇을 더 구하겠습니까.

51. 풍風 양養

자영업을 한다면 사업의 확장이나 재산 증가의 운이 있다. 매사에 급하게 서둘러 행하지 말고, 중용中庸을 지킨다면 추진하는 일이 순조롭다. 미혼자未婚者는 남, 여 모두 결혼 운이 있으며, 결혼한 여자는 잉태孕胎를 하게 된다.

[음력 이달의 운수]

1월

가정을 안락하게 하여야 하는 달입니다. 먼저는 곤고하고 나중은 곤고함이 물러나는 격이니 일신이 안락한 형국의 달입니다. 재복이 모두 온전하니 집안이 화평한 형국의 달입니다. 만일 아내에게 근심이 없으면 부부가 불순한 운수의 달입니다.

2월

주색을 삼가야 하는 달입니다. 향기로운 풀이 자라는 제방에 소와 양이 무리를 이루는 형국의 달입니다. 여색을 가까이하지 말아야 합니다. 길함이 변하여 흉함으로 되는 형국의 운수입니다. 길신이 도움을 베푸니 만사가 여의한 달입니다.

3월

귀인이 돕는 달입니다. 굶주린 자가 풍년을 만났으니 식록이 풍부한 형국의 운수입니다. 귀인이 와서 도우니 손에 천금을 희롱하는 형국의 달입니다. 이익이 농토에 있으니 매매하는 것으로 이익을 보는 달입니다.

4월

질병을 조심하여야 하는 달입니다. 변소에 사는 늙은 쥐가 달려서 큰 창고에 드는 형국의 운수입니다. 만일 몸에 병이 없으면 처의 질병을 못 면하는 운수의 달입니다. 꽃이 피고 열매를 맺으니 자손에 경사가 있는 운수의 달입니다.

5월

이름을 떨치는 달입니다. 때를 만나 움직이니 성공이 가장 빠른 운수의 달입니다. 이름이 원근에 퍼지니 만인이 우러르는 운수의 달입니다. 본성이 충직하니 부귀를 겸전하게 되는 운수의 달입니다.

6월

근신 자중하는 달입니다. 집안에 있으면 근심이 있고 나가면 길한 운수의 달입니다. 봄 동산에 복숭아와 자두나무요, 가을 산의 송백인 형국의 운수입니다. 허욕을 부리지 말아야 합니다. 도리어 그 해를 받는 운수의 달입니다.

7월

때를 기다려야 하는 달입니다. 한가로이 높은 집에 누워 심신이 스스로 편안한 형국의 달입니다. 수시로 변통하여 좋은 운을 기다려야 하는 달입니다. 가운이 왕성하니 가히 천금을 얻는 운수의 달입니다.

8월

사람을 조심하여야 하는 달입니다. 가을 국화와 봄 복숭아는 각각 때가 있는 법입니다. 금성(金姓)을 가까이 말아야 합니다. 도리어 불미함이 있는 운수의 달입니다. 만일 관록이 아니면 자손에 영화가 있는 운수의 달입니다.

9월

허욕을 삼가야 하는 달입니다. 매사가 순조롭게 이루어지니 이익이 그중에 있는 형국의 달입니다. 봄에 밭을 갈고 여름에 김을 매니 이익이 농사에 있는 형국의 달입니다. 허황한 일을 삼가여 행하지 말아야 하는 운수입니다.

10월

고진감래 하는 달입니다. 정성이 이르는 곳에 쇠와 돌도 뚫는 힘이 생기는 것입니다. 이익이 남쪽에 있을 수 있으나 억지로 구한 뒤에 얻는 형국의 운수입니다. 도모하는 일이 사람에게 있으니 늦게나마 성취하는 운수의 달입니다.

11월

귀인이 돕는 달입니다. 귀인이 와서 도우니 재물이 왕성한 운수의 달입니다. 작은 것을 쌓아 큰 것을 이루는 운수이니 도주를 부러워하지 않는 달입니다. 도모하는 일이 많으니 분주한 형국의 운수입니다.

12월

역마살이 문에 이르니 한 번은 원행을 하여보는 운수의 달입니다. 매사를 급하게 하지 말아야 합니다. 급하게 하다 보면 후회하고 뉘우칠 일이 있는 달입니다. 먼저는 곤고하고 나중은 왕성한 격이니 어찌 아름답지 않겠습니까.

52. 풍風 생生

처妻의 내조內助와 공功이 많아 하는 일마다 순조롭고 크게 번성하여 재물이 쌓이는 운이다. 막혔던 일이 풀리고, 사업도 융창隆昌할 운이며, 부부 운도 화락和樂할 것이다. 간혹 상호 의견 마찰이 있을 수 있으나, 큰 문제는 없다. 미혼자는 결혼 운이 있다.

[음력 이달의 운수]

1월

원하는 바를 성취하여 보는 달입니다. 이달의 운수는 꽃이 봄 동산에 만발한 형국의 달입니다. 남들이 많이 돕는 운수이니 재물 운이 길한 운수의 달입니다. 봄이 화원에 찾아드는 형국이니 생남할 경사가 있는 달입니다.

2월

한 번 웃고 한 번 우는 달입니다. 만일 벼슬을 하지 못하면 재난과 액운이 따를 수 있는 운수의 달입니다. 운수가 크게 형통하니 길한 일이 도처에 있는 형국의 달입니다. 생남할 경사가 있고 모든 일이 갖추어지고 순탄하게 이루어지는 운수의 달입니다.

3월

이사 수가 있는 달입니다. 갖가지 아름다운 꽃으로 온 도시가 화려한 형국의 달입니다. 만일 이사를 하지 않으면 상복 입을 염려가 있는 운수의 달입니다. 꽃이 피고 열매 맺는 형국이니 일에 성공함이 많은 운수의 달입니다.

4월

경거망동 하면 낭패를 볼 수도 있는 달입니다. 동쪽의 목성(木姓)이 우연히 찾아와 나에게 힘을 실어 주는 형국의 달입니다. 무리한 횡액이 눈앞에 닥치는 형국의 달입니다. 이 가(李家)나 박 가(朴家)가 나를 돕는 형국의 달입니다.

5월

재물이 들어오는 달입니다. 이달의 운수는 흉한 일이 많고 길한 일이 적은 운수의 달입니다. 재물이 문에 들어오는 형국이니 동쪽과 북쪽에서 재물이 왕성한 운수의 달입니다. 헛되게 움직이면 해로우니 현실성 있게 일을 도모하면 길한 운수의 달입니다.

고진감래의 달입니다. 산과 들에 봄이 돌아와 꽃의 색깔을 더하는 형국의 달입니다. 뜻밖의 귀인이 우연히 찾아와 힘을 돕는 형국의 달입니다. 흉한 중에 길함을 구하는 형국이니 먼저는 흉하고 나중은 길한 운수의 달입니다.

이달의 운수는 나가고 들어감이 빈번한 운수의 달입니다. 마땅히 동쪽이나 서쪽으로 가면 횡재수가 있을 수 있는 운수의 달입니다. 재성이 몸에 임하니 가히 횡재함을 기약하여 보는 운수의 달입니다.

재물을 얻는 달입니다. 만일 귀인을 만나게 되면 재물도 왕성하고 몸도 왕성한 형국의 달입니다. 상업적인 이치가 크게 통하니 그 기회를 잘 잡아야 하는 운수의 달입니다. 매사가 여의로우니 몸과 마음이 평안한 운수의 달입니다.

하는 일에 허망함이 따르는 달입니다. 이달의 운수는 곧은 낚시 바늘로 물고기를 낚는 형국의 달입니다. 만일 남의 힘을 얻는다면 빈손으로 성공하는 운수의 달입니다. 그러나 한편으로 마음속의 번민이 있을 수도 있습니다.

소원 성취를 하여보는 달입니다. 재물이 산과 같고 언덕 같이 쌓인 형국이니 그 복록이 끝이 없는 운수의 달입니다. 식구가 늘고 백 가지 복록이 나를 따르는 형국의 운수입니다. 집안이 태평하고 만사가 여의한 운수의 달입니다.

재물을 얻는 달입니다. 추운 계곡에 봄이 오니 가히 풍년이 드는 형국의 운수입니다. 만일 이름이 나지 않으면 재물을 얻는 형국의 운수입니다. 우연한 기회에 귀인을 만나 손에 천금을 희롱하는 운수의 달입니다.

관재구설수를 조심하여야 하는 달입니다. 시비를 가까이하게 되면 구설이 침범할 수 있는 운수의 달입니다. 시비에 참여하게 되면 관재구설이 두려운 운수의 달입니다. 목성(목성)을 조심하여야 하고 적은 손재수가 따르는 달입니다.

53. 풍風 욕浴

사업가는 금전상金錢上의 문제가 발생하고, 사업 실패가 우려되며, 공직자, 자영업자는 관액官厄, 건강에 문제가 발생하여 하는 일마다 중도에 좌절挫折할 운運이며, 또한 남녀 간에 이성 문제異姓問題로 고뇌가 많고, 생활고가 찾아온다.

[음력 이달의 운수]

1월

액운이 따를 수 있는 달입니다. 집안에 근심이 있을 수 있는 운수이니 소복을 입을까 가히 두려운 운수의 달입니다. 집안에 액운이 있는 격이니 남을 원망하지 말아야 하는 운수입니다. 재물은 말과 글에 있으니 농사를 하면 피해를 보는 형국의 달입니다.

2월

실물수를 조심하여야 하는 달입니다. 눈 위에 씨앗을 뿌리는 격이니 안전하게 살 수 없는 형국의 달입니다. 실물수가 있으니 도둑을 조심하여야 하는 운수의 달입니다. 신수는 태평하나 재물 운은 불리한 운수의 달입니다.

3월

용두사미 격의 달입니다. 마귀가 서로 다투어 침노하는 격이니 집안에 슬픔이 있는 운수의 달입니다. 억지로 구하지 말고 편안한 마음으로 분수를 지켜야 하는 달입니다. 머리는 있고 꼬리는 없는 격이니 꾀하는 일을 이루지 못하는 형국의 달입니다.

4월

손해를 보기도 하는 달입니다. 비록 재물 운은 있을 수 있으나 별로 큰 소득이 없는 운수의 달입니다. 서쪽과 북쪽 두 방향은 손해가 따르는 방향의 달입니다. 이달의 운수는 길흉이 상반하는 운수의 달입니다.

5월

반은 잃고 반은 얻는 운수의 달입니다. 천지 동남에 비로소 평안을 찾는 운수의 달입니다. 먼저는 흉하고 나중은 길한 운수이니 반은 흉하고 반은 길한 운수의 달입니다. 서쪽의 목성(木姓)이 집안에 불리한 형국의 운수입니다.

6월

가까운 친구를 조심하여야 하는 달입니다. 물속에 뜬 달을 잡으려 하는 형국이니 빈손을 면하기 어려운 운수의 달입니다. 미리 액운을 예방하면 거의 이 액운을 면하는 달입니다. 친한 친구를 믿으면 피해를 보는 운수의 달입니다.

7월

사소한 마찰들이 괴롭히는 형국의 달입니다. 재물 운을 말한다면 구하여도 얻지 못할 가능성이 있는 운수의 달입니다. 마장이 찾아와 희롱하는 격이니 도모하는 일이 점점 멀어지는 형국의 달입니다. 용이 강물을 잃은 격이니 조화를 부리지 못하는 형국의 운수입니다.

8월

마음이 불안하고 어려움이 따를 수 있는 달입니다. 이달의 운수는 흉살이 침노하는 형국의 운수입니다. 손재수가 많으니 심신이 불안한 운수의 달입니다. 가 내가 평안하지 못한 운수이니 마음 편할 날이 없는 운수의 달입니다.

9월

액운이 물러가고 복록이 오는 격이니 일신이 안락한 달입니다. 봉황이 천 리를 나는 격이니 굶어도 좁쌀을 쪼아 먹지 않는 형국의 달입니다. 만일 금성(金姓)을 만나면 의외의 재물을 얻는 달입니다.

10월

고진감래의 달입니다. 재물이 동쪽에 있으니 때를 만나면 스스로 가지게 되는 운수의 달입니다. 신수가 대길하니 집안에 화목함이 있는 운수의 달입니다. 적은 물도 쉬지 않고 흐르는 법이니 나중에는 바다에 이르게 되는 형국의 달입니다.

11월

욕심이 화를 부르는 달입니다. 재성이 공망을 만났으니 손재수가 적지 않은 운수의 달입니다. 집안에 상서롭지 못한 기운이 있으니 미리 기도하여 예방하는 달이어야 합니다. 분수에 넘치는 재물을 탐하면 손해가 따르는 달입니다.

12월

옳지 못한 일을 하다가 낭패를 볼 수도 있는 달입니다. 만일 비리에 가담하면 재물을 잃고 이름이 땅에 떨어지는 운수의 달입니다. 만일 이와 같지 않으면 구설이 분분한 운수입니다. 집안일을 남에게 말하지 말아야 길한 운수의 달입니다.

54. 풍風 대帶

사업이 번성하고, 하고자 하는 모든 일이 성공하며, 사회적 지위가 상승할 운이다.
공직公職에 있다면 영전榮轉할 운이 있을 것이다. 집안이 화목하니 자손에게 여러 가지
경사가 있을 것이요, 건강도 길하니 천수天壽를 누릴 것이다.

[음력 이달의 운수]

1월

봄바람이 따스하게 불어오니 만물이 화하여 생겨나는 달입니다. 배 씨(裵氏) 성을 가진 사
람을 가까이하면 이익이 생기는 운수입니다. 또한 목성(木姓)도 나를 도와주니 기쁨이 저
절로 찾아오는 형국입니다. 우연히 찾아온 귀인이 도와주니 뜻밖의 재물을 얻어 소원을 성
취하는 형국입니다.

2월

명예는 얻을 수 있으나 재물 운은 불리한 달입니다. 비록 재수는 있다 하여도 재물을 취할
수 없고 도리어 손해를 볼 수 있는 형국입니다. 그러니 금전 관리에 항상 신중하여야 손해
를 줄일 수 있습니다. 남과의 돈거래를 하지 않는 것이 상책입니다.

3월

차분히 분수를 지켜 가만히 있으면 길하고 경거망동 하여 움직이면 흉한 달입니다. 음력 일
월, 이월, 삼월은 길함과 흉함이 반반이니 항상 구설수를 조심하여 자신의 분수를 지키는
것이 좋습니다. 고기가 큰물에 노니니 의기양양한 자태를 뽐내는 형국의 달입니다.

4월

꽃이 떨어지고 열매를 맺는 형국의 달입니다. 이달은 경사 수가 있는 달입니다. 자식을 원
하는 사람은 자식을 얻게 될 것이요, 공직에 있거나 직장을 다니는 사람은 승진을 하는 운
수입니다. 남과 다투지만 않는다면 모든 액이 스스로 물러나는 형국입니다.

5월

바깥에서 재물을 구하거나 탐을 낼 경우 구설이 따를 수 있는 달입니다. 일을 도모하나 그
결과를 얻을 수 없을 가능성이 있는 달입니다. 음력 오월과 유월에는 얻으려 하다가 도리어
잃기도 하는 형국이니 가만히 있으면 중간이라도 간다는 말처럼 자중하고 있어야 합니다.
자기 꾀에 자기가 당할 수 있는 꼴이 되고 마는 것입니다. 특히 동업은 불가합니다.

신수는 보통 운이지만 재수는 불안하니 금전이 따르지 않는 달입니다. 동산에 꽃이 화려하게 피어나니 벌과 나비가 찾아와 희롱하는 형국입니다. 벌과 나비가 떠나 버리면 꽃은 시들어 버리니 분수를 모르고 벌과 나비를 찾으려 한다면 낭패를 보게 됩니다. 관록을 얻지 못하면 도리어 구설이 따르니 힘을 얻지 못하면 당하고 마는 것입니다.

7월

뜻밖에 귀인을 만나 횡재하는 달입니다. 음력 칠월과 팔월에는 굶주린 사람이 밥을 얻는 형국입니다. 목마른 용이 물을 만나는 격이니 힘을 얻은 용의 변화는 누구도 예측할 수 없는 형국입니다. 또한 쥐가 곡식이 가득한 창고에 드는 형국이니 식록이 진진하고 마음이 여유로워, 하는 일이 순조로울 운수입니다.

8월

먼 곳에서 소식이 오니 옛 친구가 귀인이 되어 주는 달입니다. 여러 사람이 도와주니 재수가 좋은 달입니다. 동쪽 정원에 또다시 봄기운이 찾아드니 떠났던 벌과 나비가 다시 찾아오는 형국입니다. 금잔에는 잘 익은 술이요, 옥쟁반에는 산해진미가 가득한 형국이니 경영하는 일이 모두 순조로울 운수입니다.

9월

길성이 몸으로 들어오니 이름을 사방에 떨칠 수 있는 달입니다. 때를 기다려 오던 국화 꽃망울이 어느 날 아침 문득 일시에 만개를 한 형국입니다. 옥쇄가 내 손에 들어오는 형국이니 만인이 내 앞에 조아려 하례하는 형국입니다. 자식을 원하는 집에서는 자식을 얻을 운수입니다.

10월

근심이 부모든 자식이든 생길 수 있는 달입니다. 깊어가는 가을 밤 슬피 울며 날아가는 기러기는 어디로 가는 것인지 도무지 알 수 없는 형국입니다. 근심으로 밤을 지새우니 마음만 공허한 형국입니다. 작게 얻고 많이 나가니 재수가 신통치 못할 수 있는 운수입니다. 세월 탓만 하고 있으면 마음만 괴롭습니다.

11월

작은 것을 구하려다 큰 것을 얻는 달입니다. 경영하는 모사가 여유로우니 하는 일이 모두 순조로울 운수입니다. 한 집안에 재물이 넉넉하니 집안사람 모두가 화평한 운수입니다. 사방에서 기쁜 일이 생겨나니 몸과 마음이 태평한 운수입니다. 이 모든 복록이 사람에게 달렸으니 평소 인간관계에 소홀함이 있어서는 안 될 것입니다.

12월

분수에 넘치는 일을 경영하면 낭패를 볼 수 있는 달입니다. 분수를 지켜 적은 것을 쌓아 태산을 이루니 만인이 우러러보는 형국입니다. 토성(土姓)을 가까이하면 횡액을 당할 수 있으니 유념하여야 합니다. 문서로 인한 낭패, 특히 부동산 거래는 불리하니 낭패를 볼까 두려운 운수입니다.

55. 풍風 건建

사업事業을 한다면 순조롭게 크게 번성할 것이요, 재물도 쌓일 것이다. 또한 내조內助의 덕德으로 사회적 면에 길하니, 만약 직장 생활을 한다면 공功을 세워 높은 지위를 차지할 것이다. 미혼자未婚者는 남녀 모두 결혼 운結婚運이 있다.

[음력 이달의 운수]

1월

다른 사람이 돕는 달입니다. 관록과 재물을 얻는 격이니 장사하면 이익을 얻는 형국의 달입니다. 다른 사람의 힘을 얻으니 하는 일은 절반이나 공은 갑절이 되는 운수의 달입니다. 재물은 어디에 있는고 하니 서쪽에 있는 운수의 달입니다.

2월

고진감래 하는 달입니다. 작은 것을 쌓아 큰 것을 이루는 격이니 먼저는 가난하고 나중은 부유한 형국의 운수입니다. 황제의 은혜를 스스로 얻었으니 관록이 몸에 따르는 운수의 달입니다. 밖에는 이슬이 쌓여 있고 안에는 영화가 있는 운수의 달입니다.

3월

횡재수가 있을 수 있는 달입니다. 재물 운이 왕성하니 이 기회를 잃으면 안 되는 운수의 달입니다. 황금과 비단이 상자에 가득하니 만인이 우러러보는 형국의 운수입니다. 만일 횡재가 아니면 자손에 영화가 있는 운수의 달입니다.

4월

어려움이 해소되는 달입니다. 구름이 걷히고 비가 개이니 북두성이 하늘에 가득한 형국의 달입니다. 재물이 남쪽에 있으니 큰 재물을 얻는 운수의 달입니다. 이익이 먼 곳에 있으니 박 씨, 김 씨에 길함이 있는 운수의 달입니다.

5월

귀인이 돕는 달입니다. 가운이 왕성하니 기쁜 일이 중중한 운수의 달입니다. 길신이 돕는 격이니 만사여의한 운수의 달입니다. 그 성품이 정이 있으니 귀인이 와서 도와주는 운수의 달입니다.

치성을 드려 액운을 막아야 하는 달입니다. 지아비가 노래 부르고 지어미가 뒤를 다르니 가도가 흥왕한 운수의 달입니다. 가신께 치성을 드릴 필요가 있습니다. 혹여 몸에 근심이 있을 수 있는 운수입니다. 신액이 가히 두려우니 신명께 정성으로 기도하여야 하는 달입니다.

7월

복록이 중하고 이름이 높으니 만인이 우러러보는 형국의 달입니다. 귀인이 와서 도우니 이름을 이루고 이익이 따르는 운수의 달입니다. 집에 있으면 불안하고 밖에 나가면 마음이 편안한 운수의 달입니다.

8월

문서 잡을 달입니다. 많은 황금을 가지고 막내가 금의환향하는 형국의 운수입니다. 이익이 문서에 있으니 손에 천금을 희롱하는 형국의 운수입니다. 하는 일이 가히 도모함과 같으니 재물이 여의한 운수의 달입니다.

9월

재물 운은 있을 수 있으나 얻기 어렵고 안정하면 길한 달입니다. 재운이 대통하니 손에 천금을 희롱하는 형국의 운수입니다. 만일 이와 같지 아니하면 혹여 자손에 근심이 있을 수 있는 운수의 달입니다.

10월

동업하여 이익을 얻는 달입니다. 이달의 운수는 자손에 액운이 있는 운수의 달입니다. 길한 운수가 점점 돌아오니 출행하면 가히 얻을 수 있는 운수의 달입니다. 다른 사람과 더불어 도모하면 그 이익이 열 배나 되는 운수의 달입니다.

11월

귀인이 돕는 달입니다. 권위가 사방에 떨쳐지니 재물의 이익을 얻는 운수의 달입니다. 귀인이 와서 도우니 소망하는 것이 여의한 운수의 달입니다. 불전에 기도하면 경사가 있는 운수의 달입니다.

12월

소원을 성취하는 달입니다. 순풍에 돛을 다니 천 리가 지척인 형국의 달입니다. 일신이 영귀하니 세상일이 태평한 형국의 운수입니다. 일 년 중에서 이달이 가장 길한 운수의 달입니다.

56. 풍風 왕旺

운기運氣가 풍성豊盛하여 목적한 바를 이룰 것이요, 직위가 향상될 것이다. 자영업자는
사업은 번창할 것이요, 재운이 좋아하고자 하는 모든 일이 길운이 다多할 것이다. 미혼
남자는 여자 운이 좋아 자신보다 높은 사회적 신분을 가진 배필配匹을 만날 것이다.

[음력 이달의 운수]

1월

순풍에 돛을 달고 항해하는 형국의 달입니다. 귀성이 문에 비추니 귀인과 서로 만나는 형국
의 운수입니다. 순풍에 돛을 달고 항해하는 형국이니 앞길에 막힘이 없는 운수의 달입니다.
재물과 복록이 끊이지 않고 아들을 얻는 경사가 있는 달입니다.

2월

소원을 성취하여 보는 달입니다. 그름을 헤치고 달이 나오니 푸른 바다와 하늘이 나타나는
형국의 달입니다. 음력 이월의 복숭아와 자두 꽃이 때를 만나 피는 형국의 운수입니다. 이
름이 사방으로 전하여지니 만인이 나를 우러르는 운수의 달입니다.

3월

혹여 질병이 침범할 수도 있는 달이니 미리 산천을 찾아 기도하면 면하는 달입니다. 구설이
있을 수 있는 운수이니 입을 병뚜껑 닫듯이 굳게 지켜야 하는 달입니다. 다행히 점괘에 길
성이 있으니 죽을 곳에서 구사일생하는 운수의 달입니다.

4월

고진감래 하는 달입니다. 이달의 운수는 자손에 경사가 있는 운수의 달입니다. 화성(火姓)
을 가까이하지 말아야 내가 하는 일에 방해를 받지 않는 운수의 달입니다. 먼저 큰 것을 얻
는 운수이니 나중에 영화가 있는 운수의 달입니다.

5월

사업과 가정이 모두 안정되는 달입니다. 다행히 운수가 돌아오는 형국이니 복록이 스스로
내게 찾아오는 운수의 달입니다. 버들가지는 어둡고 꽃은 밝으니 풍류가 끊이지 않는 형국
의 운수입니다. 먼저 큰 이익을 얻고 나중에 안정을 얻는 운수의 달입니다.

남국의 봄이 돌아오니 백 가지 꽃이 다투어 피는 형국의 달입니다. 마음을 곧게 하고 때를 기다리면 흥하는 운수의 달입니다. 남과 다투게 되면 피해는 있으되 이익은 얻을 수 없는 운수의 달입니다.

나중에 재물을 얻는 운수의 달입니다. 재성이 문에 들어오는 형국이니 횡재수가 있을 수 있는 달입니다. 먼저 손해 보고 나중에 이익을 보는 형국이니 고진감래의 달입니다. 기쁨의 소리가 높은 누각에 까지 미치니 기쁨이 집안에 가득한 형국의 달입니다.

낚싯대를 깊은 연못에 던져서 황금 물고기를 낚아 올리는 형국의 달입니다. 귀인이 서로 나를 돕는 형국이니 이익이 그 가운데 있는 달입니다. 재물이 서쪽에 있는데 뜻밖의 재물을 얻는 형국의 달입니다.

관재수와 구설수가 있을 수 있는 달입니다. 깊은 산에서 갈 길을 잃은 격이니 갈 길이 아득하기만 한 형국의 달입니다. 겨우 구설수를 면하는가 싶더니 관재수가 기다리고 있는 형국의 달입니다. 많은 사람이 나를 피하니 소망을 이루기 힘든 형국의 달입니다.

문서를 잡는 달입니다. 복숭아와 자두 꽃은 이미 시들어 떨어졌으나 단풍과 국화가 아름다운 형국의 달입니다. 문서에 길함이 있고 논밭에서 이익이 있는 운수의 달입니다. 마음을 정직한 데에 두니 세상풍파에 흔들림 없이 나아가는 형국의 달입니다.

소원 성취하여 보는 달입니다. 원행을 하면 불리한 일을 당할 수 있는 운수의 달입니다. 적은 것을 쌓아 큰 것을 이루는 형국이니 갑부가 부럽지 않은 운수의 달입니다. 사나이가 뜻을 얻은 형국이니 의기가 양양한 달입니다.

이달의 운수는 실물수가 염려되는 운수입니다. 하는 일이 여의치 못하니 세상일이 허망한 형국의 달입니다. 만일 아는 사람 중에서 금성(金姓)이 나를 도우면 기쁜 일이 있는 운수의 달입니다.

57. 풍風 쇠衰

이곳저곳 돈이 빠져나감이 많고, 하는 일마다 불안감이 많아 계획과 방침方針을 잘 서지 않는 운이다. 봉급생활자는 직장 내 불화가 발생하고, 자영업자는 실패 수가 있으니 여러 가지 면에서 불안만 가중된다. 부부 운도 불리하니 처妻의 건강으로 인해 우환憂患이 많다.

[음력 이달의 운수]

1월

하는 일에 있어서 허망한 경험할 수 있는 달입니다. 헛된 일로 놀랄 수도 있는 운수의 달입니다. 손해가 있을 수도 있는 형국이니 차라리 집에 가만히 있는 것만 못한 운수의 달입니다. 북쪽에서 온 기쁜 일은 도리어 좋지 않은 일로 변하는 형국이니 주의하여야 하는 달입니다.

2월

다른 사람에게 속을 수 있는 운수의 달입니다. 바닷속에서 옥구슬을 구하나 알아보지 못하는 형국의 달입니다. 다른 사람의 말을 듣지 말아야 합니다. 헛된 망상의 일이 많을 운수의 달입니다. 친한 벗을 믿으면 손재수가 따르니 주의하여야 될 운수입니다.

3월

작은 근심으로 마음고생을 하여 보는 달입니다. 이달의 운수는 까마귀가 백로로 변하는 형국의 달입니다. 집안에 작은 근심거리가 생기니 마음이 불편한 운수의 달입니다. 위아래의 기둥이 허약한 형국이니 매사에 기본을 잘 지켜야 탈이 없는 달입니다.

4월

분수를 지켜야 마음이 편안한 달입니다. 재물을 멀리하는 대인은 길하고 재물에 얽매이는 소인은 해가 있을 수도 있는 달입니다. 분수를 지켜 도를 즐겨야 몸이 편하고 근심이 없는 달입니다. 재물 운은 있으니 허송세월하지 말고 힘써 일을 하여야 하는 달입니다.

5월

이사를 하여보는 운수의 달입니다. 해는 저물고 갈 길은 먼 형국이니 구하는 바가 순조롭지 않은 운수의 달입니다. 이사를 하거나 직업을 바꾸면 흉한 것이 변하여 길한 것으로 바뀌는 형국의 달입니다. 좋은 때를 기다려 움직여야 하고 경거망동 하면 해를 보는 달입니다.

노력하여도 그 성과를 얻지 못할 가능성이 있는 달입니다. 작은 것을 버리고 큰 것을 얻으나 오히려 해가 되는 운수의 달입니다. 부질없이 욕심 부리면 몸과 마음만 고달파지는 운수입니다. 다른 사람과 일을 도모하면 오히려 피해를 보는 형국의 달입니다.

7월

관재구설수가 따를 수 있는 달입니다. 이달의 운수는 가히 재물을 얻어 보는 운수의 달입니다. 송사가 끊이질 않으니 금전적인 손해를 볼 수도 있는 운수의 달입니다. 가정이 평안하지 못하니 남과 시비하거나 다투지 말아야 하는 달입니다.

8월

원하는 재물을 얻어 보는 달입니다. 이름이 나고 기운이 왕성하니 가만히 있어도 재물이 들어오는 형국의 달입니다. 재물 운이 좋으니 금전과 곡식이 들어오는 운수의 달입니다. 돌을 쪼아 금을 얻는 형국이니 재물을 얻는 운수의 달입니다.

9월

상복을 입어 볼 수도 있는 운수의 달입니다. 가을바람이 소소하니 기러기가 짝을 잃은 형국의 달입니다. 운수가 불리합니다. 만일 이사나 원행을 한다면 흉한 일을 면할 수 있는 운수의 달입니다.

10월

원하는 바를 성취하여 보는 달입니다. 두 사람의 마음이 같으니 같은 일을 하는 데에 성취함이 있는 달입니다. 만일 관록을 얻지 않으면 자손을 얻는 기쁜 일이 생기는 달입니다. 화성(火姓)을 가까이하면 재물을 얻는 데 유익함이 있는 운수의 달입니다.

11월

구설과 질병이 따르는 달입니다. 원수가 서로 화합하는 형국이니 근심이 사라지고 기쁨이 생겨나는 형국의 달입니다. 남의 말을 믿고 따르면 낭패를 볼 수도 있는 운수의 달입니다. 운수가 좋지 않으니 질병을 조심하여야 하는 운수의 달입니다.

12월

경거망동 하지 말아야 흉함을 면하는 달입니다. 비록 재물은 얻으나 지키기 어려운 운수의 달입니다. 하는 일에 막힘이 많아 계획이 어긋나기도 하는 운수의 달입니다. 집에 있으면 길하고 문 밖을 나가면 피해가 있을 수도 있는 운수의 달입니다.

58. 풍風 병病

운기運氣가 저조低調하여 사업 운이 불길하고, 직장인은 동료 간의 불화不和로 마음고생이 있을 수 있고, 건강이 좋지 않아 일 년 중 병病으로 인해 고생하는 날이 있을 수 있다. 부부궁夫婦宮도 화목和睦하지 못한 운이니 가정家庭을 잘 돌보아야 한다.

[음력 이달의 운수]

1월

봄풀이 갑작스런 된서리를 맞으니 성장을 멈추는 달입니다. 출행을 조심하여야 하며, 차라리 집 안에 가만히 있으면 길하나 원행하면 흉한 일을 당할 수 있는 달이기도 합니다. 계획 했던 일이 순조롭지 못하여 자꾸 어긋나기만 하고, 기다리는 사람은 오질 않으니 마음이 답답한 운수입니다.

2월

경거망동 하면 횡액을 당할 수도 있는 달입니다. 동업하는 사람이나 직장에서 같은 일을 함께 하는 사람은 서로 의견이 맞질 않아 사소한 충돌이 많아지는 시기입니다. 또한 다른 사람의 말을 듣게 되면 손해를 보기도 하는 경우가 발생하니 이 점을 유념하여야 하는 운수입니다.

3월

음력 삼월은 집안의 우환이 있을 수 있는 달입니다. 그 우환으로 인하여 한 번은 눈물을 흘리는 운수입니다. 상극하고 상충하는 시기이니 타인과의 다툼으로 낭패를 볼 수도 있는 달이기도 합니다. 그러니 다른 사람과 상종한다면 실패가 따를 수 있습니다. 자신의 주장을 굽히지 않되 남의 의견도 신중을 기하여 들어 주는 배려가 필요합니다.

4월

이달은 흉함이 많고 길함이 적은 달입니다. 마음 속 깊이 자리한 남모르는 괴로움이 있으니 하는 일이 모두 부질없어 보입니다. 그 괴로움을 해결하여야 하는데, 여의치가 못하여 차일피일 시간만 보내는 형국입니다. 한편, 우연한 기회에 이성을 만나 사랑을 약속하여 보기도 하는 달이기도 합니다.

5월

몸과 마음이 평안을 찾으니 재운이 좋습니다. 그러나 부모에게 근심이 있을 수 있는 달입니다. 집안을 먼저 안정시키면 길하고 집을 나가 밖을 먼저 살피면 흉한 달이기도 합니다. 비록 운이 좋다고는 하나 좋은 기운은 나중에 들어오니, 참고 기다렸다가 좋은 기회를 잡도록 하여야 합니다. 여름 동산에 잠시 봄기운이 맴도니 복숭아꽃과 자두 꽃이 만발하는 형국입니다.

질병을 얻거나 구설로 어려움을 당할 수 있는 달입니다. 사소한 시비가 불씨가 되어 관재구설을 면치 못하게 되는 운수입니다. 남과 다투는 일이나 시시비비를 가리려 하지 말고 무조건 듣는 입장이 되어야 화를 면할 수 있습니다. 동쪽과 남쪽으로 출행하는 것이 불리한 달이니 참고하기 바랍니다.

음력 칠월과 팔월에는 횡액을 조심하여야 하는 달입니다. 횡액은 뜻밖의 재난을 말하는 것입니다. 그리고 평소 알고 지내던 형 아우 하던 친한 사이가 서로 불목하는 원수지간이 되어 이익을 다투게 되기도 하는 형국입니다. 그러나 옛 인연을 우연히 만나게 된다면 다행히 그 액을 면하고 이익을 얻을 수 있게 됩니다.

신수가 불길하니 항상 매사에 조심하여야 하는 달입니다. 집을 떠나 원행하면 그 피해가 운수입니다. 특히 동쪽과 서쪽 그리고 북쪽은 불길하니 출행을 삼가야 합니다. 해는 서산에 지는데 발걸음만 바쁜 달입니다. 신수가 예사롭지 않으니 행동 하나하나를 신중을 기하여야 합니다.

한 번 흥하고 한 번 망하니 길흉이 상반인 달입니다. 하던 일과 함께 다른 일을 시작하면 실패 수가 있습니다. 새로운 일을 시작하면 안 되는 달입니다. 그러나 남쪽과 북쪽에는 이익이 있으니 출행하려거든 이 방향으로 가야 합니다. 재물이 왕성한 방향입니다.

한 번은 실패의 아픔을 맛보는 달입니다. 아랫사람과 윗사람이 서로 화합하지 못하니 길흉이 번갈아 있는 달입니다. 또한 마음이 산란하여 경영하는 일에 실패를 볼 수도 있는 달이기도 합니다. 만일 이사를 하게 된다면 불길하니 현재의 자리를 지켜내야 낭패를 면합니다.

남쪽에서 오는 귀인이 우연히 돕는 달입니다. 혹여 상복을 입어 볼 수도 있을 수 있으나 아기를 낳게 되는 집에서는 그 화를 면할 수도 있습니다. 동짓달과 섣달에는 재물과 복록이 왕성하니 소원 성취를 하여보는 달입니다. 넓고 어두운 창고에 들어가는 것을 주의하여야 합니다. 어두운 창고에서 사고 수를 조심하여야 합니다.

기사회생하는 달이나 관재구설을 조심하여야 하는 달입니다. 동쪽으로 출행하는 것은 불리합니다. 금전은 어디에 있는고 하니 토지, 전답에 있으니 부동산으로 이익을 볼 수도 있는 운수입니다. 오 씨와 권 씨를 상대하게 되면 손해를 봅니다. 박 가와 최 가를 상대하면 이익을 얻게 될 것입니다.

59. 풍風 사死

추진하는 일이 시작은 순조로우나 끝은 운기運氣가 저조低調하여 금전적 손실과 매사에 지장支障이 많아 실패할 운이다. 부부궁夫婦宮에 이별 수가 생기고, 자녀 문제로 고민이 많다. 미혼자未婚者는 결혼이 불리하니 늦추는 것이 좋다.

[음력 이달의 운수]

1월

사람을 조심하여야 하는 달입니다. 봄빛이 도래하지 아니하니 초목이 나지 않는 운수의 달입니다. 출행하지 말아야 합니다. 동쪽이 이롭지 못한 운수의 달입니다. 사람 말을 믿지 말아야 합니다. 말은 달콤하지만 일은 위배됨이 있는 운수의 달입니다.

2월

욕심을 버리고 구하면 얻는 달입니다. 교묘한 욕심을 부리다가 쓸모없는 것이 되는 격이니 하는 일이 여의치 않은 운수의 달입니다. 비록 어려운 일이 있을 수 있으나 하는 일에 성취를 하는 운수의 달입니다. 성심으로 구하면 이루어지지 않음이 없는 달입니다.

3월

이사 수가 있는 달입니다. 터주 신이 발동하니 이사하면 길한 운수의 달입니다. 동쪽 사람은 해롭고 서쪽 사람은 이로운 달입니다. 목성(木姓)을 가까이 말아야 합니다. 그 피해를 보는 운수의 달입니다.

4월

인내가 필요한 달입니다. 비록 실수로 어지러운 형국이 있을 수 있으나 꼬이지 않는 운수의 달입니다. 천 번이든 만 번이든 참는 것이 덕이 되는 달입니다. 만사 중에서 참는 것이 상책인 운수의 달입니다.

5월

헛된 욕심을 버려야 하는 달입니다. 사람을 해치고 이익을 취한다면 도리어 그에 대한 해를 받는 운수의 달입니다. 때가 오히려 아직 이르니 허욕을 부리지 말아야 하는 운수의 달입니다. 달이 구름 사이에 가리니 그 색을 보지 못할 가능성이 있는 운수의 달입니다.

사람을 조심하여야 하는 달입니다. 목성(木姓)이 불리하니 가까이하면 그 피해가 있을 수도 있는 운수의 달입니다. 수성(水姓)은 길하고 토성(土姓)은 불리한 달입니다. 심신이 불쾌하니 거주하는 것이 항상 불안한 형국의 달입니다.

7월

역시 사람을 조심하여야 하는 달입니다. 재운이 공망을 만났으니 이익을 취하는 것은 불리한 형국의 달입니다. 길성이 명궁에 드니 근심이 흩어지고 기쁨이 생겨나는 운수의 달입니다. 시운이 불리하니 좋지 않은 영향을 끼칠 사람이 생길 수 있는 운수의 달입니다.

8월

고진감래 하는 달입니다. 범의 굴에 들지 않으면 어찌 범의 새끼를 얻을 수 있겠습니까. 횡재가 아니면 새 혼인을 하는 운수의 달입니다. 금이 풀무 속에 드는 격이니 결국 큰 그릇을 만드는 형국의 운수입니다.

9월

분주하기만 한 달입니다. 집안사람이 불화하니 심신이 평안하지 못한 운수의 달입니다. 감언이설을 듣지 말아야 합니다. 피해만 있고 이익은 없는 운수의 달입니다. 동서로 분주한 격이니 노력만 있고 공은 없을 수 있는 운수의 달입니다.

10월

귀인이 돕는 달입니다. 신명이 돕는 바, 백사가 여의한 운수의 달입니다. 달 밝은 사창에 한가롭게 지내며 즐기는 운수의 달입니다. 남으로 인하여 성공하는 격이니 명리가 따르는 운수의 달입니다.

11월

마음이 산란한 달입니다. 모든 일에 도모하는 바가 없으니 뜻을 이루지 못할 가능성이 있는 운수의 달입니다. 관성이 길함을 띠니 영화가 중중한 운수의 달입니다. 진퇴를 알지 못하니 심란하고 일이 어긋남이 많은 달입니다.

12월

시비를 삼가야 하는 달입니다. 앉아서 담소하는 중에는 뽕나무와 거북이를 삼가야 하는 달입니다. 시비를 가까이 말아야 합니다. 구설과 소송으로 다투는 일이 있을 운수입니다. 이후에는 남는 경사가 있는 운수의 달입니다.

60. 풍風 묘墓

하는 일마다 장애가 많고 생각과 달리 매사每事가 여의如意롭지 못하고 실패와 좌절의 연속을 겪을 수 있다. 그로 인해 몸과 마음에 병마病魔가 찾아올까 두렵다. 부부는 이별離別 수가 있으며, 가정사家庭事에 신경이 많이 쓰이는 해年이다.

[음력 이달의 운수]

1월

좋은 일과 나쁜 일이 함께하는 달입니다. 어둠을 등지고 밝음으로 향하니 움직임에 있어서 빛을 발하는 형국입니다. 길함과 흉함이 서로 반반이니 한 번은 기쁘고 한 번은 흉한 운수입니다. 봄 복숭아요, 가을 국화라. 근심과 기쁨이 서로 공존하는 운수의 달입니다.

2월

이달은 불조심을 하여야 하는 달입니다. 밝은 달이 구름 밖으로 나오니 천지가 환한 형국입니다. 하는 일마다 순조롭고 원하는 바를 성취할 수 있을 수 있으나 호사다마입니다. 특히 화재를 조심하여야 합니다. 명산을 찾아 기도하면 흉한 것이 도리어 길한 것으로 바뀌는 운수입니다.

3월

변화가 있는 형국으로 금전이 따르는 달입니다. 용을 타고 하늘로 오르고, 범을 타고 산천을 뛰어넘으니 변화가 많은 운수입니다. 해가 되는 방향은 동쪽과 남쪽 두 곳입니다. 재물과 복록이 흥왕한 운수이니 식구가 늘고 재산이 늘어나는 형국의 달입니다.

4월

구설과 가정에 불화가 있을 수 있는 달입니다. 남과 모사를 꾸미고 꾀하면 구설이 따를 운수이니 남의 말을 믿지 말아야 합니다. 금슬에 금이 가니 부부 간에 정이 떨어지는 형국입니다. 다시 화합하는 계기를 만들어야 합니다. 구설이 분분하니 입단속을 철저히 하여야 합니다.

5월

재물이 들어왔다가 다시 나가는 달입니다. 따스한 바람이 불어오니 얼음이 녹고 물이 흘러 물고기가 물 위로 뛰는 형국입니다. 비록 재물 운은 있을 수 있으나 들어오면 나가는 운수의 달입니다. 화성(火姓)은 불리하니 가까이하면 손해를 보기도 하는 운수입니다.

출행하면 손재수가 있을 수도 있는 달입니다. 근신을 하여야 하는 달입니다. 출행하는 것은 불리하니 두문불출하여야 하는 운수입니다. 서쪽은 불리하여 그 쪽으로 가면 손해를 볼 수 있는 운수입니다. 만일 그렇지 않으면 가정에 우환이 있으니 조심하여야 합니다.

7월

기쁜 가운데 관재구설이 있을 수 있는 달입니다. 타향에서 고향을 바라보니 구름 덮힌 산이 만 리에 있는 형국입니다. 가정에 경사가 있을 수이니 귀한 자식을 얻는 운수입니다. 만일 질병이 아니면 관재수와 구설수가 따를 수 있는 달이니 주의하여야 합니다.

8월

집에 있어도, 나가 있어도 마음이 답답한 달입니다. 만일 시험에 합격하지 않으면 경사로운 일을 보는 운수입니다. 들어오면 마음이 슬프고, 나가면 몸이 수고로운 형국입니다. 나가되 행할 수 없고, 물러가되 머무를 수 없는 진퇴양난의 운수입니다.

9월

어려운 가운데 희망이 보이기 시작하는 달입니다. 기다리던 비가 때 맞춰 내리니 가히 풍년을 점쳐 볼 만한 운수입니다. 만일 그렇지 않으면 집에 질병이 발생할 수 있는 운수입니다. 가운이 왕성한 운수이니 구름에 가려진 달이 다시 구름 밖으로 나오는 형국의 달입니다.

10월

남을 도와주고 험담하지 않으면 경사가 있는 달입니다. 공로는 남보다 내가 더 쌓으나 수고롭기만 하고 막힘이 많을 수 있는 달입니다. 다른 사람을 탓하지 말아야 합니다. 집안에 그 원인이 존재할 것입니다. 귀인이 많이 도움을 주니 재물을 얻는 운수입니다.

11월

뿌린 대로 거두는 달입니다. 봄에 밭을 갈고 가을에 거두어들임은 본래 세상의 바른 이치입니다. 만일 관록을 입지 않으면 뜻밖에 횡재를 하는 운수입니다. 이익이 동쪽에 있는데 꾀하는 일을 성취하는 운수의 달입니다.

12월

하는 일은 순조로우나 자손에 근심이 있을 수 있는 달입니다. 구름에 가려졌던 달이 나오니 세상이 밝은 형상입니다. 아무도 없는 마을에 홀로 외로이 사람을 기다리니 공연히 마음이 슬픈 형국입니다. 자손에 근심이 생길 운수이니 미리미리 명산에 기도하여 액운을 막아야 하는 달입니다.

61. 수水 절絕

운기運氣가 쇠조衰調하여 금전金錢 면에서 어려움이 있다. 또한 가는 곳마다 어려움에 봉착하니 도와주는 사람 없어 중도에 좌절할 운이다. 여자의 경우 부부 운과 가정사에 심로心勞가 많으며, 자신의 건강에 주의注意를 요要한다.

[음력 이달의 운수]

1월

아직 잔설이 남아 있으니 약초를 구하기 어려운 형국의 달입니다. 경영하는 일이 더딘 달입니다. 몸은 산골 깊은 곳에 있을 수 있으나 마음은 번화한 세상에 있으니 욕망은 들끓어도 욕망을 달성하기 어려운 형국입니다. 운수가 나를 돕지 못하니 분수를 지켜 행동하여야 낭패가 없을 수입니다.

2월

역마가 몸에 드니 한 번은 멀리 출행하여 보는 달입니다. 그렇다고 하여 경영하는 일이 잘 풀리지는 않는 달입니다. 새로운 일을 계획하여 시작하는 것도 좋지 않은 결과를 가져올 수 있습니다. 또한 가까운 친지가 나를 비방하는 형국이니 절대로 나의 속마음을 털어 놓지 말아야 훗날 후회가 없습니다.

3월

의외로 복록이 따르니 뜻밖에 성공을 거두는 달입니다. 귀인이 스스로 찾아와 나를 도우니 성공하는 달입니다. 호사다마라 하였으니 잘되어 가는 일에는 마가 끼는 법, 항상 가까운 곳부터 잘 살펴야 훗날 낭패를 보지 않습니다. 동쪽과 남쪽이 좋은 방향입니다. 뜻밖의 성공은 주위 사람들을 놀라게 할 것입니다.

4월

이른 봄풀 어린 새싹이 된서리를 만난 형국의 달입니다. 신수가 불리하여 손재수가 따릅니다. 어린 소녀가 길을 잃은 형국이니 갈피를 못 잡고 갈팡질팡하는 달이기도 합니다. 만일 손재수가 아니면 관재수가 따를 수 있는 형국이니 남의 말을 삼가야 하며 시비에 끼어들지 말아야 어려움을 면할 수 있습니다.

5월

근신하는 것이 구설을 막을 수 있는 달입니다. 집 안에 있는 것이 밖에 나가는 것보다 유익하니 원행을 삼가야 합니다. 만일 그렇지 않으면 손재가 따르니 재물을 지키기 어렵습니다. 또한 입을 병과 같이 오므려 구설수를 막아야 합니다. 남에게 도움이 되는 말조차 삼가면 구설을 면할 수 있습니다.

이름만 있지 실속이 없는 달입니다. 주변에서 나를 돕는 사람은 많으나 허울만 좋을 뿐 아무 도움도 되지 못할 가능성이 있는 달입니다. 형이야 아우야 하는 사람들도 그 속마음은 나에게 무엇인가 빼앗아 가려는 마음뿐이고 말로만 돕는다고 하고 있으니 참으로 어려운 형국입니다. 늙은 장수가 이름을 내세운다 하여도 이빨 빠진 호랑이 취급을 당할 수 있는 운수입니다.

7월

뜻밖의 문서를 얻으니 손에 천금을 희롱하여 볼 수 있는 달입니다. 모든 일에 있어서 관록이 임하고 재수가 발동하니 사소한 것부터 이익을 볼 수 있는 달이기도 합니다. 다만 동토가 두려우니 집을 수리한다거나 나무를 자른다거나 흙을 다루는 일들을 좋은 날을 가려서 하여야 합니다.

8월

움직이지 않으면 길하고 움직이면 흉한 달입니다. 분수를 지키고 경거망동 하지 말아야 합니다. 집도 없고 갈 곳도 없으니 내 짝을 찾을 여건이 안 되는 형국입니다. 자신의 본분을 충실히 지키고 업무에 충실한다면 적게나마 우연히 재물을 얻을 수 있는 운수입니다. 가만히 있어도 바람이 몰쳐 흔들리는 형국이니 주의하시기 바랍니다.

9월

티끌 모아 태산을 이루나 재물이 안에서 새니 밑 빠진 독에 물 붓는 달입니다. 수많은 실개천의 물들이 합쳐져 바다를 이루는 형국이나 정작 실개천은 메말라야 합니다. 버리니 바다를 이루어 낸 보람이 없는 형국입니다. 겉보기는 남들이 모두 부러워하나 속빈 강정처럼 실속을 차리지 못할 가능성이 있는 운수입니다.

10월

삿갓을 쓰고 달을 보는 형국의 달입니다. 삿갓을 쓰고 하늘의 달을 쳐다본들 달이 보일 리 없습니다. 나 자신이 품고 있는 지나친 욕심으로 인하여 올바른 판단을 하지 못하고 먼 미래를 볼 수 없는 형국입니다. 화성(火姓)을 주의하여야 낭패가 없습니다. 그리고 동쪽에 이익이 있습니다.

11월

이달의 운수는 수고로우나 공이 없을 수 있는 달입니다. 그러나 올바른 마음을 가지고 사람을 대하면 허물이 없을 뿐더러 적은 이익도 생기는 달입니다. 동짓달 운수는 물 조심과 불 조심을 하여야 합니다. 구설이 따르기는 하나 시간이 흐르면 자연적으로 해소되니 심각하게 생각하지 않아도 됩니다.

12월

귀인이 옆에서 도우니 금전과 관록이 중중한 달입니다. 가을 추수에 쥐가 곡식 창고에 들어 있는 형국이니 식록이 진진한 달입니다. 이번 달에는 흉함이 사라지고 길함이 많은 운수입니다. 한 해의 고단함은 가정의 화목이 해소를 하여 주니 가화만사성을 이룬다면 만사형통할 것입니다.

62. 수水 태胎

자영업, 사업을 하는 사람은 모든 면에서 무리하지 말고, 업종과 관련된 사람에 욕심을 내지 말아야 합니다. 직장인은 회사의 상사와 동료들 간에 충돌을 피하고 화합과 친화에 힘쓸 것이며, 인내忍耐와 자중自重을 요하는 해年이다. 여자는 잉태孕胎할 운이 찾아온다.

[음력 이달의 운수]

1월
재복이 흥하는 달입니다. 머리에 계화를 꽂으니 뜻을 얻어 양양한 형국의 운수입니다. 복록이 함께 흥하고 자손이 영귀한 운수의 달입니다. 재앙이 소멸하고 복이 흥하니 하는 일마다 여의한 운수의 달입니다.

2월
소원을 성취하는 달입니다. 용이 밝은 구슬을 얻으니 조화를 예측하기 어려운 운수의 달입니다. 길성이 비치니 이롭지 않은 곳이 없는 운수의 달입니다. 시운이 흥왕하니 성공하는 운수의 달입니다.

3월
관록을 얻는 달입니다. 관성이 길함을 띠니 영화가 중중한 운수의 달입니다. 의외로 공명을 하니 영화로운 운수의 달입니다. 동쪽과 남쪽에 길함이 있으니 기쁜 일이 중중한 운수의 달입니다.

4월
부귀하는 달입니다. 하는 일마다 여의하니 넓게 논밭을 장만하는 형국의 달입니다. 만일 관록이 아니면 자손에 경사가 있는 운수의 달입니다. 작은 것을 구하다 큰 것을 얻는 격이니 부귀하는 운수의 달입니다.

5월
근신하여야 하는 달입니다. 만일 삼가지 않으면 구설이 있을 수 있는 운수의 달입니다. 가산이 흥왕하니 심신이 안락한 운수의 달입니다. 목성(木姓)을 조심해야 합니다. 피해가 적지 않은 운수의 달입니다.

손재수를 조심하여야 하는 달입니다. 신수는 왕성하나 신상에 재앙이 없는 운수의 달입니다. 만일 그렇지 아니하면 손재를 하는 운수의 달입니다. 모든 일을 가히 이루니 이익이 농사에 있는 형국의 달입니다.

7월

고진감래 하는 달입니다. 근심을 동풍에 깨끗하게 날려 버리니 복숭아와 자두나무가 봄을 다투는 형국의 달입니다. 만일 이와 같지 아니하면 허송세월일 수 있는 운수의 달입니다. 서쪽의 사람을 가까이하면 손재를 하는 운수의 달입니다.

8월

귀인이 돕는 달입니다. 만일 생남하지 않으면 횡재하는 운수의 달입니다. 길한 사람은 하늘이 도와 마침내 형통하는 운수의 달입니다. 재물이 북쪽에 있으니 마땅히 북쪽으로 가야 하는 운수의 달입니다.

9월

고진감래 하는 달입니다. 이달의 운수는 바깥의 재물을 가히 얻는 운수의 달입니다. 초목이 비를 만난 격이니 근심이 흩어지고 기쁨이 생겨나는 운수의 달입니다. 하는 일마다 여의하니 재물이 스스로 찾아오는 운수의 달입니다.

10월

초상집을 가지 말아야 하는 달입니다. 동풍 가랑비에 온 산의 꽃이 만발하는 형국의 운수입니다. 가문 싹이 비를 만나고 소가 풍요로운 풀 속에서 졸고 있는 형국의 달입니다. 초상집을 가까이 말아야 합니다. 소복을 입을까 두려운 운수의 달입니다.

11월

구설수를 조심하여야 하는 달입니다. 목마른 사람이 물을 얻은 격이요, 굶주린 사람이 풍년을 만난 형국의 달입니다. 길신이 나를 도우니 만사가 길한 운수의 달입니다. 토성(土姓)과 친하게 지내지 말아야 합니다. 구설을 면하기 어려운 운수의 달입니다.

12월

원행을 삼가야 하는 달입니다. 길성이 항상 비추니 길한 경사가 있는 형국의 달입니다. 우연히 귀인을 만나니 소망이 여의한 운수의 달입니다. 먼 곳에 가지 말아야 합니다. 질병이 가히 두려운 운수의 달입니다.

63. 수水 양養

가정이 화합和合하고 무사 평안하며, 재운財運이 풍요로울 운이다. 그러나 현상 유지는 길흉하나, 신규 확장은 불가不可하다. 모든 일에 보수적으로 진행할 것이다. 자녀에게 경사가 있을 수數이며, 이사는 길흉하나, 여행은 불길不吉하다.

[음력 이달의 운수]

1월

재물과 관록이 따르는 달입니다. 비로소 대운을 만나니 하는 일마다 소원 성취하는 운수의 달입니다. 재물이 먼 곳에 있으니 출행하면 가히 얻는 달입니다. 만일 관록을 얻지 않으면 자손을 얻을 운수의 달입니다.

2월

원하는 바를 이루고 이성이 나를 따르는 달입니다. 이달의 운수는 기쁜 일이 많은 달입니다. 동쪽과 남쪽에 재물이 흥왕하니 갈 방향을 잘 잡아 소득을 얻는 달입니다. 깊은 골에 봄이 찾아오니 이루지 못할 일이 어디 있겠습니까.

3월

노력하는 만큼 얻지 못할 가능성이 있는 운수의 달입니다. 화기애애함이 문에 이르는 격이니 만물이 화생하는 형국의 달입니다. 경영하는 일은 많을 것이나 이루어지는 것은 별로 없는 운수의 달입니다. 봄바람이 살랑 부는 삼월에 만물이 기지개를 켜는 형국의 달입니다.

4월

경거망동 하여 출행하면 손해를 보기도 하는 달입니다. 남쪽의 논밭두렁과 북쪽의 논밭두렁에 벼와 기장이 흩어져 있는 형국이니 마음이 산란한 운수입니다. 밖에 나감은 불리하고 집에 있음이 길한 운수입니다. 용이 하늘 문에 닿는 격이니 영귀하게 성공을 거두는 운수의 달입니다.

5월

운수가 대통하는 달입니다. 운수가 대통하니 한 집안에 평화가 찾아오는 형국의 달입니다. 만일 관록을 얻지 아니하면 자손에 경사가 있는 운수의 달입니다. 용이 하늘 문을 얻은 격이니 영귀함이 있는 달입니다.

6월

술과 색을 주의하여야 하는 달입니다. 꾀를 쓰면 오히려 피해를 보는 형국이니 꾀를 쓸 경우 결과를 염려하여야 하는 운수의 달입니다. 뜻밖에 영귀함이 있으니 귀인의 도움을 받아 보는 달입니다. 만일 주색을 가까이하면 질병이 몸에 침노하는 운수의 달입니다.

7월

고진감래의 달입니다. 만일 부모에게 근심이 없으면 자손에게 놀랄 일이 있을 수 있는 달입니다. 가물은 날에 단비를 만난 싹의 형국이니 먼저는 힘들고 나중은 편안한 운수의 달입니다. 재물 운이 왕성한 달이니 재물을 얻는 운수의 달입니다.

8월

가정에 안정과 평화가 있는 달입니다. 대명천지가 도래하니 온 세상이 밝은 형국의 달입니다. 한 집안이 화평한 격이니 어찌 모든 일이 아름다운 모습으로 보이지 않겠습니까. 서쪽과 북쪽으로 출행하면 정 가(鄭家)와 김 가(金家)가 가장 좋은 성씨의 운수입니다.

9월

나가고 들어감이 많고 재물이 따르는 달입니다. 달 밝은 밤 높은 누각에서 음주가무로 즐거운 형국의 운수입니다. 형이냐 아우냐 하는 사이에 재물을 잃기도 하는 형국이니 정신 차려야 하는 운수의 달입니다. 재물이 서쪽과 남쪽에서 오니 가히 천금을 얻는 운수의 달입니다.

10월

도둑을 조심하여야 하는 달입니다. 꽃이 봄 산에 피니 벌과 나비가 스스로 찾아드는 형국의 달입니다. 재물도 잃고 얻은 것도 잃기도 하는 격이니 도적을 조심하여야 하는 달입니다. 마른 나무에 봄이 오는 격이니 그 좋은 형상이 다시 찾아오는 새로운 운수입니다.

11월

귀인이 나를 돕는 형국의 달입니다. 운수가 형통하니 의기양양한 달입니다. 쥐가 큰 창고에 들어 있는 격이니 의식이 풍족한 달입니다. 뜻밖의 귀인이 나타나 나를 돕는 형국의 달입니다.

12월

밖에 있던 재물이 문 안으로 들어오는 형국의 달입니다. 이달의 운수는 밖에 있던 재물이 들어오는 운수의 달입니다. 이익은 어떤 성씨인고 하니 정 씨(鄭氏)인 달입니다. 만일 그러한 귀인을 만나면 큰 재물을 손에 쥐어 보는 운수의 달입니다.

64. 수水 생生

형제자매兄弟姉妹 지간이나 부부夫婦 간에도 원만하고, 타인과도 화합할 운이며 금전金錢 면에서도 길할 운이다. 직장인은 진급進級의 운도 있고, 사업, 자영업을 하는 사람은 번창繁昌할 운이다. 청춘 남녀는 결혼結婚 운도 생긴다.

[음력 이달의 운수]

1월

이성이 생기는 달입니다. 산 그림자가 강에 비치니 물고기가 산에서 노니는 풍경입니다. 만일 관록이 아니면 장가 들 운수의 달입니다. 도모하는 일이 순조롭게 이루어지니 의기가 양양한 운수의 달입니다.

2월

고진감래 하는 달입니다. 벼슬로 인하여 재물을 얻으니 한 집안이 화기애애한 운수의 달입니다. 귀인이 와서 도우니 하루아침에 크게 통하는 운수의 달입니다. 고진감래 하니 갈수록 아름다운 풍경의 운수입니다.

3월

낭패를 볼 수도 있는 달입니다. 남과 더불어 동업을 하니 도리어 허황한 달입니다. 소망하는 일은 낭패를 볼 수도 있는 운수의 달입니다. 힘을 써도 공이 없으니 한탄하여도 어찌할 수 없는 운수의 달입니다.

4월

재물이 들어오는 달입니다. 길성이 문에 비치니 성공하는 운수의 달입니다. 작은 것을 쌓아 큰 것을 이루니 도주도 부럽지 않은 운수의 달입니다. 티끌 모아 태산을 이루니 재물이 풍족한 운수의 달입니다.

5월

뜻밖의 일을 만나는 달입니다. 가문 싹이 비를 만나고 소가 푸른 풀에서 잠자는 형국의 운수입니다. 범사를 급히 도모하지 않으면 지체되어 불리한 형국의 달입니다. 꾀꼬리가 버들가지에서 우니 여름 구름에 겨울눈이 내리는 형국의 달입니다.

6월

재물이 들어오는 달입니다. 길에 나가지 말아야 합니다. 질병이 가히 두려운 운수의 달입니다. 한편으로는 한 해가 풍요롭고 무르익으니 만민이 배를 두드리고 태평한 형국의 운수입니다. 재물이 몸에 따르니 사람이 더 늘어나는 형국의 달입니다.

7월

고진감래 하는 운수의 달입니다. 인내하고 때를 기다리면 자연히 형통하는 운수의 달입니다. 가정이 안락하니 만사가 태평한 운수의 달입니다. 근심도 없고 염려함도 없으니 땅 위의 신선입니다.

8월

가정이 화합하는 달입니다. 재물 운이 왕성하니 우연히 재물을 얻는 운수의 달입니다. 다만 서쪽에서 오는 나그네가 내 재물을 손해 보게 하기도 하는 운수의 달입니다. 음양이 화합하니 만사가 여의한 운수의 달입니다.

9월

사람을 조심하여야 하는 달입니다. 한 가지 매화가 홀로 봄빛을 내는 형국의 달입니다. 만일 목성(木姓)을 만나면 그 생색냄이 다섯 배나 되는 달입니다. 동쪽에 가지 말아야 합니다. 곤욕 치를 수도 있는 운수의 달입니다.

10월

하는 일이 순조로우나 뜻밖에 가정에 근심이 있을 수 있는 달입니다. 높은 산 송백의 색깔이 청청한 형국의 달입니다. 가정이 태평하고 만사가 여의한 형국의 달입니다. 처자에게 근심이 있으니 마음을 상하지 말아야 합니다.

11월

실물수를 조심하여야 하는 달입니다. 꽃피고 열매 맺으니 길한 일이 중중한 운수의 달입니다. 식구를 더하고 토지를 더하니 가도가 중흥하는 운수의 달입니다. 실물수가 있으니 도적을 조심하여야 하는 운수의 달입니다.

12월

이름을 세상에 알리는 달입니다. 신상에 근심이 없으니 가히 신선이라 합니다. 수복이 겸전하니 이름이 원근이 들리는 운수의 달입니다. 매사에 도모함이 있으니 하는 일마다 여의한 운수의 달입니다.

65. 수水 욕浴

남녀 간에 금전적 지출이 많아 돈 문제로 고민할 일이 많다. 직장인은 상사와 충돌로 사표를 낼 상황에 봉착될 수 있으니 자중해야 합니다. 여자는 남자 문제로 시끄러울 수 있으며, 난산難産이나 유산流産의 위험이 있으니 주의를 요한다.

[음력 이달의 운수]

1월

하는 일에 비하여 수고로움만 있는 달입니다. 소리는 있을 수 있으나 형상이 없으니 호소할 곳이 없는 형국의 운수입니다. 봄이 지난 뒤에 꽃을 찾으니 수고로움만 있고 공은 없을 수 있는 운수의 달입니다. 목마를 때 우물을 파는 격이니 힘만 들고 소득은 없는 형국의 달입니다.

2월

비밀리에 한 일을 이루기 어려운 형국이니 남에게 베풀지 말아야 하는 운수입니다. 실물수가 있으니 물건을 잘 간수하여야 하는 달입니다. 신운이 불리하니 범사를 가히 조심하여야 하는 달입니다.

3월

구설과 관재를 조심하여야 하는 달입니다. 비록 변화가 있을 수 있으나 이름만 있지 실속이 없는 운수의 달입니다. 만일 구설수가 아니면 관재수가 두려운 운수의 달입니다. 두 마리 호랑이가 싸우는 형국이니 이기고 지는 것을 알지 못할 가능성이 있는 운수의 달입니다.

4월

재물이 들어오는 달입니다. 남쪽이 길하니 출행하면 이익을 얻는 방향의 달입니다. 일도 있고 꾀도 있으니 벼슬을 하여보는 형국의 달입니다. 재성이 문에 드니 가히 재물을 얻어 보는 운수입니다.

5월

소원을 이루기 어려운 달입니다. 문서가 칠살을 띠었으니 까마귀가 백로로 변하는 형국의 달입니다. 백사에 이익이 없으니 구하고자 하여도 얻지 못할 가능성이 있는 운수의 달입니다. 본래 재산이 없으니 구하고자 하나 소원을 이루기 어려운 운수의 달입니다.

질병과 구설이 따를 수 있는 달입니다. 바람과 비가 불순하니 초목이 오래 버티지 못하는 형국의 달입니다. 범이 북해를 건너는 격이니 풍운이 분주한 형국의 달입니다. 만일 질병이 아니면 구설수를 면하기 어려운 형국의 달입니다.

매매 운이 좋지 못한 달입니다. 시운이 불행하니 매사를 이루지 못할 가능성이 있는 운수의 달입니다. 문서가 불리하니 매매를 하지 말아야 유리한 달입니다. 비록 노력은 있을 수 있으나 수고만 있고 공은 없을 수 있는 운수의 달입니다.

송사가 있을 수 있는 달입니다. 집안에 불평함이 있으니 위험한 액운이 따를 수 있는 달입니다. 만일 구설이 아니면 질병이 떠나지 않는 형국의 운수입니다. 먼저 송사를 하지 말아야 합니다. 그렇게 하면 먼저는 흉하나 나중은 길한 운수가 되는 달입니다.

횡재수가 있을 수 있는 달입니다. 때가 돌아오고 운이 따르니 자연히 성공을 하게 되는 운수의 달입니다. 소망이 여의하니 심신이 화평한 운수의 달입니다. 재운이 왕성하니 횡재하는 운수의 달입니다.

구설수가 있을 수 있는 달입니다. 십 년을 쌓은 공이 하루아침에 허사가 되는 형국의 운수입니다. 다른 사람과 동업을 하는 것은 실패가 있는 운수의 달입니다. 만일 이와 같지 않으면 끊이지 않는 구설이 있을 수 있는 운수의 달입니다.

재물을 잃을 수 있는 달입니다. 여관의 차가운 등불에 객의 마음이 처량한 형국의 달입니다. 밖에 나가지 말아야 해를 당하지 않는 운수의 달입니다. 재물과 관련해서 운이 좋지 않으니 도둑을 조심하여야 합니다.

사람으로 인하여 피해를 보는 운수의 달입니다. 재물의 기운이 양양하니 화기가 만당한 운수의 달입니다. 북쪽에서 오는 손님은 종국에는 해를 끼칠 수도 있는 사람이니 주의하여야 하는 달입니다. 수성(水姓)이 해로우니 올해에는 가까이하지 말아야 하는 운수의 달입니다.

66. 수水 대帶

부인의 내조內助의 공功으로 인하여 발전 성공發展成功 하든지, 부모형제의 원조援助로 하고자 하는 일에 발전할 운이다. 여러 방면에서 내조內助의 힘으로 경제적인 면에서도 여유가 생긴다. 청춘靑春 남녀男女는 결혼結婚 운運이 찾아온다.

[음력 이달의 운수]

1월

귀인이 돕는 달입니다. 우물을 파서 물이 생겨나고 흙을 쌓아 산을 이루는 형국의 운수입니다. 귀인이 와서 도우니 발신할 때가 있는 운수의 달입니다. 창 앞에 매화가 때를 만나 개화하는 운수의 달입니다.

2월

주색을 조심하여야 하는 달입니다. 동원의 복숭아와 자두나무를 옮겨 심으니 숲을 이루는 형국의 운수입니다. 만일 재물을 얻지 못하면 혼인을 하는 운수의 달입니다. 화류 촌에 가지 말아야 합니다. 재물의 손해를 보고 이름이 땅에 떨어질 수 있습니다.

3월

횡재수가 있을 수 있는 달입니다. 만일 공명이 아니면 가히 큰 재물을 얻는 운수의 달입니다. 재물이 스스로 하늘에서 오는 격이니 횡재를 가히 기약하는 운수의 달입니다. 운명에 권위가 있으니 도처에 춘풍인 형국의 달입니다.

4월

가정이 화평한 달입니다. 영지와 난초가 무성하게 자라는 격이니 자손이 진진한 운수의 달입니다. 가운이 왕성하니 액운이 스스로 물러나는 형국의 달입니다. 자손과 부모에 길한 경사가 있는 운수의 달입니다.

5월

의외의 성공을 하는 달입니다. 음력 오월과 유월에는 백사가 여의한 운수의 달입니다. 재물도 있고 경사도 있으니 사람들이 치하하는 운수의 달입니다. 의외로 성공을 하니 공명을 가히 얻는 운수의 달입니다.

6월

이사 수가 있는 달입니다. 가정이 화평하니 복록이 스스로 오는 형국의 달입니다. 만일 자식을 얻지 않으면 재물을 얻는 운수의 달입니다. 땅을 택하여 옮겨 사니 복록이 무궁한 운수의 달입니다.

7월

부모에 근심이 있을 수 있는 달입니다. 먼저는 어렵고 나중에는 부유한 격이요, 먼저는 천하고 나중에는 귀한 형국의 운수입니다. 금성(金姓)을 가까이하지 말아야 합니다. 손재수를 면하기 어려운 운수의 달입니다. 눈 속에서 죽순을 구하니 하늘이 낸 효자의 명이로다.

8월

고진감래 하는 달입니다. 범의 꼬리를 밟은 것과 같으니 편한 중에 위태함을 막아야 하는 운수의 달입니다. 봉황이 상서로움을 주니 늦은 때에 광명이 깃드는 형국의 운수입니다. 만일 관록이 아니면 자손에 영화가 있는 운수의 달입니다.

9월

귀인이 서로 돕는 격이니 복록이 가볍지 않은 운수의 달입니다. 사방 중에서 남쪽이 길한 방향의 달입니다. 먼저 큰 재물을 얻으나 손재수가 서로 반반인 운수의 달입니다.

10월

원행하는 달입니다. 양지를 향한 꽃나무는 봄을 맞이하기가 쉬운 형국의 달입니다. 원행하여 길함이 있으니 사방에 해가 없는 운수의 달입니다. 구름 밖 만 리로 순풍에 돛을 단 형국의 운수입니다.

11월

고진감래 하는 달입니다. 동짓달과 섣달에는 경사가 있는 운수의 달입니다. 금을 쌓고 옥을 쌓으니 금곡을 부러워하지 않는 운수의 달입니다. 지성껏 노력하면 결국에는 길함이 있는 달입니다.

12월

자손에 경사가 있는 달입니다. 농업을 근본으로 다스리면 의식이 스스로 족한 형국의 달입니다. 춘풍삼월에 방초가 가히 아름다운 형국의 달입니다. 제일가는 금방은 자손의 남은 경사인 달입니다.

67. 수水 건建

자영업, 사업을 하는 사람은 금융金融 관계關係가 원만하여 순조롭게 발전, 사업이 번창할 운이다. 그리고 부모의 혜택으로 행운과 행복이 찾아오고, 직장인은 상사의 도움으로 출세할 운이다. 미혼 남자는 양처良妻를 맞이할 것이요, 미혼 여성은 양가良家에 출가할 운이다.

[음력 이달의 운수]

1월

남의 일을 하다가 손해를 보기도 하는 달입니다. 이달의 운수는 재물을 구하면 가히 얻을 수 있는 운수의 달입니다. 다른 사람과 함께 일을 도모하면 손해를 보기도 하는 운수의 달입니다. 만일 재물 운을 묻는다면 북쪽이 가장 길한 방향의 달입니다.

2월

한 번은 귀인이 도와주는 달입니다. 집에 있으면 길하고 움직이면 후회할 일이 생기는 형국의 달입니다. 동남쪽에 이르니 귀인이 길을 인도하는 형국의 달입니다. 만일 이사하지 않으면 자손에게서 놀랄 일이 생길 수 있는 달입니다.

3월

재물은 들어오나 구설이 따를 수 있는 달입니다. 금성(金姓)은 이롭지 못한 사람이니 서로 만남을 삼가야 하는 운수의 달입니다. 앞길이 열렸으니 재물에 이익을 보는 달입니다. 운수가 사납고 구설이 따를 수 있는 달이니 주의하여야 합니다.

4월

구설수가 따를 수 있는 달입니다. 음력 사월과 오월에 액운이 찾아오니 마땅히 모든 행동을 삼가야 합니다. 나를 해칠 사람이 있는데 북쪽에 있는 사람입니다. 다른 지방으로 여행을 하면 구설이 따를 수 있는 운수의 달입니다.

5월

상복 입을 수도 있는 달입니다. 복숭아꽃이 흐드러지게 피었는데 돌연 칼바람이 이는 형국이니 뜻하지 않는 액운이 찾아오는 운수의 달입니다. 운수가 불길하니 혹여 소복을 입어 볼까 두려운 달입니다. 물고기와 용이 물을 잃기도 하는 격이니 처음과 끝이 불리한 형국의 달입니다.

길함과 흉함이 반반인 달입니다. 명산에 기도하면 근심이 흩어지고 기쁨이 생겨나는 형국의 달입니다. 재앙이 변하여 복으로 되는 형국이니 길흉이 서로 반반인 달입니다. 이달은 가히 재물의 근원을 얻는 형국이고 능히 귀신을 물리치는 운수의 달입니다.

7월

분수를 지켜야 길한 달입니다. 재물 운은 나쁘지 않으나 몸에 병이 찾아올까 염려되는 달입니다. 음력 7월, 8월, 9월은 가히 분수를 지켜야 마땅한 운수의 달입니다. 허망한 일을 손대면 손해를 보기도 하는 운수의 달입니다.

8월

재물 운이 그다지 좋지 않으나 숨통은 트이는 형국의 달입니다. 헛된 욕심으로 재물을 탐하면 종래에는 이롭지 못한 운수의 달입니다. 마음을 바로 잡고 몸을 닦으면 백 가지 재앙이 물러나는 형국의 달입니다. 재수가 조금 통하니 이로움이 농업에 있는 운수의 달입니다.

9월

이별 수와 이사 수가 따르는 달입니다. 바람이 물 위에 이니 원앙이 흩어지는 형국의 운수입니다. 음력 9월의 운수는 질병을 조심하여야 하는 달입니다. 만일 무사히 이러한 운수를 지나게 된다면 이로움이 사방에서 찾아오는 형국의 달입니다.

10월

귀인이 나를 돕는 형국의 달입니다. 깊은 산에 작은 토끼가 호랑이 떼를 막아 내고 있는 형국의 달입니다. 우연히 귀인을 만나니 나를 돕고 부추기는 형국의 운수입니다. 남쪽은 마땅치 않고 북쪽으로 가는 것이 마땅한 달입니다.

11월

과거는 흘러갔고 새날이 오는 형국이니 소원을 이루어 보는 달입니다. 분수를 지키고 편히 있으면 재앙을 면하는 운수의 달입니다. 옛것이 지나고 새로운 것이 찾아오니 몸과 마음이 평안한 형국의 달입니다. 작은 것을 큰 것으로 바꾸니 그 이익이 아주 큰 운수의 달입니다.

12월

일가친척을 조심하여야 하는 달입니다. 재물이 사방에 있는 형국이니 큰 재물이 들어오는 운수의 달입니다. 육친에 덕이 없으니 오히려 은혜를 준 사람이 원수가 되는 운수입니다. 동쪽과 서쪽 양방향에서는 일을 도모함이 불리한 달입니다.

68. 수水 왕旺

사업 또는 직장에서 하고자 하는 일마다 성공의 운이 있어 물질적으로, 금전적으로 기쁜 일이 찾아온다. 그러나 성공의 운 뒤에는 몰락沒落의 운도 함께 있으니 너무 자만하지 말고 자중自重 할 것이다. 불임 부부는 아들을 얻을 것이다.

[음력 이달의 운수]

1월

음력 정월과 이월에는 이익을 보기 힘든 달입니다. 재물은 들어오지만 나갈 곳이 이미 정하여져 있어 들어와도 손에 쥘 것이 없는 형국입니다. 밥은 한 그릇 분인데 숟가락은 열입니다. 비록 일을 계획한다 하여도 이루어지는 것이 별로 없는 달입니다. 하나를 얻고 하나를 잃기도 하는 형국입니다.

2월

출행을 하여 남쪽으로 가면 처음은 힘이 드나 나중에 태평할 운수입니다. 순풍에 돛을 달고 먼 길을 출행하니 마음이 가볍습니다. 동쪽과 서쪽에 볼 것도 많고 들을 것도 많은 형국입니다. 한마디로 견문을 넓히는 달입니다. 맑은 강에서 고기를 잡는 격이니 재물이 날로 풍족해지는 운수입니다.

3월

이사를 하면 좋은 달입니다. 다만 이사를 함에 있어서 지체하면 좋지 않습니다. 이사 방향은 어디인고 하니 남쪽 방향이 좋습니다. 음력 삼월과 사월에는 재물을 얻으려 하지 말고 자중하는 운수입니다. 이로운 방향으로 자리를 옮기는 것에 만족하면 큰 탈은 없는 달입니다.

4월

경영하는 일을 여러 곳에서 구하나 그다지 이익을 보지 못할 가능성이 있는 달입니다. 만일 이사를 가지 않으면 문서로 인하여 다툼이 생기는 운수입니다. 남과 시비를 다투면 그 피해가 큽니다. 물이 금으로 된 연못으로 들어가니 동으로 만든 동산에 녹이 스는 격입니다. 즉 큰 것을 구하려다가 심신만 상하는 형국입니다.

5월

이달의 운수는 흉함이 많고 길함이 적은 달입니다. 금성(金姓)을 가까이하면 낭패를 보게 되니 주의하여야 합니다. 특히 송사를 하게 되면 크게 패하니 절대로 재판을 하여서는 안 됩니다. 가장 좋은 해결책은 서로 화합하여 타협하는 것이니 인내하여 자존심을 내세우지 말아야 길합니다.

6월

드디어 소망을 이루니 만사가 여유로운 달입니다. 출행하여 멀리 여행을 가면 이익이 있습니다. 이익은 어느 곳에 있는고 하니 물가에 있습니다. 장사하는 데에도 때가 있으니 좋은 때를 놓치면 안 됩니다. 소망을 이루어 마음이 안정되니 집안에 웃음꽃이 만발한 형국입니다.

7월

이달에 가장 주의하여야 할 것은 멀리 출행하는 것입니다. 음력 칠월과 팔월은 질병을 조심하여야 하는 달입니다. 만일 동업을 하게 된다면, 송 씨(宋氏)와 하면 이익이 큽니다. 원행을 하면 낭패를 볼 수 있는 달이니 집 안에서 근신 자중하고 있다면 낭패 볼 일이 없는 운수입니다.

8월

내가 스스로 구하지 않아도 큰 재물을 얻을 수 있는 달입니다. 달 밝은 창가에 귀인이 찾아와 나를 부르는 형국입니다. 나를 도와줄 성은 누구인고 하니, 바로 토성(土姓)입니다. 다만 지나가는 나그네가 말없이 찾아와 나의 재물을 얻어 가는 형국이니, 인정에 사로잡혀 어려움을 겪을 수 있는 운수이기도 합니다.

9월

음력 구월은 분수를 지켜야 하는 달입니다. 분수를 지킨다면 관록과 재물이 따르는 달입니다. 내가 스스로 구하지 않아도 재물이 손에 들어오는 형국입니다. 마음을 비우니 샘물은 달고 흙은 비옥하여 사시사철 꽃이 피고 풀들이 번성하는 형국입니다. 분수만 지키면 길한 운수입니다.

10월

하는 일에 요란함이 많으니 구설을 조심하여야 하는 달입니다. 신수가 불리하니 경거망동을 하지 말아야 합니다. 일이 꼬이고 복잡하여지니 구설이 많은 형국입니다. 비바람을 맞으며 사방팔방 뛰어다니니 갈 곳을 찾지 못하는 형국입니다. 특히 주색을 가까이하면 낭패를 보게 됩니다.

11월

좋은 일도 반이요, 나쁜 일도 반인 달입니다. 매사에 거슬리는 일이 많고 시비가 많으니 차라리 집 안에 있는 것이 좋습니다. 서쪽 방위에 이익이 있는 달입니다. 재물을 서쪽에서 취하니 그 이익이 대단히 많은 운수입니다. 적은 것을 쌓아 태산을 이루니 남들이 모두 부러워하는 형국입니다.

12월

일신이 편안하여지고 모든 일이 순조로운 달입니다. 재수가 대길하니 손으로 천금을 희롱하는 운수입니다. 자손을 원하는 집에서는 득자할 운수입니다. 다만 신변에 병마가 침범하니 질병을 주의하여야 합니다. 동쪽은 이롭고 서쪽은 불리하니 차라리 출행을 하지 않는 것이 좋습니다.

69. 수水 쇠衰

신규 사업은 흉凶하니, 타인으로 인해 손재수損財數가 있다, 조심해야 한다. 계획하고, 진행하는 모든 일에 대책을 강구하여야 할 것이, 최상의 길이다. 또한 부모에게 우환 憂患이, 부부夫婦 간에 불화로 문제가 야기될 수 있으니 주의해야 한다.

[음력 이달의 운수]

1월

손재수가 있을 수도 있는 달입니다. 행하려 하나 이루지 못하고 노력은 하나 공이 없을 수 있는 형국의 운수입니다. 뜻은 있을 수 있으나 이루지 못하니 한갓 심신만 상하는 운수의 달입니다. 친구를 믿지 말아야 합니다. 손재수가 있을 수도 있는 운수의 달입니다.

2월

좋은 기회를 얻기 어려운 운수의 달입니다. 지성으로 상제님께 기도드리니 성공하는 운수의 달입니다. 무엇보다 남과 다투지 말아야 합니다. 공연히 구설수에 오를 수 있는 운수의 달입니다.

3월

사슴을 피하려다가 범을 만나는 격이니 도리어 흉화를 당할 수 있는 운수의 달입니다. 집안에 상서롭지 못한 일이 있으니 미리 기도하여야 하는 달입니다. 만일 수성(水姓)을 만나면 피해가 없는 운수의 달입니다.

4월

질병을 조심하여야 하는 달입니다. 목마른 사람이 마실 것을 얻고 굶주린 사람이 밥을 얻는 운수의 달입니다. 작은 것을 구하다가 큰 것을 잃고 하늘을 보고 크게 웃는 달입니다. 상가 근처를 가지 말아야 합니다. 질병을 얻을까 가히 두려운 달입니다.

5월

고진감래 하는 달입니다. 각각의 마음이니 하는 일에 서로 마음이 다른 형국의 운수입니다. 북쪽에 해가 있으니 출입을 하지 말아야 하는 달입니다. 처음의 곤고함을 한탄하지 말아야 합니다. 늦은 때에 빛을 발하는 운수의 달입니다.

구설과 손재수가 있을 수도 있는 달입니다. 범이 무너진 산에 드니 여우와 삵이 침범하여 오는 형국의 달입니다. 만일 횡재함이 없으면 생남하는 운수의 달입니다. 목성(木姓) 근처에 가지 말아야 합니다. 손재수와 구설수가 있을 수 있는 운수의 달입니다.

7월

사람을 믿지 말아야 하는 달입니다. 술집에 가지 말아야 합니다. 손재할 운수입니다. 매사하는 일에 실패와 손해가 있을 수도 있는 형국의 운수입니다. 서쪽 사람을 가까이 말아야 합니다. 말은 달콤하나 배에 칼을 숨기고 있는 형국입니다.

8월

시비 구설수가 있을 수 있는 달입니다. 만족함을 알면 욕됨이 없는 것이니 편안하면 마음이 한가한 운수의 달입니다. 동분서주 하는 운수이니 분주한 일이 있는 달입니다. 시비를 가까이하지 말아야 합니다. 구설수를 면하기 어려운 운수의 달입니다.

9월

작은 풀은 봄을 만난 격이요, 연꽃은 가을을 만난 격인 달입니다. 만일 길한 경사가 아니면 손에 천금을 희롱하는 운수의 달입니다. 임하는 일을 해결하지 못하면 스스로 그 피해를 취하여 곤고한 운수입니다.

10월

손재수와 구설수를 주의하여야 하는 달입니다. 마신이 희롱하니 하는 일에 공이 없을 수 있는 운수입니다. 가정이 불안하니 다시 풍파가 있는 운수의 달입니다. 목성(木姓)을 가까이 말아야 합니다. 손재수와 구설수가 따를 수 있는 운수의 달입니다.

11월

질병을 조심하여야 하는 달입니다. 문을 나가면 불리하니 집에 있는 것만 못한 운수의 달입니다. 남과 더불어 다투지 말아야 합니다. 손실을 보는 운수의 달입니다. 만일 질병이 아니면 실물수가 가히 두려운 운수의 달입니다.

12월

마음을 크게 가져야 하는 달입니다. 옛것을 버리고 새것을 쫓으니 길한 일이 있는 달입니다. 여우처럼 의심하고 미리 예측함은 오히려 일을 그르치는 근본인 달입니다. 큰 재물을 바라기 어려우나 작은 재물은 가히 얻는 운수의 달입니다.

70. 수水 병病

부하 직원이나, 부리는 사람이 내 마음과 같지 않아 고충이 따르며, 진행하는 일에 돌발 상황이 발생하여 금전적 손실損失로 마음고생이 많다. 또한 부모나 처妻의 건강 문제로 마음의 고충이 발생할까 두렵다.

[음력 이달의 운수]

1월

소원을 이루기 어려운 달입니다. 고목은 봄이 없으니 꽃이 피는 것을 바라기 어려운 형국의 달입니다. 만일 그렇지 아니하면 집안이 불안한 형국의 운수입니다. 만일 금성(金姓)을 가까이하면 손재수를 면하기 어려운 운수의 달입니다.

2월

먼저는 길하고 나중은 흉한 달입니다. 집을 떠나 어디로 가는고 하니 몸이 도시에서 노는 형국의 달입니다. 신수가 비색하여 그 허물을 벗고자 하여도 벗지 못하고 얻지 못하는 형국의 운수입니다. 남의 말을 믿으면 먼저는 길하고 나중은 흉한 운수의 달입니다.

3월

귀인을 만나는 달입니다. 만일 원행하지 않으면 이사를 하는 운수의 달입니다. 벼슬을 하여도 쉽게 물러날 운수요, 농사를 하여도 이익이 없는 운수의 달입니다. 다행히 귀인을 만나게 되면 횡액을 면하여 보는 달입니다.

4월

차분히 때를 기다려야 하는 달입니다. 집에 있으면 수심이 차고 나가면 마음이 편안한 운수의 달입니다. 마음을 바르게 하고 몸을 닦아 천명을 기다려야 하는 달입니다. 불전에 기도하면 흉이 변하여 길함이 되는 운수의 달입니다.

5월

인내하면 복이 되는 달입니다. 이익이 문서에 있는데 그것은 농업에 관한 일입니다. 가신이 나를 도우니 흉한 것이 가고 복이 오는 운수의 달입니다. 재운이 왕성하니 재물과 비단이 차고도 넘치는 형국의 운수입니다.

6월

경거망동 하지 말아야 길한 달입니다. 만일 질병이 없으면 가히 구설이 침노하는 운수의 달입니다. 먼저 집터에 제사를 지내면 혹여 그 흉액을 면하게 되는 달입니다. 망령되이 행동하지 말고 평안함을 지켜 때를 기다려야 하는 운수의 달입니다.

7월

마음을 수양하여야 하는 달입니다. 길하고 좋은 날을 가려 제당에 기도하며 때를 기다려야 하는 운수의 달입니다. 송사 수가 있으니 남과 다투지 말아야 하는 운수의 달입니다. 하는 일에 무너짐이 많을 수 있는 운수의 달입니다.

8월

일에 대한 결과를 얻기 어려운 달입니다. 하는 일에 해결됨이 없으니 머리는 있고 꼬리는 없는 형국의 달입니다. 남과 더불어 동업을 한다면 목성(木姓)과 함께함이 유리한 달입니다. 신상에 액운이 따르니 가신에게 기도하여야 무탈한 운수입니다.

9월

아직 때를 기다려야 하는 달입니다. 백 가지 일을 성취하는 형국이니 집안에 기쁨이 가득한 운수의 달입니다. 이름이 나고 정신이 왕성하니 한가로운 곳에서 재물을 구하는 형국의 달입니다. 운수가 좋지 않으니 억지로 구하려 하지 말고 때를 기다려야 하는 달입니다.

10월

수신제가 하고 있어야 하는 달입니다. 만일 부모에 근심이 없으면 자손에 놀랄 일이 있을 수 있는 운수의 달입니다. 목성(木姓)이 이롭지 못하니 거래를 하지 말아야 하는 운수입니다. 때를 기다려 안정을 취하면 괴로운 뒤에 기쁨이 오는 운수의 달입니다.

11월

세상일이 허망하다는 것을 느껴 보는 달입니다. 세상사가 모두 황망하고 일장춘몽과 같은데 과거를 후회하지 말고 정도를 걸어야 하는 달입니다. 만일 액운을 막지 못하면 길함이 흉하게 되는 운수의 달입니다.

12월

질병을 조심하여야 하는 달입니다. 동쪽에 있는 나무가 때때로 바람에 슬피 우는 형국의 달입니다. 신수가 약간 비색하니 질병을 얻어 신음하여 보는 운수의 달입니다. 목성(목성)을 가까이하면 재앙을 받아 보는 달입니다.

71. 수水 사死

경제적으로 힘들고, 건강 문제로 심신心身이 괴롭다. 모든 일이 불안하여 마음을 잡지 못하고 극단적極端的으로 흐르기 쉽다. 그리고 부부 간에는 이별離別 수數와 자녀 문제로 심화心火가 많다. 결혼을 앞둔 청춘 남녀는 파혼破婚 수數가 있으니 주의를 요한다.

[음력 이달의 운수]

1월

기도하여 액운을 막아야 하는 달입니다. 비록 재물은 생기나 얻은 것의 반은 나가는 형국의 달입니다. 집안에 상서롭지 못한 기운이 있으니 미리 기도하여 예방하여야 하는 달입니다. 원행을 하지 말아야 합니다. 움직이면 피해가 있을 수도 있는 운수의 달입니다.

2월

흉해가 많은 달입니다. 누각에 올라 별을 따는 격이요 물속에 비친 달을 움켜쥐려는 형국의 운수입니다. 요괴가 흉해를 만드는 격이니 도모하는 일이 이루어지지 않는 운수의 달입니다. 마신이 흉해를 만드는 격이니 하는 일에 공이 없을 수 있는 운수의 달입니다.

3월

시비 수와 구설수가 따를 수 있는 달입니다. 날이 얼마 밝지 못하고 구름이 그 빛을 가리는 형국의 운수입니다. 마음속의 일을 다른 사람에게 털어놓지 말아야 흉함을 면하는 운수의 달입니다. 시비를 가까이하면 구설수를 면하기 어려운 운수의 달입니다.

4월

고진감래 하는 달입니다. 이 무슨 재앙과 액운이 층층이 첩첩이 생겨나는 형국의 운수입니다. 이로써 볼진대 배은망덕 하는 운수의 달입니다. 사방이 길한 방향이라 어느 쪽으로 가든 길한 운수의 달입니다.

5월

기쁨 가운데 근심이 있을 수 있는 달입니다. 식구가 늘고 토지가 늘어나는 운수이니 기쁨이 가정에 가득한 형국의 달입니다. 이달의 운수는 모래를 일어 금을 얻는 형국의 달입니다. 남의 말을 듣지 말아야 합니다. 하는 일에 허황함이 있을 수 있는 운수의 달입니다.

뜻밖의 액운을 당할 수 있는 달입니다. 이달의 운수는 횡액이 가히 두려운 운수의 달입니다. 행인이 길을 잃은 격이요 전투하는 병사가 칼을 잃은 형국의 운수입니다. 문을 나서서 걷고자 하나 횡액이 따를 수 있는 운수의 달입니다.

7월

구설수를 조심하여야 하는 달입니다. 돌을 쪼아 옥을 보니 절대적으로 공들인 결과의 형국입니다. 바람이 뜬구름을 물리치니 달빛이 점점 밝아지는 형국의 달입니다. 문서로 인하여 결국에는 구설을 듣는 운수의 달입니다.

8월

남과 다투면 낭패를 볼 수도 있는 달입니다. 이달의 운수는 근심 중에 기쁨을 바라보는 형국의 운수입니다. 날이 청산에 저무는데 길손이 길을 잃은 형국의 달입니다. 남과 다투지 말아야 합니다. 낭패를 볼 수도 있는 운수의 달입니다.

9월

귀인이 나를 돕는 달입니다. 음력 구월과 시월에는 기도하면 길한 달입니다. 재성이 공망을 만났으니 실물수를 조심하여야 하는 달입니다. 동쪽으로 원행하면 금성(金姓)이 나를 돕는 형국의 달입니다.

10월

때를 기다려 일을 처리하여야 하는 달입니다. 남의 말을 믿으면 음해가 따르는 운수의 달입니다. 머리가 없고 꼬리도 없는 격이니 일을 이루기 어려운 형국의 달입니다. 하는 일이 두서가 없는 격이니 때를 기다려 일을 하여야 길한 달입니다.

11월

원행을 삼가야 하는 달입니다. 자월과 축월에는 출행하면 피해가 있을 수도 있는 달입니다. 실물수가 있는 운수이니 도적을 조심하여야 하는 달입니다. 분수를 지켜 집에 머무르지 않으면 길에서 원수를 만나기도 하는 형국의 달입니다.

12월

구설수를 조심하여야 하는 달입니다. 이달의 운수는 길흉이 각각 반반인 달입니다. 재물을 구하나 얻지 못하고 오히려 구설이 침노하는 운수의 달입니다. 남쪽이 길하니 남쪽으로 감이 마땅한 운수의 달입니다.

72. 수水 묘墓

하는 일마다 장애가 많고 생각과 같이 매사每事가 여의如意롭지 못하고 실패와 좌절의 연속이다. 그로 인해 몸과 마음에 병마病魔가 찾아올까 두렵다. 부부는 이별離別 수가 있으며, 가정사家庭事에 신경이 많이 쓰이는 해年이다.

[음력 이달의 운수]

1월

이직과 이사 수가 있는 달입니다. 정월과 이월에는 업을 바꿀 운수의 달입니다. 역마가 문에 이르니 분주한 운수의 달입니다. 옛것을 놓고 새것을 쫓으니 이익이 타향에 있는 형국의 운수입니다.

2월

구설수와 손재수를 주의하여야 하는 달입니다. 조업은 인연이 없으니 자수성가하여 보는 운수의 달입니다. 물가에서 만난 성씨는 피해를 주는 사람입니다. 만일 주색을 가까이하면 손재수와 구설수가 따를 수 있는 운수의 달입니다.

3월

친한 벗을 주의하여야 하는 달입니다. 범사가 불리하니 모든 일을 주의하여야 하는 운수의 달입니다. 월로의 인연으로 우연히 좋아하는 사람을 얻는 운수의 달입니다. 친한 벗을 삼가지 않으면 의가 상할 수 있는 운수의 달입니다.

4월

고진감래 하는 달입니다. 한마음으로 게을리하지 않으면 성공이 눈앞에 있는 형국의 운수입니다. 집에 있으면 심란하고 원행하면 길한 운수의 달입니다. 티끌 모아 태산을 이루는 격이니 절대적인 노력이 성공을 이루는 운수의 달입니다.

5월

욕심을 버려야 평안한 달입니다. 꾀꼬리가 버들가지에 깃드는 격이니 일신이 스스로 편안한 형국의 달입니다. 쑥대가 삼밭에 나는 격이니 남으로 인하여 일이 이루어지는 형국의 달입니다. 남의 재물을 탐하게 되면 적게 얻고 크게 잃기도 하는 운수의 달입니다.

6월

고진감래 하여 보는 달입니다. 구설수가 있을 수 있는 운수이니 관재수도 가히 두려운 달입니다. 앞길에 험난함이 있는 격이니 수신제가하여 극복하여야 하는 달입니다. 재수가 서쪽에 왕성하니 천금을 희롱하는 운수의 달입니다.

7월

근신하여야 하는 달입니다. 가을을 당한 초목 격이니 한 번은 슬프고 한 번은 근심이 있을 수 있는 운수의 달입니다. 물건의 주인이 서로 다른 격이니 이치에 어긋나는 일을 조심하여야 하는 운수의 달입니다. 재물이 몸에 따르지 않으니 구하여도 얻지 못할 가능성이 있는 운수의 달입니다.

8월

귀인이 돕는 달입니다. 물과 뭍에서 경영을 하는 격이니 손에 천금을 희롱하는 운수의 달입니다. 몸이 왕성하고 재물이 왕성하니 가히 천금을 얻는 운수의 달입니다. 목성(木姓)은 가히 친하고 금성(金姓)은 가히 멀리하여야 하는 운수입니다.

9월

분수를 지켜야 하는 달입니다. 가을 산에 오르니 송죽이 청청한 형국의 운수입니다. 시운이 불리하니 옛것을 지키고 분수를 지켜야 하는 운수의 달입니다. 수성(水姓)이 불리하니 항상 멀리하여야 하는 운수의 달입니다.

10월

주색을 멀리하여야 하는 달입니다. 남주에 유락하니 돌아갈 기약이 묘연한 형국의 달입니다. 주색을 가까이하면 손재수가 따르는 운수의 달입니다. 몸가짐을 옥같이 하여야 합니다. 편한 중에 위험이 있을 수 있습니다.

11월

남으로부터 해가 있거나 구설수가 있을 수 있는 운수의 달입니다. 비리를 탐하지 말아야 합니다. 여러모로 허황한 꼴이 될 수 있는 운수의 달입니다. 한편으로는 조심하면 별 피해가 없는 운수의 달이기도 합니다.

12월

평안함을 찾는 달입니다. 착한 일을 쌓은 집에는 남아도는 경사가 있는 운수의 달입니다. 심산유곡에 잠자기 위한 새가 수풀에 깃들이는 형국의 운수입니다. 그 집안을 잘 다스리면 뜻밖에 성공을 하는 운수의 달입니다.

73. 산山 절絕

동업자同業者와 함께 사업을 한다면 절교絕交를 할 것이요, 직장을 다닌다면 윗사람과 충돌로 자리 보전이 힘드니 자중自重, 인내忍耐하여 슬기롭게 처신하여야 한다. 남자는 자식 때문에 고심이 많고, 여자는 남편과 이별 수가 있으니 자중해야 한다.

[음력 이달의 운수]

1월

불이 있어도 따뜻하지 않고 강이 있어도 깊지가 않은 것처럼, 인간관계로 도움을 청하려 하나 가까운 지인이 있어도 나에게 전혀 도움이 되지 못할 가능성이 있는 달입니다. 집 안에 있으면 길하나 출행하면 흉합니다. 흉한 방위는 남쪽이니 참고하시기 바랍니다. 아무튼 나의 일을 경영하는 데 있어서 억지로 사람을 구하지 말아야 이롭습니다.

2월

이달은 귀인이 스스로 찾아와 나를 돕는 달입니다. 목성(木姓)과 금성(金姓)이 나를 돕는 사람입니다. 쓰디 쓴 고생은 가고 달콤한 편안함이 찾아오는 달입니다. 마침내 쇠붙이 가 용광로에 들어갔다 나오니 훌륭한 기물을 만들 수 있는 여건이 마련되는 형국입니다.

3월

천 리 타향에 혈혈단신인 것처럼 누구 하나 손 벌릴 곳 없는 달입니다. 원진살(서로 다투거나 흉보고 헐뜯어 서로를 등지게 하는 흉살)이 발동하니 일마다 다툼과 막힘이 많습니다. 운수가 막히고 명이 불리하니 마침내 구설이 따르고 재물이 흩어지는 달입니다. 일가친척을 둘러봐도, 친구를 둘러봐도 도움을 청할 길이 없는 형국입니다.

4월

병마와 관재구설이 따를 수 있는 달입니다. 경거망동 하거나 분수를 지키지 않으면 심신이 피로하여 병마가 침범하고 신경이 날카로워 시비거리가 자연 발생하며, 그로 인하여 관재 구설이 야기되는 달입니다. 잘못하면 남과 다투다가 크게 다치는 경우가 생기게 되는 형국이니 각별히 주의하여야 하는 운수입니다.

5월

만사형통하는 달입니다. 귀인이 스스로 찾아와 나를 도우니 풀리지 않던 일들이 하나둘 해결되는 달입니다. 금전 운이 좋아지니 재물도 서서히 쌓여 가는 형국입니다. 길성이 집안에 비추니 가정에 평화가 찾아오고 웃음소리가 담장 밖으로 흘러넘치니 심신이 평안을 찾는 달입니다.

집안에 활기가 넘치는 달입니다. 집안이 화목하니 과년한 자식이 있는 집에서는 혼사가 오 갈 수 있는 달이기도 합니다. 마음속이 공허하여 멍하니 하늘을 바라보는 모습으로 인생무 상을 느껴 보는 달이기도 합니다. 마음이 공허하니 경영하는 일이 부질없어 보이기도 합니 다. 명산을 찾아 기도한다면 공허한 마음을 잡을 수 있습니다.

7월

금전 운이 좋지 않아 재물이 주머니에서 새어 나가는 달입니다. 집에 있으면 이익이 없고 밖에 나 가거나 원행하면 이익이 있는 달입니다. 마음을 바로 하면 구설이 사라지고 복록이 들어옵니다. 가을달빛 높은 누각에서 몸이 꽃 사이에서 노닐고 있으니 차라리 세상일 잊은 신선이 될까나.

8월

여색을 가까이하여 손해를 볼 수 있는 달입니다. 여색을 멀리하여야 경영하는 일에 마가 끼 지 않는 법입니다. 일에 시작은 있고 끝은 없으니 하는 일이 허황한 형국입니다. 그리고 남 의 초상집을 가지 말아야 합니다. 상문 살이 들어 있는 달이니 혹여 초상집을 갔다가 흉살 을 집으로 달고 들어올까 두려운 달입니다.

9월

음력 구월과 시월에는 한 번 웃고 한 번 우는 달입니다. 즉 좋은 일도 있고 나쁜 일도 있는 달입니다. 이달의 운수가 길흉이 상반이니 자신의 본분을 잘 지켜서 나쁜 일이 발생하지 않 도록 하여야 합니다. 병마가 찾아올 수도 있는데, 만약 병마가 찾아오면 남쪽에 있는 병의 원을 찾는 것이 유익합니다.

10월

배를 만들어 큰 바다에 띄우나 바람이 불어 주질 않아 배가 앞으로 나가지 못하는 형국의 달입니다. 경영하는 일이 계획만 거창하고 실천하기 어려우니 빛 좋은 개살구 꼴이 됩니다. 혹여 친구가 경영하는 일에 개입하거든 믿어서는 안 됩니다. 친구를 믿으면 후회할 일이 발 생합니다. 적막한 봄 볕 나루터에 꾀꼬리 홀로 우는 형국입니다.

11월

일이 손에 들어오니 무언가를 성취할 달입니다. 작은 것을 성심껏 구하다가 큰 것을 얻는 형 국입니다. 심신이 편안해지고 재수가 좋으니 횡재수도 보입니다. 마음이 한가로우니 가정이 평안해 지고 경영하는 일이 순조롭게 풀려나가 결국 원하는 재물을 얻게 되는 달입니다.

12월

귀인을 만나나 실속이 없는 달입니다. 우연한 기회에 나를 도와주는 귀인을 만나나 말만 풍 성했지 정작 실질적인 도움이 되지 않는 달입니다. 경거망동 하게 되면 일을 그르치게 되고 재물이 빠져나갈 수도 있는 형국입니다. 매사를 신중에 신중을 기한다면 마침내는 소원 성 취를 하게 될 것입니다.

74. 산山 태胎

번성할 운은 아니나 발전 성공發展成功할 운은 있다. 모든 일을 독립적으로 진행함으로 지혜롭고, 행복을 얻어 가정이 화목하고, 근면 노력으로 출세出世 성공할 한 해이다. 결론이 늦은 청춘靑春 남녀男女는 좋은 인연因緣이 찾아온다.

[음력 이달의 운수]

1월

소원을 이루어 보는 달입니다. 금을 쌓고 옥을 쌓으니 당시의 석숭인 형국인 운수입니다. 하는 일마다 형통하니 의기가 양양한 운수의 달입니다. 마음을 정직하게 하면 하는 일마다 여의한 운수의 달입니다.

2월

귀인이 돕는 형국의 달입니다. 동쪽이나 남쪽에서 귀인이 나를 돕는 형국의 운수입니다. 하늘이 스스로 도우니 길하여 불리함이 없는 형국의 운수입니다. 재물의 이익을 이루니 성공하는 운수의 달입니다.

3월

고진감래의 달입니다. 벼슬이 높고 재물이 많으니 이름이 사해에 떨치는 운수의 달입니다. 구름이 흩어지고 달이 나오니 경색이 가히 아름다운 형국의 달입니다. 좋은 운이 돌아오니 만사가 여의한 운수의 달입니다.

4월

집안에 경사가 있는 달입니다. 집에 경사가 있으니 재물의 이익이 가히 얻어지는 운수의 달입니다. 벼슬이냐 재물이냐 귀인이 곁에 있어 돕는 형국의 달입니다. 이달의 운수는 처궁에 기쁨이 있는 운수의 달입니다.

5월

다른 사람을 믿으면 손해 보는 달입니다. 경영하여도 재물을 얻기 어려운 운수의 달입니다. 서쪽에서 오는 사람이 재물에 손해를 끼칠 수도 있는 형국의 운수입니다. 미리 기도하고 방지하면 이 액운을 면하는 운수의 달입니다.

6월

소원을 이루어 보는 달입니다. 뜻밖에 공명을 하니 이름이 사방에 떨쳐지는 운수의 달입니다. 우뢰와 비가 한 번 지나가니 만물이 생겨나는 형국의 달입니다. 만일 벼슬을 하지 않으면 생남할 운수의 달입니다.

7월

명예를 얻어 보는 달입니다. 봄풀이 비를 만나니 그 빛의 푸름이 갑절이나 되는 형국의 달입니다. 공명이나 재물이 소망하는 뜻대로 이루어지는 운수의 달입니다. 손재수가 있으니 토성(土姓)을 멀리하여야 하는 운수의 달입니다.

8월

전화위복의 달입니다. 화성(火姓)이 와서 도우니 전화위복하는 운수의 달입니다. 재앙이 가고 복록이 오니 천신이 나를 돕는 형국의 운수입니다. 길성이 몸에 따르니 만사가 대길한 운수의 달입니다.

9월

재물을 얻는 달입니다. 밝은 달 아래 높은 누각에 기쁜 노래 가락이 높이 들리는 형국의 운수입니다. 재물이 어느 곳에 있는고 하니 북서쪽과 북북 서쪽에 있는 달입니다. 경영하는 일이 성공하는 달입니다.

10월

구설수가 따를 수 있는 달입니다. 노인은 배를 두드리고 동자는 희희낙락하는 형국의 운수입니다. 천지가 서로 응하는 격이니 소원이 여의한 운수의 달입니다. 재수는 흠이 없으나 약간의 구설수는 따를 수 있는 달입니다.

11월

분수를 지키면 재물이 흩어지지 않는 달입니다. 봄이 돌아와 날이 따뜻하니 초목이 무성한 형국의 운수입니다. 길성이 몸에 따르니 기쁜 일이 중중한 운수의 달입니다. 비록 재물은 왕성하나 도모하는 일이 이루어지지 않는 운수의 달입니다.

12월

향응이 많은 달입니다. 쥐가 쌀 곳간에 들어간 격이니 식록이 풍부한 운수의 달입니다. 동쪽으로 가고 서쪽으로 가도 재물과 복록이 차고 넘치는 형국의 달입니다. 수성(水姓)이 불리하니 주고받는 일을 하지 말아야 하는 달입니다.

75. 산山 양養

공직公職에 있는 자는 지위가 높아지고, 근면 노력하는 자는 영전榮轉 승급昇級할 것이다. 노력으로 윗사람의 총애寵愛를 얻어 영달榮達을 누리며, 무자無子는 양자養子를 얻거나 잉태孕胎할 운이다. 신혼부부는 생남生男을 득得할 운이다.

[음력 이달의 운수]

1월

재물이 들어오는 달입니다. 쌓은 탑을 놓고 잔치를 하는 형국의 운수입니다. 재물과 비단이 차고 넘치니 도주를 부러워하지 않는 형국의 운수입니다. 이름이 사방에 높으니 만인이 우러르는 형국의 운수입니다.

2월

귀한 자손을 얻는 달입니다. 바람이 뜬구름을 거두어 가니 달빛이 소요하게 비추는 형국의 달입니다. 만일 결혼이 아니면 귀한 자손을 얻는 운수의 달입니다. 만일 관록이 아니면 귀한 자손을 얻는 운수의 달입니다.

3월

횡재수가 있고 사람을 조심하여야 하는 달입니다. 재물이 타향에 있는 격이니 출행하면 재물을 얻는 운수의 달입니다. 의외로 공명하는 격이니 이 역시 횡재수가 있을 수 있는 형국의 달입니다. 박 가(朴家)를 가까이하면 손해가 따르는 운수의 달입니다.

4월

귀인이 돕는 달입니다. 까치가 정원 나무에서 우니 귀인이 와서 돕는 징조의 달입니다. 음력 사월의 운수는 겉은 가난하고 속은 부자인 형국의 운수입니다. 만일 액운을 막지 아니하면 후회할 일이 생기는 달입니다.

5월

재물을 얻는 달입니다. 재성이 문에 드는 격이니 손으로 천금을 희롱하는 운수의 달입니다. 재성이 왕성한 기운을 발하니 손에서 천금을 희롱하는 운수의 달입니다. 만일 횡재수가 아니면 관록이 몸에 따르는 형국의 달입니다.

귀인을 만나고 재물 운이 좋은 달입니다. 만일 귀인을 만난다면 천금을 얻는 운수의 달입니다. 가도가 흥왕하고 자손에 경사가 있는 운수의 달입니다. 남과 더불어 꾀하면 하는 일이 하는 일이 모두 길한 운수의 달입니다.

7월

공명을 얻어 보는 달입니다. 음력 칠월에는 벼슬을 하여 보는 운수의 달입니다. 의외의 공명을 얻어 영귀함을 자랑하는 운수의 달입니다. 비록 작은 근심은 있을 수 있으나 결국 잘 해결되어 형통함이 있는 운수의 달입니다.

8월

재물 운이 좋은 달입니다. 권세가 사방에 있으니 도처에 재물이 있는 형국의 달입니다. 낚시를 푸른 파도에 던지니 마침내 큰 고기를 낚는 운수의 달입니다. 재물이 언덕과 산을 이루니 이 밖에 무엇을 바라는 것이 있겠습니까.

9월

소원 성취 하여보는 달입니다. 푸른 하늘에 밝은 달이 있으니 경치가 아름다운 형국의 달입니다. 동쪽과 북쪽의 두 방향에서 재신이 나를 돕는 형국의 운수입니다. 소원을 성취하고 재물을 구하매 여유로운 운수의 달입니다.

10월

남으로 인하여 재물이 들어오고 남으로 인하여 재물이 나가는 달입니다. 꽃을 옮기고 나무에 접목을 하는 격이니 다른 사람으로 인하여 성공하는 달입니다. 길한 별이 문에 드니 경사가 있는 운수의 달입니다. 다만 신상에도 피해가 있을 수 있는 달입니다.

11월

모든 것이 풍부한 달입니다. 용이 밝은 구슬을 얻느니 조화가 무궁한 형국의 운수입니다. 작은 것을 쌓아 큰 것을 이루는 격이니 천금을 가히 이루어 보는 운수의 달입니다. 재물과 곡식이 풍부한 운수이니 이밖에 무엇을 구하려 하겠습니까.

12월

구설을 조심하여야 하는 달입니다. 금계가 새벽을 알리니 추운 골짜기에 봄이 오는 형국의 달입니다. 남과 더불어 일을 도모하면 필시 허황한 일을 당할 수 있는 운수의 달입니다. 남과 다투게 되면 시비와 구설이 따를 수 있는 운수의 달입니다.

76. 산山 생生

고난과 지장支障이 별로 없고 모든 면에서 순조롭게 출발할 것이며, 윗사람의 언덕으로 성공할 운이며, 재산을 모아 풍족할 것이다. 부모로부터 상속相續 운도 있으며, 자녀로 인하여 경사가 있을 시기다. 아내는 남편을 도와 성공함으로 존경尊敬받을 것이다.

[음력 이달의 운수]

1월

즐거움이 있는 달입니다. 달이 오동나무를 밝게 비추니 봉황이 새끼를 낳는 형국의 운수입니다. 꽃 수풀이 깊은 곳에서 음주하고 스스로 즐기는 운수의 달입니다. 금 술잔에 맛 좋은 술이요, 옥 소반에 좋은 안주 격의 운수입니다.

2월

여유로운 운수의 달입니다. 봄 깊은 산창에 사람들과 더불어 즐거이 담소하는 격의 운수입니다. 순풍에 돛을 단 격이니 전도양양한 운수의 달입니다. 몸이 타향에서 노는 격이니 사람마다 나를 공경하는 운수의 달입니다.

3월

소원을 이루어 보는 달입니다. 복숭아가 때를 만나 먹음직한 격이요, 그 꽃이 화사한 형국의 운수입니다. 물고기와 용이 물을 얻는 격이니 그 활기가 도도한 형국의 달입니다. 만일 관록이 아니면 생남할 운수의 달입니다.

4월

근심이 생길 수 있는 운수의 달입니다. 비록 재물은 있을 수 있으나 혹여 작은 작은 근심이 있을 수 있는 운수의 달입니다. 때가 오고 운이 오는 격이니 자연히 성공하는 운수의 달입니다. 성심으로 일을 구하면 성공하는 운수의 달입니다.

5월

이별 수를 조심하여야 하는 달입니다. 이달의 운수는 실물수가 있는 달입니다. 만일 이와 같지 않으면 손재수를 면하기 어려운 운수의 달입니다. 집안이 불길하니 집안사람과 이별 수가 있는 운수의 달입니다.

6월

소원을 성취하여 보는 달입니다. 경치를 찾아 산에 오르니 꽃이 웃고 나비가 춤추는 형국의 달입니다. 옥수와 지란에 봄빛에 항상 머무는 형국의 달입니다. 재물 복이 몸에 따르니 금 옥이 만당한 운수의 달입니다.

7월

분수를 지키면 길한 달입니다. 길성이 몸에 따르니 도처에 영화가 있는 운수의 달입니다. 옛것을 지키고 편안히 있으면 이익이 그 가운데 있는 운수의 달입니다. 높은 데 올라 보니 바다가 삼천 리나 넓어 보이는 형국의 달입니다.

8월

근심이 있을 수 있는 달입니다. 구름 밖 만 리에 뜻을 얻어 고향에 돌아오는 형국의 달입니다. 높은 산 흐르는 물에 그 소리가 도도한 형국의 달입니다. 음력 칠월과 팔월에는 길한 가운데 근심이 있을 수 있는 운수의 달입니다.

9월

분수를 지키면 길한 달입니다. 옛 업을 가히 지키니 새 공을 탐하지 말아야 하는 달입니다. 본성이 정직하니 길한 상서로움을 받는 운수의 달입니다. 분수를 지키고 도를 즐기니 봄바 람이 집안에 가득한 형국의 달입니다.

10월

재복이 겸전하는 달입니다. 풀이 푸르고 붉은 가장자리에서 두 소가 서로 다투는 형국의 달 입니다. 재물과 복록이 겸전하니 모든 일이 우러르는 운수의 달입니다. 이제야 좋은 운을 만나니 만사가 순조롭게 이루어지는 달입니다.

11월

명예가 따르는 달입니다. 짐승이 산속에 드는 격이요, 물고기가 물속에 드는 형국의 운수입 니다. 일신이 스스로 편하니 많은 사람이 흠모하고 우러르는 운수의 달입니다. 노인은 배를 두드리고 아이는 기쁘게 웃는 형국의 달입니다.

12월

소원을 이루어 보는 달입니다. 단비가 내리는 때가 오니 백곡이 풍요한 형국의 달입니다. 신수가 크게 통하니 하는 일마다 여의한 운수의 달입니다. 출행하면 이익을 얻는 격이니 어 찌 이 아름답지 않겠습니까.

77. 산山 욕浴

운기運氣가 저조低調하여 매사 뜻한 바대로 이루지 못한다. 재산상財産上의 문제와 처妻의 문제로 고민할지도 모른다. 부부夫婦 불화不和로 이별離別 수도 야기惹起될 수 있는 운이다. 이사, 사업상 문제 등 이동移動 수도 많아 보인다.

[음력 이달의 운수]

1월

마음이 산란한 달입니다. 도모하는 일을 이루지 못하니 분분히 자리를 옮겨 보는 운수의 달입니다. 하는 일에 처음과 끝이 없으니 마음이 산란한 형국의 달입니다. 마음이 어지럽게 엮여 있는 삼대 같으니 하는 일에 두서가 없는 형국의 달입니다.

2월

갑작스런 일을 조심하여야 하는 달입니다. 친한 사람이 도리어 원수가 되는 격이니 친구를 조심하여야 하는 달입니다. 남쪽으로 가지 말아야 합니다. 재물을 탕진할까 염려되는 달입니다. 신수가 불리하니 횡액을 조심하여야 하는 달입니다.

3월

질병을 조심하여야 하는 달입니다. 이달의 운수는 병살이 와서 침노하는 운수이니 질병을 조심하여야 하는 달입니다. 동서로 분주하나 별로 큰 소득이 없는 운수의 달입니다. 만일 상복을 입어 보지 않으면 질병이 가히 두려운 운수의 달입니다.

4월

집안에 근심이 있을 수 있는 달입니다. 가을 풀이 서리를 만난 격이니 수심을 풀지 못할 가능성이 있는 운수의 달입니다. 하는 일에 반복되는 일이 많은 격이니 다른 사람을 조심하여야 하는 달입니다. 처궁에 근심이 있으니 미리 조왕신께 기도하여야 하는 달입니다.

5월

분수를 지키고 원행을 삼가야 하는 달입니다. 허황한 일을 삼가고 하지 말아야 하는 달입니다. 동쪽이 불리하니 손재가 걱정이 되는 운수의 달입니다. 동쪽을 가까이하면 불리한 운수의 달입니다.

고진감래 하는 달입니다. 꽃이 다 떨어진 곳에 수풀만 우거진 형국의 운수입니다. 보이지 않는 손해가 천금을 이루는 형국의 운수입니다. 조각달이 다시 둥글게 변하니 결국 형통함이 있는 운수의 달입니다.

7월

작은 재물을 얻어 보는 달입니다. 망망대해에서 사방에 풍파를 만난 형국의 운수입니다. 비록 노력함이 없으나 작은 이익을 가히 얻는 운수의 달입니다. 마음과 힘을 기울이지 않아도 작은 재물을 가히 얻어 보는 운수의 달입니다.

8월

시비를 멀리하여야 하는 달입니다. 착함을 쫓고 악을 멀리하니 길한 일이 있는 운수의 달입니다. 백 가지 일 중에 참는 것이 가장 으뜸인 것입니다. 마음에 주장한 바가 없으니 도모하는 일을 이루지 못할 가능성이 있는 운수의 달입니다.

9월

이달의 운수는 재앙이 점점 사라지는 형국의 달입니다. 동쪽으로 분주하고 서쪽으로 달리는 격이니 분주한 운수의 달입니다. 손재수가 있고 집안사람이 이별할 수 있는 운수의 달입니다.

10월

다른 사람으로 인하여 어려움을 겪는 달입니다. 해로운 자가 이익을 주는 형국이니 헛된 가운데 결실이 있는 운수의 달입니다. 눈앞의 이익에 집착한다면 그 피해를 몇 십 배로 볼 수 있는 형국의 달입니다. 의지할 데가 없는 형국이니 신세를 스스로 한탄하는 운수의 달입니다.

11월

남의 말을 믿지 말아야 하는 달입니다. 감언이설을 믿으면 은혜가 도리어 원수가 되는 형국의 운수입니다. 손재가 많을 수 있는 운수의 달입니다. 일을 할 때 꾀를 쓰면, 그 꾀가 이치에 맞지 않게 되는 형국의 운수입니다.

12월

실물수를 조심하여야 하는 달입니다. 성패가 많은 운수이니 주의하여 일을 하여야 하는 운수의 달입니다. 도적이 가까이 있는 격이니 사람을 믿지 말아야 피해가 없는 달입니다. 분수 이외의 것을 탐하면 공연히 마음만 상하는 운수의 달입니다.

78. 산山 대帶

공직자와 일반 회사원은 승진昇進과 승급昇級이 있을 것이요, 자영업을 하는 자는 소득이 많아 가사에 큰 도움을 주는 경사가 있을 것이다. 또한 부모로부터 상속과 사회적인 면에서도 성공할 운도 있으며, 결혼을 못한 미혼자는 가정을 꾸밀 수 있는 운運이 찾아온다.

[음력 이달의 운수]

1월

식구 수와 논밭이 느는 달입니다. 재물 운이 왕성하니 벌과 나비가 꽃 속에서 노니는 것과 같은 형국입니다. 오랜 가뭄 끝에 단비를 만난 격이요, 낡은 것을 버리고 새것을 취하니 비록 작은 이익일지라도 나중에 크게 돌아오는 운수입니다. 몸도 건강하고 운도 좋으니 재물이 절로 따르는 운수입니다.

2월

운세가 길하게 뻗어 나가는 달입니다. 낙낙 장송이 잎을 무성하게 뽐내는 형국이요, 재수와 관록이 중중하여 벼슬을 하는 형국이니 세상 부러울 것이 없는 운수입니다. 큰 바다에 살던 용이 물을 만나니 그 재주가 변화무쌍함을 자랑하는 운수입니다. 화창한 봄날 백화가 앞다투어 피어나는 형국입니다.

3월

뜻밖의 성공을 거두어 이름을 사방에 알리는 달입니다. 귀인이 스스로 찾아와 도움을 주니 큰 이익을 보는 운수입니다. 가문 하늘에 단비를 만난 격이요, 봉사가 지팡이를 얻은 격이고, 사마가 짐을 얻은 격이니 경영하는 일에 박차를 가하는 운수입니다. 나 자신 스스로 도덕과 이름이 높으니 이웃의 칭송을 받을 운수입니다.

4월

시비를 가까이하면 구설이 따를 수 있는 달입니다. 시비가 있는 곳에는 가지 말아야 하며, 수신 적덕하여 집안을 일으키는 것이 현명한 처신입니다. 그러나 재물 운은 좋으니 재산을 늘리는 기회를 잡을 수 있는 운수입니다. 다만 북쪽이 불리하니 북쪽에서 만난 사람과 시비를 하면 관재구설이 따르게 되니 주의하여야 합니다.

5월

경영하는 일이 순조롭게 진행되는 달입니다. 계획하여 실천하는 일마다 순조롭게 풀려 나가니 기쁨을 누리는 운수입니다. 동북쪽에 이익이 있으니 이곳에서 만나는 사람과 인연을 맺으면 훗날 재물을 취할 수 있을 것입니다. 구설이 조금 있기는 하나 나중에 무난히 해소될 것입니다. 공직에 있는 사람은 승진하는 운수입니다.

일신이 평안하고 재수가 흥왕한 달입니다. 가는 곳마다 환영하니 세상 살맛이 절로 나는 운수입니다. 사방에 봄바람이 불고 친구와 심사유곡에 들어 술을 대작하니 신선이 따로 없는 형국입니다. 다만 먼 길을 가지 말고 집에 있으면 대길한 운수입니다. 한가하면서도 편안하니 재수가 대길한 까닭입니다.

7월

두 사람이 합심하여 대업을 성취하는 달입니다. 음력 칠월의 운수는 대길하며, 동쪽과 서쪽에 좋은 일이 있을 운수입니다. 맑게 갠 밤하늘에 밝은 보름달이 떠오르니 휘황한 자태를 뽐내는 운수입니다. 또한 목성(木姓)이 스스로 찾아와 도움을 주니 나와 목성(木姓)의 마음이 하나 되어 대업을 이루는 운수입니다.

8월

쥐가 곡식이 가득 찬 창고에 드는 형국의 달입니다. 자손을 원하는 집안은 득남할 것이요, 아름다운 원앙이 안방을 찾아드는 형국이니 처궁에 경사가 있을 운수입니다. 또한 관록이 몸에 따르니 세상 부러울 것이 없습니다. 쓸모없는 돌을 쪼는데 돌 속에서 옥을 얻는 격이니 힘들이지 않아도 복록이 굴러 들어오는 운수입니다.

9월

길성이 집안을 비추니 재수가 흥왕한 달입니다. 이른 봄 가랑비와 동풍에 겨우내 쌓였던 눈이 녹듯이 경영하는 모든 일이 순조롭게 풀리는 달입니다. 맑은 가을 밤하늘에 떠 있는 보름달을 벗 삼아 유유자적 거문고를 타고 노니니 신선이 부럽지 않은 운수입니다. 다만 밖에 나가면 심란하고 집 안에 있으면 평안할 것입니다.

10월

가뭄에 어린 싹이 단비를 만나니 더욱 푸른 형국의 달입니다. 귀인이 스스로 찾아와 도움을 주고 재물이 날로 왕성하여지니 세상에 부러울 게 없는 운수입니다. 달밤에 홀로 높은 곳에서 거문고를 타니 천상천하 유아독존의 경지에 이르는 운수입니다. 마침내 원하는 재물과 이익을 취하는 운수입니다.

11월

마침내 꽃이 떨어지고 탐스런 열매를 맺는 달입니다. 동짓달의 운수는 일을 경영함에 있어서 순조롭게 풀리는 달입니다. 재수가 대길하니 세상 사람들이 부러워합니다. 꿈속에서도 곰이 재주를 부리고 내가 이익을 챙기니 현실에서야 무슨 말을 더 하겠습니까. 재수가 나만을 위하여서 존재하는 듯합니다.

12월

청하지도 않은 불청객도 후한 대접을 하니 세상 사람들이 칭송하는 달입니다. 잠시 시비를 가까이하게 되어 구설이 따르나 일신이 형통하니 구설은 스스로 물러날 것이요, 심신을 노닐고자 출행하여도 재수가 길합니다. 만사가 마음먹은 대로 이루어지니 왕상이 부럽지 않은 운수입니다.

79. 산山 건建

일시적 곤란困難에 빠져 운신運身의 폭이 좁으나, 점차적으로 발전 성공할 운이며, 신망과 존경을 얻어 복덕福德을 얻을 것이다. 여자는 남자의 사랑을 받을 수 있으며 행복할 것이다. 미혼未婚 남녀男女는 좋은 인연을 만나 가정을 꾸릴 것이다.

[음력 이달의 운수]

1월
하는 일이 순조로운 달입니다. 길성이 문에 비치니 수복이 스스로 찾아오는 형국의 달입니다. 경영하는 일에 이롭지 않은 곳이 없는 운수의 달입니다. 모든 일이 길하니 세상일이 태평한 형국의 달입니다.

2월
세상에 이름을 알리는 달입니다. 물고기가 변하여 용이 되는 형국이니 변화를 예측하기 어려운 운수의 달입니다. 뜻밖에 이름을 얻으니 이름이 사방에 알려지는 형국의 달입니다. 몸에는 비단옷을 입고 자손에 경사가 있는 달입니다.

3월
원행하여 재물을 얻는 달입니다. 해와 달이 빛을 발하는 형국이니 기쁜 일이 중중한 운수의 달입니다. 복록이 천 리 밖에 있으니 분주히 사방을 누비는 형국의 달입니다. 재물이 다른 곳에 있는 격이니 출입하면 재물을 얻는 운수의 달입니다.

4월
구설이 있을 수 있는 달입니다. 길지를 택하여 주거를 안정시키니 풍진이 침노하지 않는 운수의 달입니다. 구름이 흩어지고 달이 나오는 격이니 경색이 한 번 새로운 형국의 달입니다. 재물 운은 흠이 없으나 작은 구설이 따를 수 있는 운수의 달입니다.

5월
소원을 성취하여 보는 달입니다. 봄이 옥수에 깊어 가는데 백화가 다투어 피는 형국의 달입니다. 의식이 풍족한 운수이니 수복이 무궁한 달입니다. 재물과 복록이 몸에 따르는 형국이니 태평한 세월의 달입니다.

큰 재물을 얻는 달입니다. 물고기가 큰 바다에 든 격이니 의기가 파도를 만드는 형국의 달입니다. 목마른 용이 물을 만난 격이니 조화가 무쌍한 운수의 달입니다. 재물 운이 크게 통하였는데 천금을 부러워하겠습니까.

7월

운수가 대통하고 이름이 사방에 알려지는 달입니다. 재물이 흥왕하니 기쁨이 집안에 가득한 형국의 운수입니다. 온 집안이 단란하니 복록이 계속 이어지는 형국의 달입니다. 이름이 사방에 떨쳐지는, 만인이 우러르는 형국의 달입니다.

8월

귀인을 만나 성공하는 달입니다. 귀인이 와서 도와주니 자연 성공하는 운수의 달입니다. 만일 귀인을 만나게 된다면 복록이 진진할 운수의 달입니다. 어룡이 파도를 희롱하며 노니는 격이니 먼저는 곤란하나 나중은 영화로운 운수의 달입니다.

9월

귀인이 나를 돕는 형국의 달입니다. 귀인은 어디에 있는고 하니 남쪽에 있는 형국의 운수입니다. 나의 이름이 사방에 전하여지니 사람마다 우러르는 형국의 운수입니다. 귀인이 있는 방향은 동쪽과 서쪽입니다.

10월

달도 차면 기우는 법, 경거망동을 자제하여야 하는 달입니다. 명리가 떨쳐지니 천하에서 으뜸이 되는 형국의 운수입니다. 신수가 대길하니 재물이 왕성한 운수의 달입니다. 남을 믿지 말아야지 그렇지 않으면 음해가 적지 않은 운수입니다.

11월

허욕을 버리고 경거망동을 하지 말아야 무사한 달입니다. 가운이 왕성한 운수이니 집안에 경사가 있는 달입니다. 마음을 맑게 하고 욕심을 줄여야 허물이 없어지는 법이니 과욕을 버려야 길한 달입니다. 금성(金姓)이 불길하니 거래를 삼가야 하는 달입니다.

12월

마음이 안정되고 소원을 이루는 달입니다. 경사가 문에 이르니 인구가 늘어 기쁨이 있는 운수의 달입니다. 소망하는 일이 여의로우니 얼굴에 기쁨이 가득한 형국의 운수입니다. 신수가 이와 같으니 이 밖에 무엇을 더 욕심내겠습니까.

80. 산山 왕旺

운運이 융창隆昌하니 사업이 번창하고, 입신출세立身出世하여 타인으로부터 신망信望을 받으니 행복幸福을 누릴 운수다. 집안 식구로부터 신뢰를 얻어 가솔家率을 이끌며 풍요로운 생활을 누릴 운이다. 미혼 남녀는 배필配匹을 맞이할 준비를 해야 한다.

[음력 이달의 운수]

1월

이사 수가 있는 달입니다. 전화위복되는 운수이니 얼굴에 기쁜 빛이 만연한 형국의 달입니다. 사람의 환심을 얻는 격이니 무슨 일인들 이루지 못하겠습니까. 터를 옮기고 업을 바꾸면 횡재할 운수의 달입니다.

2월

자수성가 하여 보는 달입니다. 쥐가 창고에 든 격이니 의식이 스스로 풍족한 형국의 달입니다. 우연한 기회에 재물을 얻으니 생계가 스스로 풍족한 형국의 운수입니다. 천금이 스스로 오는 격이니 맨손으로 집안을 일으키는 운수의 달입니다.

3월

실물수를 조심하여야 하는 달입니다. 도처에 재물이 있으니 원행하여 재물을 얻는 운수의 달입니다. 실물수가 가히 염려되니 도적을 조심하여야 하는 운수의 달입니다. 한편, 명리가 마음에 맞으니 사람들이 우러러보는 형국의 운수입니다.

4월

분수를 지켜야 하는 달입니다. 먼저 중심을 얻는 격이니 사람들이 나의 뜻을 따르는 형국의 운수입니다. 바른 마음으로 수도를 한다면 복록이 스스로 오는 형국의 달입니다. 뜻 막기를 성 같이 하고 편안하게 분수를 지켜야 하는 운수의 달입니다.

5월

경거망동을 삼가야 길한 달입니다. 음력 오월과 유월에는 고요하게 지내면 대길한 운수의 달입니다. 이달은 운수는 즐거움이 극에 달하여 슬픔이 생겨나는 운수의 달입니다. 안전하면 길하고 망령되이 행동하면 피해가 있을 수도 있는 운수의 달입니다.

소원을 이루어 보는 달입니다. 이름을 사방에 전하는 운수이니 만인이 우러르는 운수의 달입니다. 이익은 어느 성씨인고 하니 화성(火姓)과 금성(金姓) 두 성씨인 달입니다. 낙양 성동쪽의 물이 동해로 흐르는 형국의 달입니다.

친구를 조심하여야 하는 달입니다. 음력 칠월과 팔월에는 혹여 구설이 있을까 염려되는 운수의 달입니다. 마음속에 품은 일은 남에게 말하지 말아야 피해가 없는 달입니다. 친구를 가까이하면 재물을 손해 보거나 마음이 심란해질 수 있는 운수의 달입니다.

욕심을 부리지 말고 소견을 넓히면 재물을 얻는 달입니다. 우물 속에서 하늘을 보는 격이니 소견이 넓지 못한 운수의 달입니다. 다른 경영을 하면 손해를 볼 수 있는 운수의 달입니다. 한편, 동남쪽과 서북쪽에서 만금을 가히 얻는 운수의 달입니다.

귀인이 나를 돕는 달입니다. 부정한 운이 가고 태평한 운이 오니 손에 천금을 희롱하는 운수의 달입니다. 무릇 경하여 하는 것들이 길하지 않은 것이 없는 운수의 달입니다. 동쪽에서 오는 손님이 나를 돕는 형국의 운수입니다.

재물을 얻는 달입니다. 수시로 변통되는 운수이니 하는 일이 여의한 형국의 달입니다. 길신이 돕는 형국이니 하는 일마다 성취되는 운수의 달입니다. 몸이 귀하고 이름이 높은 운수이니 재물과 비단이 상자에 가득한 형국의 달입니다.

자손에 경사가 있는 달입니다. 꾀꼬리가 버들가지에 깃드니 가지마다 황금빛으로 빛나는 형국의 달입니다. 만일 관록이 아니면 자손에 경사가 있을 운수의 달입니다. 만일 벼슬을 하지 않으면 횡재할 운수의 달입니다.

고진감래의 달입니다. 이달의 운수는 편안한 가운데 위험이 있는 운수의 달입니다. 이후로부터는 저절로 하는 일마다 형통하는 운수의 달입니다. 입신양명 하니 이름이 사방에 떨쳐지는 형국의 운수입니다.

81. 산山 쇠衰

운기運氣가 쇠약衰弱하니 과욕은 금하고, 순리順理에 따르면 큰 액운厄運이 없이 일 년이 무사하다. 그러나 욕심을 부리면 금전상 손실과 가정불화 등이 발생하니 건강이 우려된다. 특히 고혈압, 당뇨, 신경질환에 주의를 요한다.

[음력 이달의 운수]

1월

하는 일에 마찰이 많을 수 있는 달입니다. 신수가 곤고하니 다른 곳에 가도 불리한 형국의 달입니다. 친한 사람이 원한을 만들어 모든 하는 일에 방해를 하는 형국의 달입니다. 만일 가정에 우환이 없으면 부모에게 액운이 따를 수 있는 운수의 달입니다.

2월

남으로부터 피해를 보는 달입니다. 저무는 춘삼월에 복숭아꽃이 활짝 핀 형국의 달입니다. 이루지 못하는 것이 많아지면서 신세를 스스로 탄식할 수 있는 운수의 달입니다. 남을 좋아 하면 큰일을 그르칠 수 있는 운수의 달입니다.

3월

분수를 지키는 것이 현명한 달입니다. 근심이 끊이질 않는 운수이니 밤에 잠을 이루지 못할 가능성이 있는 달입니다. 백 가지 꾀가 있어도 분수 지킴만 못한 운수의 달입니다. 집에 있 으면 심란하고 나가도 이익이 없을 수 있는 운수의 달입니다.

4월

재물이 따르지 않는 달입니다. 다른 업을 경영하지 말아야 합니다. 차라리 홀로 있음만 못 한 운수의 달입니다. 물에서 재물을 도모하지 말아야 합니다. 이익은 육지에 있는 형국의 운수입니다. 재물 운은 있어도 모으기 어려운 형국의 달입니다.

5월

재물의 손실을 보는 달입니다. 흉함을 피하여 동쪽으로 가는 격이나 다시 집안에 우환이 따 르는 운수의 달입니다. 문 밖 출입을 금하고 손님이나 다른 사람을 들이지 않으면 재물의 손실을 보지 않는 운수의 달입니다. 재물의 흩어짐이 구름과 같으나 후회한들 무슨 소용이 겠습니까.

남으로부터 피해를 보는 달입니다. 한 손바닥으로는 소리를 내기 어렵고 혼자 힘으로는 공을 이루기 어려운 형국의 달입니다. 다른 사람의 말을 믿지 말아야 합니다. 재물로 인하여 마음 상하는 일이 있을 수 있는 운수의 달입니다. 여인을 가까이하면 질병을 얻을 수 있는 운수의 달입니다.

7월

구설과 관재수가 따를 수 있는 달입니다. 입을 항아리 뚜껑 닫듯이 지키지 않으면 구설수를 면하지 못할 가능성이 있는 운수의 달입니다. 남과 다투게 되면 송사를 면하기 어려운 형국의 달입니다.

8월

사람으로 인하여 실망하여 보는 달입니다. 깊은 산골짜기에서 길을 잃은 격이니 그 길을 일러 줄 사람이 어디 있겠습니까. 피해를 주는 사람이 목성(木姓)이니 그를 가까이하면 피해가 있을 수도 있는 운수의 달입니다. 처궁에 근심이 있으니 미리 불전에 기도하면 그 액을 면하는 달입니다.

9월

시비와 구설수를 조심하여야 하는 달입니다. 남쪽과 북쪽이 불리하니 출행하면 이익이 없는 달입니다. 공적인 일이든 사적인 일이든 간섭하지 말아야 하는 달입니다. 가신이 발동하는 운수이니 미리 기도하여 액운을 막아야 하는 운수의 달입니다.

10월

고진감래 하는 달입니다. 높은 곳이나 나뭇가지에 오르려 하지 말아야 합니다. 위험에 처하는 운수입니다. 만일 손재수가 없으면 처궁에 근심이 생길 수 있는 운수의 달입니다. 고진감래 하는 형국이니 결국 형통하는 운수의 달입니다.

11월

분수를 지키면 복록이 따르는 달입니다. 흉귀가 발동하니 물과 불을 조심하고 삼가야 하는 운수의 달입니다. 비록 헛된 이름은 있을 수 있으나 큰 소득이 없는 운수의 달입니다. 옛것을 지키고 근면하게 일하면 작은 재물은 얻는 형국의 운수입니다.

12월

횡액이 두려운 달입니다. 새장에 갇힌 새가 새장을 뚫고 하늘로 오르는 형국의 운수입니다. 출행하지 말아야 합니다. 횡액이 두려운 운수의 달입니다. 소망을 이루기 어려우니 마음이 산란한 달입니다.

82. 산山 병病

하는 일이 순조롭지 못하고 실패가 많고 사회적으로 신용信用을 잃어 주위 사람이 가까이하기를 꺼려 한다. 직장의 실직과 상해 사고 등을 조심하여야 하며, 모든 면에서 신중하여야 한다. 가족 중 병病으로 가家 내內 우환憂患이 있을까 두렵다.

[음력 이달의 운수]

1월

금전적으로 막힘이 있는 달입니다. 집에 재산이 없는 형국이니 생활이 곤란한 달입니다. 가는 길에 덕이 없으니 밖에 나가도 이롭지 않은 형국의 운수입니다. 가신이 발동하니 재물운이 좋지 않은 운수의 달입니다.

2월

재물은 들어오나 건강을 주의하여야 하는 달입니다. 칼 빛이 번개 같으니 그 빛을 보는 정신이 혼미한 형국의 달입니다. 가는 곳마다 재물이 따르니 사람들이 우러러보는 운수의 달입니다. 상갓집에 가지 말아야 합니다. 갈 경우 해를 입을 수 있습니다.

3월

구설수가 따를 수 있는 운수의 달입니다. 위아래가 불화하니 구설이 끊이지 않는 운수의 달입니다. 수성(수성)을 가까이하게 되면 길한 곳에서 흉함을 만나는 형국이 되는 달입니다. 만일 가족에게 근심이 없으면 질병이 있을 수 있는 달입니다.

4월

노력을 하여도 원하는 바를 이루지 못할 가능성이 있는 달입니다. 십 년 동안 칼을 갈았으나 정작 그 칼날을 시험하여 보지 못하는 형국의 달입니다. 분수를 지키면 길하나 구하고자 하는 재물은 얻지 못할 가능성이 있는 운수의 달입니다. 재물의 근원이 마른 격이니 차라리 재물을 구하지 않는 것이 편한 달입니다.

5월

아무리 노력하여도 재물을 얻기 어려운 형국의 달입니다. 쥐가 쌀 곳간을 잃은 격이니 재물 길이 끊긴 형국의 달입니다. 도로에서 방황하는 꼴이니 수고롭기만 하고 공이 없을 수 있는 운수의 달입니다. 수고하고도 공을 얻지 못하니 운명이라 생각하고 지내면 속 편한 달입니다.

6월

구설수가 따를 수 있는 달입니다. 벌과 나비가 꽃을 찾아 헤매나 봄은 이미 가고 여름이 찾아오는 형국의 달입니다. 도모하는 일이 많으나 제대로 되는 일이 없는 운수의 달입니다. 말다툼을 조심하지 않으면 끊임없는 구설에 휘말리게 되는 운수의 달입니다.

7월

관재수와 구설수가 다시 찾아오는 달입니다. 큰물을 건너려 하나 나루터의 물가는 끝없이 이어져 있어 건너가기 어려운 형국의 달입니다. 시비가 있는 곳에 가면 해를 입을 수 있으니 참견하지 말아야 하는 달입니다. 관재와 구설이 자주 침범하니 조심하여야 하는 달입니다.

8월

노력을 하나 재물을 잃기도 하는 달입니다. 달이 물결 속으로 지니 어룡이 삼키는 형국의 달입니다. 길한 일이 흉한 일로 변하는 격이니 공연히 심력만 낭비하는 달입니다. 동쪽을 가까이하면 재물을 잃기도 하는 운수이니 주의하여야 하는 달입니다.

9월

재물은 들어오나 분수를 지켜야 길한 달입니다. 문서상에 길함이 있으니 재물을 얻는 달입니다. 문밖에 나서면 횡액이 따를 수 있는 운수이니 조심하여야 하는 달입니다. 분수에 맞지 않는 재물을 구하면 허망한 일을 당할 수 있는 달입니다.

10월

하는 일에 장애가 따를 수 있는 달입니다. 목마른 사람이 우물을 파지만 물이 나오지 않는 형국의 달입니다. 하는 일마다 막힘이 많으니 마음이 산란한 운수의 달입니다. 일에 실패수가 따르니 구하고자 하는 일을 얻지 못할 가능성이 있는 운수의 달입니다.

11월

고진감래의 달입니다. 굶주린 사람이 밥을 얻은 격이요, 금옥이 집안 가득한 형국의 운수입니다. 옛 직업을 지키고 새 업을 시작하지 말아야 길한 운수입니다. 꽃피고 수풀 우거진 누각에서 귀인을 만나는 형국이니 하는 일이 잘되는 달입니다.

12월

원하는 바를 성취하는 달입니다. 이달의 운수는 굶주린 매가 먹이를 얻는 형국의 달입니다. 수신제가하니 복록이 다투어 나에게 찾아드는 운수입니다. 박 가(朴家)와 김 가(金家)는 불리하고 목성(木姓)이 나를 따르고 돕는 달입니다.

83. 산山 사死

직장인職場人은 추진하는 일마다 순조롭지 못하고 문제만 야기惹起하여 불만만 생기고 윗사람과 마찰로 마음고생만 한다. 사업가事業家는 매사에 신중을 기하고, 급하게 서둘지 말며, 서서히 진행해야 한다. 그러면 신용信用은 잃지 않는다.

[음력 이달의 운수]

1월

절름발이가 달리고자 하니 넘어지는 일이 많은 운수의 달입니다. 도처에 불리함이 있으니 운수가 사나운 달입니다. 돌 위에 연꽃을 심는 격이니 그 연꽃을 기다림에 어려움이 따를 수 있는 형국의 달입니다.

2월

하는 일에 마찰이 따르는 달입니다. 밖은 웃고 안은 찡그리는 격이니 처음은 있고 끝맺음의 결과를 보지 못할 가능성이 있는 운수의 달입니다. 남의 말을 들으면 도리어 호망한 결과를 맛보게 되는 운수의 달입니다. 마음이 번거롭고 그 뜻이 어지러운 형국의 달입니다.

3월

길함보다 흉함이 많은 달입니다. 재효가 공망을 만나니 처궁에 액이 있는 운수의 달입니다. 허욕으로 재물을 탐내면 별로 얻는 것이 없는 운수의 달입니다. 소원은 이루기 어렵고 흉함은 많고 길함은 적은 운수의 달입니다.

4월

구설수를 조심하여야 하는 달입니다. 늙은 용이 힘이 없어 하늘을 오르기 어려운 형국의 달입니다. 목성(木姓)과 친하게 지내고 김 씨와는 멀리하여야 하는 달입니다. 만일 시비를 가까이하면 구설을 당할 수 있는 운수의 달입니다.

5월

이사 수가 있는 달입니다. 옛것을 버리고 새것을 쫓는 격이니 타향에서 이익이 있는 운수의 달입니다. 물을 거슬러 배를 항해하니 앞으로 나가기가 어려운 형국의 운수입니다. 나가면 길하고 들어오면 흉하니 이사를 하면 길한 운수의 달입니다.

재물은 들어오나 관재구설을 주의하여야 하는 달입니다. 한 집안이 화평하니 재물이 스스로 들어오는 형국의 달입니다. 오곡이 풍성하니 볏단이 집안 가득한 형국의 운수입니다. 만일 구설수가 아니면 손재수가 따르는 달입니다.

구설수를 조심하여야 하는 달입니다. 초당에 봄이 깊은 형국이니 하루가 더디 가는 형국의 달입니다. 가정에 근심이 있으니 한 해를 어찌 넘길까요. 사람들이 나를 원수로 여기니 그 피해가 적지 않은 달입니다.

재물을 잃기도 하는 달입니다. 재성이 공망을 만나니 실물수를 조심하여야 하는 달입니다. 달이 구름에 드니 그 빛을 보지 못하는 형국의 운수입니다. 만일 그렇지 않으면 자손에 근심이 있을 수 있는 운수의 달입니다.

귀인은 도우려 하나 재물이 따르지 않는 달입니다. 길성이 문에 비추니 귀인이 서로 찾아와 대하기를 청하는 형국의 달입니다. 힘은 능히 태산을 뽑을 만하나 강동은 건너지 못할 가능성이 있는 운수의 달입니다. 집안사람이 불화하고 질병이 침노하는 운수의 달입니다.

집안에 어려운 고비가 있는 달입니다. 눈앞의 작은 이익을 보다가 나중에 재물을 잃기도 하는 형국의 달입니다. 만일 상복을 입지 않으면 자손에 피해가 있을 수도 있는 달입니다. 목성(木姓)과 금성(金姓) 두 성씨는 길하여 이익을 주는 사람입니다.

분수를 지키면 재물을 얻는 달입니다. 옛것이 가고 새것을 쫓으니 사방에 봄이 돌아오는 형국의 달입니다. 모든 일을 순리대로 행하면 하는 일이 여의한 달입니다. 날려고 하나 날개가 없으니 분수를 지킴이 마땅한 달입니다.

고진감래한 덕으로 길한 달입니다. 봉황이 암 기린의 뿔에 둥지를 트는 격이니 높은 지위를 얻을 운수의 달입니다. 재성이 문틈으로 엿보고 있으니 이익이 논밭에 있는 형국의 달입니다. 도처에 재물이 있으니 평안히 태평하게 지내는 운수의 달입니다.

84. 산山 묘墓

운기運氣가 침체沈滯하여 몸만 힘들고, 길운吉運은 없으며, 실패만 있다. 공직자는 공명정대公明正大하게 처신하여야 망신을 당하지 않으며, 자영업자, 사업하는 사람은 정직正直하고, 과욕過慾을 버려야 실패失敗만을 면할 수 있다.

[음력 이달의 운수]

1월

구설수가 따를 수 있는 달입니다. 이달의 운수는 가을 서리가 풀을 죽이는 형국의 운수입니다. 시비를 가까이하면 송사가 불리한 운수의 달입니다. 입 막기를 병뚜껑과 같이하여야만 구설을 면할 수 있는 운수의 달입니다.

2월

뜻한 바를 이루지 못할 가능성이 있는 달입니다. 바다에 들어가 금을 구하는 격이니 금을 가히 얻지 못하는 형국의 운수입니다. 서강이 고갈된 격이니 물고기를 얻지 못하는 형국의 달입니다. 몸에 질병이 있을 수 있는 형국이니 마음속에 괴로움이 있을 수 있는 운수의 달입니다.

3월

하는 일이 불리한 달입니다. 꽃이 지고 봄이 없으니 나비가 방황하는 형국의 달입니다. 금성(金姓)이 불리하니 사귀고 놀지 말아야 하는 운수의 달입니다. 신운이 불리하니 벗어나고자 하여도 벗어나지 못할 가능성이 있는 운수의 달입니다.

4월

귀인이 나를 돕는 달입니다. 몸이 북쪽에 가서 놀면 귀인이 도와주는 형국의 달입니다. 강을 건널 낮이 없으니 출행을 삼가야 하는 달입니다. 동쪽과 북쪽 양방향에서 귀인이 나를 돕는 형국의 달입니다.

5월

이사 수가 있는 달입니다. 화염이 곤륜산에서 일어나니 옥돌이 함께 타는 불리한 형국의 운수입니다. 경영하는 일에서 재물의 이익을 얻지 못할 가능성이 있는 운수의 달입니다. 제비가 참새 둥지에 드는 격이니 이사할 운수의 달입니다.

6월

노력에 비하여 큰 소득이 없는 달입니다. 만일 처에게 우환이 없으면 부부 간에 다툼이 있는 운수의 달입니다. 도로에서 낭패를 볼 수도 있는 형국인데 사람들이 모두 입을 가리는 격의 운수입니다. 비록 수고로우나 소득을 얻기 어려운 운수의 달입니다.

7월

고진감래의 달입니다. 이달의 운수는 어려움에서 다시 살아나는 형국의 달입니다. 만일 귀인을 만난다면 늦게라도 빛을 보는 형국의 달입니다. 토지나 재물이 비록 왕성하나 빼앗으려는 사람이 많은 형국의 운수입니다.

8월

분수를 지켜야 하는 달입니다. 동풍 가랑비에 버들가지가 청청한 형국의 달입니다. 봄에 밭 갈고 여름에 김매니 분수를 지켜 일을 하여야 하는 운수의 달입니다. 달 밝은 사창에 몸이 꽃밭에서 취한 형국의 운수입니다.

9월

근심하고 출타하지 말아야 길한 달입니다. 이달의 운수는 근심 중에 기쁨이 있는 달입니다. 만일 질병이 아니면 자손에 근심이 있을 수 있는 운수의 달입니다. 집에 있으면 길하고 다른 곳에 가면 불리한 운수의 달입니다.

10월

고진감래의 달입니다. 강상의 푸른 복숭아가 비로소 열매를 맺은 형국의 달입니다. 재물이 왕성한 시기이니 이때를 놓치지 말아야 하는 운수입니다. 몸과 재물이 왕성한 운수이니 생활이 풍족한 달입니다.

11월

실패 수가 있는 달입니다. 금옥이 만당하니 사람마다 와서 치하하는 형국의 달입니다. 피해는 어느 방향인고 하니 남쪽과 북쪽에 있는 달입니다. 남의 말을 듣지 않으면 하는 일에 성사가 있는 운수의 달입니다.

12월

분수를 지키면 이익을 얻는 달입니다. 때를 기다려 활동한다면 작은 재물은 가히 얻을 수 있는 달입니다. 재물과 복록이 겸하여 온전하니 만인이 우러르는 형국의 달입니다. 집을 지키면 길하고 움직이면 불리한 운수의 달입니다.

85. 지地 절絕

어찌하는 일마다 순조롭지 못하고 마음고생만 많을 운이다. 생활에 안정도 없고 이동移動이 많으며 매사每事 여의如意치 못하다. 남자는 자식으로 인해 근심이 많고, 여자는 남편의 건강 문제로 근심이 많다. 고혈압, 당뇨 등 주의를 요한다.

[음력 이달의 운수]

1월

손재수가 따르는 달입니다. 토끼를 바다에서 잡으려 하는 운수이니 소득이 없을 수 있는 달입니다. 동쪽과 북쪽 양방향은 손재수가 가히 두려운 방향의 달입니다. 얕은 물에서 배를 행하니 수고만 있고 공은 없을 수 있는 형국의 운수입니다.

2월

집안에 불화가 생기는 달입니다. 해와 달이 밝지 못하니 앞길에 험난함이 있는 운수의 달입니다. 송곳으로 재를 헤치는 격이니 한갓 심력만 허비하는 형국의 운수입니다. 상하가 불화하는 격이니 가정에 불평함이 있는 운수의 달입니다.

3월

관재구설 송사를 주의하여야 하는 달입니다. 백호가 재성을 극하니 처궁에 액운이 있는 운수의 달입니다. 논쟁하여 다투면 송사가 끊이지 않는 운수의 달입니다. 상업을 경영하면 가히 천금을 얻는 운수의 달입니다.

4월

흥진비래 하는 달입니다. 날려고 하나 날지 못하는 형국이니 하는 일마다 이롭지 못한 운수입니다. 다른 일을 경영하면 손해를 볼 수 있는 달입니다. 동쪽과 북쪽이 불리하니 길함이 변하여 흉함으로 바뀌는 운수의 달입니다.

5월

하는 일에 장애가 따를 수 있는 달입니다. 늙은 용이 여의주를 얻는 격이니 성공하기가 어려운 형국의 운수입니다. 뜻이 있어도 쫓지 못할 가능성이 있는 격이니 열에 여덟 아홉이 그러한 운수입니다. 한 집에 두 성씨가 생각하는 뜻이 맞지 않는 형국의 달입니다.

분수를 지키면 재물을 얻는 달입니다. 옛것을 지켜 편안한 격이니 하는 일에 허실함이 없는 운수의 달입니다. 재물이 어느 방향에 있는고 하니 남쪽에 있음을 가히 짐작하는 달입니다. 음력 유월의 운수는 공적인 일은 불리한 운수입니다.

7월

고진감래 하는 달입니다. 해가 음지에 드는 격이니 먼저는 흉하나 나중은 길한 운수의 달입니다. 비가 봄풀에 내리는 격이니 근심이 흩어지고 기쁨이 생겨나는 운수의 달입니다. 천지 신명께 치성드리면 수복이 면면한 운수의 달입니다.

8월

근심하면 길하고 이사 수가 있는 달입니다. 가히 인정과 이별하면 소망이 여의한 운수의 달입니다. 근심을 하면 스스로 명리가 있는 운수의 달입니다. 만일 횡재가 아니면 이사할 운수의 달입니다.

9월

고진감래 하는 달입니다. 가문 때에 비를 만난 격이니 먼저는 쓰고 나중은 답니다. 고진감래의 운수입니다. 수귀가 문을 엿보는 형국이니 물가에 가까이 가지 말아야 하는 운수입니다. 만일 출행하지 않으면 도리어 손재가 있는 운수의 달입니다.

10월

하는 일에 마찰이 있는 달입니다. 밥상을 받고 젓가락을 잃은 격이요 물건은 있을 수 있으나 주인 없는 형국의 달입니다. 액운이 시각에 달렸으니 마땅히 동쪽으로 가야 하는 달입니다. 나루터에 도착했으나 배가 없는 형국의 달입니다.

11월

친한 사람을 조심하여야 하는 달입니다. 곤고한 나무가 자라지 못하는 형국이니 비와 이슬이 은혜가 없는 형국의 달입니다. 인심을 알지 못할 가능성이 있는 격이니 친한 사람이 도리어 해가 되는 형국의 달입니다. 매사에 도모함이 없으니 뜻밖의 화가 생겨나는 운수의 달입니다.

12월

고진감래 하는 달입니다. 좋은 기회를 잃지 않으면 가히 가산이 윤택하여지는 달입니다. 쓴 것이 가고 단것이 오는 격이니 이 모든 것이 하늘이 정한 운수입니다. 옛 정을 잊기 어려운 형국이니 새 물건이 어찌 있겠습니까.

86. 지地 태胎

매사每事 근면 성실하게 진행하면 순조롭게 진행할 수 있으나, 독단적인 마음을 품으면 손실을 면하기 어렵다. 견실堅實한 마음으로 일을 진행해야 한다. 여자는 득남得男할 운수이며, 미혼자未婚者는 결혼의 운이 있다.

[음력 이달의 운수]

1월

관재수와 구설수를 조심하여야 하는 달입니다. 청산에 돌아가는 객이 길을 잃고 방황하는 형국의 운수입니다. 내가 하고 싶지 않은 것을 남에게 베풀지 말아야 하는 달입니다. 만일 관재수가 아니면 구설수가 가히 두려운 운수의 달입니다.

2월

분수를 지켜야 하는 달입니다. 날고자 하나 날지 못하고 뜻이 고통스럽고 마음이 고단한 운수의 달입니다. 운수가 불길하니 옛것을 지키고 안정을 취하여야 하는 운수의 달입니다. 시운이 불리하니 안정과 분수를 알고 옛것을 지켜야 하는 달입니다.

3월

친한 사람을 조심하여야 하는 달입니다. 비밀스러운 일을 다른 사람에게 말하지 않아야 하는 달입니다. 세 사람이 가는데 그중 한 사람이 어질지 못한 형국의 달입니다. 친한 사람을 삼가야 합니다. 도리어 허황함이 있을 수 있는 달입니다.

4월

만 리 장정에 옛 사람을 만나 기쁜 달입니다. 몸을 삼가고 분수를 지켜야 합니다. 길한 중에 화가 있는 운수의 달입니다. 재성이 몸에 따르니 마침내 재물의 이익을 얻는 운수의 달입니다. 고진감래 하는 운수의 달입니다.

5월

이성을 만나는 달입니다. 다른 말을 듣지 말아야 합니다. 손해를 면하기 어려운 운수의 달입니다. 파랑새가 믿음을 전하니 연인과 인연을 맺는 운수입니다. 편안한 중에 액운이 있을 수 있으니 범사를 조심하여야 하는 운수의 달입니다.

6월

집안에 우환이 있을 수도 있는 달입니다. 재효가 공망을 만나니 공연히 분주하기만 한 달입니다. 남산에 치성하면 가히 이 운수를 면하는 달입니다. 만일 손재하지 않으면 상처할 운수의 달입니다.

7월

자손에 근심이 있을 수 있는 달입니다. 서쪽과 북쪽 두 방향으로 출행하지 말아야 하는 달입니다. 이달의 운수는 자손의 우환이 가히 염려되는 운수의 달입니다. 사방 가운데에 동쪽과 남쪽에 길함이 있는 운수의 달입니다.

8월

근신 자중하여야 하는 달입니다. 진짜와 가짜를 측량하기 어려우니 매사에 의심이 지나쳐 일을 전하기 어려운 운수의 달입니다. 물귀신이 문을 엿보니 강물을 건너지 말아야 하는 운수의 달입니다. 착한 일은 잊지 말고 악한 일은 베풀지 말아야 합니다.

9월

역시 근신하여야 하는 달입니다. 악귀가 해를 만드니 도모하는 일을 이루기 어려운 형국의 운수입니다. 남을 위하여 도모하지 말아야 합니다. 도리어 그 피해를 받을 수 있는 운수의 달입니다. 심신이 산란하니 세상 하는 일이 꿈과 같은 달입니다.

10월

실물수를 조심하여야 하는 달입니다. 마음 깊은 곳에 근심이 가득하니 항상 우울함을 품어 보는 운수의 달입니다. 실물수가 있으니 도적을 조심하여야 하는 운수의 달입니다. 움직이면 피해가 있으니 집에 있음만 같지 않은 운수의 달입니다.

11월

구설수를 조심하여야 하는 달입니다. 운수가 불리하니 수고로움을 면하기 어려운 운수의 달입니다. 혹여 그렇지 아니하면 구설수를 면하기 어려운 운수의 달입니다. 친한 사람을 삼가지 말아야 합니다. 우연히 피해가 있을 수도 있는 운수의 달입니다.

12월

낙상 수를 조심하여야 하는 달입니다. 수신제가하면 화가 굴러 복으로 변하는 운수의 달입니다. 집을 새로 짓지 말아야 합니다. 불리한 운수의 달입니다. 높은 데 오르지 말아야 합니다. 떨어져 상처 입을까 염려되는 운수의 달입니다.

87. 지地 양養

타인과 약속約束한 일이 잘 진행될 행운이 있다. 직장인은 승진昇進, 승급昇級할 운이며, 사업을 하는 사람은 귀인의 원조援助로 사업이 번창할 운이다. 자식이 늦은 부부는 자녀子女가 생길 운이며, 결혼이 늦은 미혼未婚 남녀男女는 결혼할 운이다

[음력 이달의 운수]

1월

음력 정월과 이월에는 심신이 의기가 양양한 달입니다. 귀인이 스스로 찾아와 도우니 손에서 천금을 희롱하는 운수입니다. 세 사람이 몸과 마음을 합하니 무슨 재물이든 얻지 못할 것이 없는 형국입니다. 백화가 다투어 피어나니 그 빛이 천 리를 가는 형국입니다. 원하는 바를 얻는 운수입니다.

2월

마음만 앞서고 얻는 것이 없으니 안타까운 달입니다. 여기저기 분주하게 다녀도 구하는 바를 얻지 못하니 한숨만 나오는 형국입니다. 강가에서 토끼를 구하는 격이니 엉뚱한 일로 정작 얻어야 할 것을 얻지 못하는 운수입니다. 마음에는 근심이 있을 수 있으나 친한 벗도 모르고 있으니 그 누가 알아줄까요.

3월

음력 삼월과 사월에는 경사가 있을 달입니다. 음양이 화합하니 만물이 서로 상생하는 격입니다. 역마가 발동하니 원행을 하여보는 달입니다. 서쪽과 북쪽은 길하고 동쪽과 남쪽은 흉한 방향입니다. 어룡이 구름을 얻어 조화를 부리는 격이니 가히 천금을 희롱하는 운수입니다.

4월

이성을 가까이하여 색을 탐하면 이익은 없고 손해만 있는 달입니다. 재물을 구하고자 한다면 다른 지방으로 가야 구할 수 있는 형국입니다. 혹여 색을 가까이하게 되면 망신과 구설을 당하고 재물이 탕진되니 각별히 유의하여야 하는 달입니다. 이성만 주의하면 사월 남풍에 하는 일이 순조로울 운수입니다.

5월

음력 오월과 유월 중 남과 다툼이 있을 수 있는 운수입니다. 내가 인정을 베풀어도 남이 알아주지 않으니 답답한 운수입니다. 이것이 시비거리가 될까 염려되는 달입니다. 이달은 동쪽과 남쪽이 불리하니 출행하지 말아야 합니다. 화중지병이라, 배는 고픈데 그림 속의 떡만 바라보는 운수입니다.

친한 사람을 믿다가 손해를 보기도 하는 달입니다. 앞으로 나갈지 뒤로 물러날지 분간을 못하는 형국입니다. 친한 사람을 너무 믿어 손해를 보기도 하는 운수입니다. 동쪽과 서쪽을 출행하게 되면 나에게 해를 끼칠 사람이 따르는 운수입니다. 머리는 있을 수 있으나 꼬리가 없으니 결과를 얻기 힘든 달입니다.

7월

메마른 연못 속에 사는 어룡이 물을 얻는 형국의 달입니다. 메마른 못 속에 사는 어룡이 물을 얻는 격이니 생활에 활기를 얻는 달입니다. 겨울을 지난 물고기들이 봄물을 얻으니 평화롭게 물속을 노니는 형국입니다. 다만 경거망동 하면 흉하고 조용히 지내면 길한 운수입니다.

8월

삼 년 가뭄에 단비를 만난 격입니다. 타들어 가는 대지가 단비를 만났으니 만물이 소생하는 달입니다. 두려움이 지나가고 기쁨이 찾아오니 집안과 밖이 모두 태평성대입니다. 기운도 왕성하고 재물도 왕성하니 집안이 화평한 운수입니다. 다만 목성(木姓)을 가까이하면 재산이 줄어드는 운수입니다.

9월

신수가 대길하여 뜻밖의 재물을 얻을 수 있는 달입니다. 금은보화와 비단이 창고에 가득하니 세상 부러울 것이 없는 운수입니다. 다른 사람과 동업한다면 많은 이익을 볼 수도 있는 달입니다. 다만 동남쪽으로 출행하면 손재수가 있으니 피하여야 할 방향입니다.

10월

기운도 왕성하고 재물도 왕성한 달입니다. 몸에 기운이 넘치고 재물도 왕성하니 얻고자 하는 소망을 이루는 달입니다. 다만 분수를 지키지 않으면 구설수에 오를 수 있으니 주의하여야 합니다. 밖에 나가면 보는 눈이 많고 홀로 있으면 귀신이 지켜보니 경거망동을 삼간다면 이익이 있을 운수입니다.

11월

음력 동짓달과 섣달에는 집안이 화평한 달입니다. 이달은 횡재수가 아니면 경사가 있는데 공직자는 승진을 할 수요, 자식을 원하는 사람은 득자 할 운수입니다. 이 가 친척이 서로 왕래하여 화합하니 집안에 봄기운이 가득한 형국이로다. 호의도 너무 양보하다 보면 다툼이 되니 적당한 배려가 필요한 때입니다.

12월

귀인이 스스로 찾아와 도움을 주는 달입니다. 비루먹은 말이 몸치장을 더하니 그 값이 천 배가 되는 형국입니다. 귀인이 찾아와 서로 도움을 주니 뜻밖에 성공을 거두는 달입니다. 재성이 문에 들어오니 복록이 집안에 가득하도다. 다만 화성(火姓)을 가까이하면 손해를 보기도 하는 운수입니다.

88. 지地 생生

주위 사람으로부터 존경을 받으며, 덕망을 쌓아 무리의 우두머리가 될 운運이 있다. 그러나 반면에 투쟁과 구설수口舌數도 함께 있으니 항시 행동을 주의하기 바란다. 주부는 남편의 사랑과 가정의 행복이 함께할 것이요. 미혼 여성은 혼담婚談이 있다.

[음력 이달의 운수]

1월

재물과 명예가 따르는 달입니다. 뜻밖에 공명하는 운수이니 이름을 사해에 알리는 운수의 달입니다. 사람이 나가고 재물이 더하는 격이니 화목한 기운이 자욱한 형국인 달입니다. 도처에 재물이 있는 격이니 남아가 뜻을 얻는 운수의 달입니다.

2월

재물은 들어오나 시비 수가 있는 달입니다. 목성(木姓)과 함께 일을 하면 그 이익이 백 배 또는 천 배나 되는 형국의 달입니다. 집안사람이 합심하여 일하니 가도가 흥왕한 운수의 달입니다. 시비를 가까이하면 혹여 횡액을 당할 수 있으니 멀리하여야 하는 달입니다.

3월

재물이 따르는 달입니다. 봄 동산에 복숭아 자두나무들이 때를 만나 꽃을 피우는 형국의 달입니다. 봄 언덕의 수양버들이 때를 만나 의기양양한 형국의 달입니다. 재물과 복록이 몸에 따르니 부함이 금곡 같은 운수의 달입니다.

4월

자손에 경사가 있는 달입니다. 작은 것을 살펴 큰 것을 남기니 배 아픔도 모르는 형국의 운수입니다. 아침에 까치가 남쪽에서 우는 격이니 영귀함을 얻어 보는 운수의 달입니다. 지초와 난초를 보고 기뻐하는 격이니 자손에 영귀함이 있는 운수의 달입니다.

5월

자손에게 역시 경사가 있는 달입니다. 반면 남과 다투게 되면 재물과 명예가 상하게 되는 운수의 달입니다. 만일 그렇지 아니하면 처궁이 불리한 운수의 달입니다. 길하고 상서로운 기운이 문에 임하니 자손이 귀하게 되는 운수입니다.

가정이 화평한 달입니다. 동남쪽에서 귀인을 만나게 되는 운수의 달입니다. 재앙이 사라지고 복이 오는 격이니 집안이 화평한 운수의 달입니다. 윗사람과 아랫사람이 서로 화목하니 가도가 스스로 왕성한 형국의 달입니다.

재물을 얻는 달입니다. 만일 횡재수가 아니면 득남하는 운수의 달입니다. 재물 운이 크게 통하니 날로 천금을 얻는 형국의 달입니다. 뜰 앞의 지초와 난초가 홀로 봄빛을 띤 형국의 달입니다.

귀인을 만나는 달입니다. 동쪽의 귀인이 뜻밖에 나를 돕는 형국의 달입니다. 구름 밖의 만리에서 형제의 안부를 들어 보는 형국의 운수입니다. 만일 혼인이 아니면 아들을 얻는 운수의 달입니다.

분수를 지켜야 무탈한 달입니다. 원행을 하지 말아야 합니다. 손재수가 두려운 운수의 달입니다. 들어오면 곤고하고 나가면 이익이 없는 운수의 달입니다. 북쪽을 가까이하면 해는 있고 이익은 없는 운수의 달입니다.

경거망동을 삼가야 하는 달입니다. 가신이 나를 돕는 격이니 자연히 성공하는 운수의 달입니다. 길한 중에 흉함이 있으니 군자라면 신중한 행동을 하는 달입니다. 집 안에 있으면 근심이 있고 경거망동 하면 해가 있을 수도 있는 운수의 달입니다.

의식이 풍족한 달입니다. 부처님 앞에 기도하면 흉한 것이 변하여 길한 것으로 되는 운수의 달입니다. 의식이 유여하니 이밖에 무엇을 더 구하겠습니까. 들어오면 심란하고 나가면 길한 형국의 운수입니다.

몸도 왕성하고 재물도 왕성한 운수이니 태평한 운수의 달입니다. 분수를 지키고 평안을 찾는다면 대길함이 있는 운수의 달입니다. 목성(木姓)을 가까이 말아야 합니다. 은혜가 오히려 원수가 되는 형국의 달입니다.

89. 지地 욕浴

하고 있는 일이 잘 풀리지 않아 생활이 힘들고, 금전金錢 손실損失과 가정불화로 마음고생이 많다. 이럴수록 건강에 신경을 써야 하고 부부관계도 각별히 화목和睦을 도모하여야 한다. 여자는 남편의 외도外道로 고뇌苦惱할 수도 있다.

[음력 이달의 운수]

1월

구설수를 조심하여야 하는 달입니다. 동쪽과 북쪽 두 방향은 길함과 이익이 있는 곳입니다. 친한 사람을 믿지 말아야 합니다. 은혜가 도리어 원수가 되는 운수의 달입니다. 시비를 가까이하지 말아야 합니다. 구설이 가히 두려운 운수의 달입니다.

2월

관재구설수를 조심하여야 하는 달입니다. 봉황이 날개를 드리우고 밝은 곳과 어두운 곳을 드나드는 형국의 달입니다. 동쪽을 가까이 말아야 합니다. 하는 일에 허황함이 있을 수 있는 달입니다. 만일 구설수가 아니면 관재수가 가히 두려운 달입니다.

3월

구설수를 조심하여야 하는 달입니다. 검은 구름이 공중에 가득하니 해와 달을 보지 못하는 형국의 운수입니다. 뜻과 같지 않은 것이 십중팔구의 운수입니다. 구설이 서로 형극하니 하는 일에 마음이 합하지를 못하는 형국의 달입니다.

4월

가정이 불편한 운수의 달입니다. 꽃이 피고 지니 봄빛이 머물지 않는 형국의 달입니다. 처와 자손에게 모두 불미한 운수의 달입니다. 주작이 발동하니 구설수를 조심하여야 하는 운수의 달입니다.

5월

불조심을 하여야 하는 달입니다. 천 리를 순종하여 가는 형국이니 새로운 일을 가히   는 운수의 달입니다. 화성(火姓)과 가히 친하게 되면 내가 하는 일이 순조롭게 이루어지는 운수의 달입니다. 무엇이든 녹여내는 불귀신이 침범하니 불조심을 하여야 하는 운수의 달입니다.

구설수를 조심하여야 하는 달입니다. 육친이 무덕한 운수이니 은혜가 도리어 원수가 되는 운수의 달입니다. 직책에서 물러나지 말아야 합니다. 도리어 그 해가 있을 수도 있는 달입니다. 목성(木姓)과 친하지 말아야 합니다. 무단히 구설이 따를 수 있는 형국의 운수입니다.

7월

자손에 근심이 있을 수 있는 달입니다. 늙은 용이 힘이 없으니 하늘에 올라도 이익이 없는 형국의 운수입니다. 두문불출하여도 하는 일 없이 비방을 듣는 운수의 달입니다. 만일 질병이 없으면 자손에 액운이 있는 운수의 달입니다.

8월

실패 수가 있는 달입니다. 비바람이 몰아치는 가을바람이 세 겹으로 둘러싸는 형국의 운수입니다. 지금에야 길운을 맞으니 흉한 것이 변하여 길한 것으로 되는 운수의 달입니다. 하는 일에 실패가 있을 수 있는 형국의 달입니다.

9월

고진감래 하는 달입니다. 집 안에 있으면 길하니 우연히 재물을 얻는 운수의 달입니다. 때가 오고 운수가 도래하니 자연히 형통하는 운수의 달입니다. 해와 달이 서로 바라보니 그 빛이 창성한 형국의 운수입니다.

10월

분수를 지켜야 하는 달입니다. 돌 속의 옥도 세상에 나올 날이 있습니다. 토성(土姓)이 불리한 사람이니 길한 것이 변하여 흉하게 하는 사람인 것입니다. 분수를 지켜 편안히 있으면 가히 일신을 보전하는 운수의 달입니다.

11월

구설수를 조심하여야 하는 달입니다. 곤궁함과 질병이 이어지는 형국의 운수입니다. 천신에게 기도하면 가히 이 액운을 면하는 운수입니다. 다만 화성(火姓)을 가까이하면 구설이 분분한 형국의 운수입니다.

12월

질병을 조심하여야 하는 달입니다. 만일 질병이 없으면 자손에 액운이 있는 운수의 달입니다. 옛것을 지켜 안정하면 길하고 경거망동 하면 액운이 있는 달입니다. 운수가 길한 때를 만나니 질병이 날로 물러나는 형국의 달입니다.

90. 지地 대帶

근면勤勉한 공직자, 일반 직장인은 지위가 상승上昇할 운이며, 자영업자는 사업이 번창할 운이다. 문서의 운도 좋아 이동移動이 있을 것이니 이사移徙를 하여도 좋다. 연인은 결혼을 할 것이다. 그러나 여자는 남자로 인해 고심이 많을 수도 있다.

[음력 이달의 운수]

1월

집안이 화평한 달입니다. 하늘의 뜻이 중흥한 격이니 아래 백성들이 안락한 형국의 운수입니다. 집안이 화평하고 자손에 경사가 있는 운수의 달입니다. 가도가 순조로우니 그 안락함이 도도한 형국의 달입니다.

2월

귀인이 나를 돕는 달입니다. 늙은 용이 하늘로 올라 넓게 큰 비를 내리게 하는 형국의 운수입니다. 나를 이끌고 선택해 주는 사람이 있으니 자연 영귀함을 얻는 운수의 달입니다. 만일 공명을 얻으면 이름이 사해에 떨치는 운수의 달입니다.

3월

재물이 들어오는 달입니다. 이달의 운수는 길성이 비치는 형국의 달입니다. 다른 사람의 말을 믿으면 길흉이 서로 반반인 형국의 달입니다. 재물이 몸에 따르니 손에 천금을 희롱하는 운수의 달입니다.

4월

동업을 하여보는 달입니다. 심신이 화평하니 이름이 높고 덕이 가득한 형국의 달입니다. 다른 사람과 더불어 도모하면 수고롭지 않고 얻는 형국의 달입니다. 뜰에 난초가 스스로 향기로우니 자손에 경사가 있을 수 있는 형국의 달입니다.

5월

다른 사람이 나를 돕는 달입니다. 화성(火姓)이 와서 도우니 광채가 백 배가 되는 형국의 달입니다. 길한 성은 정 가(鄭家) 김 가(金家) 두 성인 달입니다. 서쪽이 불리하니 그 쪽으로 출행하지 말아야 길한 달입니다.

손재수가 있을 수 있는 달입니다. 따뜻한 봄날에 만물이 화생하는 형국의 달입니다. 몸이 편하고 마음이 안온하니 모든 일이 만족스럽고 길한 운수의 달입니다. 동쪽 방향으로 행하지 말아야 합니다. 혹여 손재수가 두려운 운수의 달입니다.

7월

출행하여 성공을 하는 달입니다. 성공과 실패가 분분하나 한두 번으로 끝날 문제가 아닙니다. 역마가 문에 드니 출타하면 이익을 보는 운수의 달입니다. 도처에 재물이 있으니 심신이 화평하고 기쁜 운수의 달입니다.

8월

자손에 경사가 있는 달입니다. 집안사람이 한마음으로 임하니 소망이 여의한 운수의 달입니다. 금란이 스스로 향기를 발하니 자손에 경사가 있는 형국의 달입니다. 식구와 토지가 느는 격이니 가도가 왕성한 운수의 달입니다.

9월

이사 수가 있는 달입니다. 양지를 향하는 꽃나무는 봄을 얻기 쉬운 형국의 달입니다. 재물과 복록이 따르니 얼굴에 희색이 만면한 형국의 달입니다. 서쪽은 길하고 남쪽은 흉하니 이사를 하여보는 형국의 운수입니다.

10월

귀인을 만나는 달입니다. 길한 운수가 왕성하니 좋은 일이 있는 형국의 운수입니다. 우연히 귀인을 만나니 그 사람이 옥과 같은 형국의 달입니다. 티끌 모아 태산을 이루는 격이니 그 이치는 절대적입니다.

11월

이름을 세상에 알리는 달입니다. 만일 공명을 얻으면 이름을 사해에 떨치는 운수의 달입니다. 만일 벼슬을 하지 못하면 부모궁에 해가 있을 수도 있는 운수의 달입니다. 붉은 기운이 서편에 뜨니 귀인이 있는 운수의 달입니다.

12월

가정이 화평한 달입니다. 구름이 가고 비를 베푸니 만물을 기르는 형국의 운수입니다. 위태한 중에 평안함이 있고 결국에는 길한 이익을 보는 운수의 달입니다. 부부가 화목하고 순조로우니 기쁨이 가정에 가득한 형국의 달입니다.

91. 지地 건建

주위 사람으로부터 존경尊敬을 받으며, 덕망德望을 쌓아 지위地位가 상승上昇할 운이며, 순조롭게 경사스러운 일이 넘쳐날 것이다. 남자는 가정적이며, 부부관계도 원만하다. 여성은 남편의 사랑을 받으며, 건설적인 가정생활로 행복을 누릴 것이다.

[음력 이달의 운수]

1월

용이 밝은 여의주를 얻은 격이니 공명을 얻는 운수의 달입니다. 복록이 중하고 권세가 높으니 입신양명 하는 운수의 달입니다. 재수가 대길하니 우연히 재물을 얻는 운수의 달입니다.

2월

고진감래 하는 달입니다. 군자는 덕이 적은 운수요, 관록을 먹는 사람은 불리한 운수입니다. 길신이 명궁에 비치니 도처에 이익이 있는 형국의 달입니다. 재수가 대길하니 의기가 남아다운 형국의 달입니다.

3월

재물을 얻는 달입니다. 만족할 줄 알면 욕됨이 없고 편안히 분수를 지키면 마음이 한가로운 달입니다. 남쪽에 길함이 없으니 출행하면 재물을 얻는 운수의 달입니다. 재물과 이익에 모두 길하니 만면에 화기가 도는 형국의 달입니다.

4월

사람 조심하여야 하는 달입니다. 서로 다투지 말아야 합니다. 손해와 불리함만 있을 뿐인 운수입니다. 잠긴 용이 여의주를 얻으니 변화가 무쌍한 운수의 달입니다. 만일 목성(木姓)을 가까이하면 공연히 해가 있을 수도 있는 운수의 달입니다.

5월

무역하여 돈을 버는 달입니다. 장안 길 위에서 남아가 뜻을 얻는 형국의 달입니다. 수성(水姓)을 가까이하지 말아야 합니다. 공연히 피해가 있을 수도 있는 운수의 달입니다. 무역을 하여서 있는 것을 없는 곳으로 옮기니 그 이익이 백 배는 되는 형국의 운수입니다.

귀인이 돕는 달입니다. 귀인이 항상 도우니 이익이 그 가운데 있는 형국의 달입니다. 목마른 자가 마실 것을 얻고 굶주린 자가 밥을 얻는 형국의 운수입니다. 신수가 평길하니 재물과 복록이 면면히 이어지는 운수입니다.

7월

자손에 근심이 있을 수 있는 달입니다. 이달의 운수는 근심 중에 기쁨이 생기는 운수의 달입니다. 재록은 풍만하나 혹여 작은 근심이 있을 운수입니다. 자손에 근심이 있으니 이사하면 대길한 운수의 달입니다.

8월

호사다마 한 달입니다. 집에 있으면 길하고 나가면 피해가 있을 수도 있는 운수의 달입니다. 만일 관록이 아니면 자손을 얻는 운수의 달입니다. 범사에 조심하여야 하는 달이니 좋은 일에 마찰이 있을 수 있는 운수입니다.

9월

물 조심을 하여야 하는 달입니다. 하는 일이 마음과 같지 않으니 심신이 삼대와 같이 엉켜있는 형국의 운수입니다. 물가에 가지 말아야 합니다. 수액이 가히 두려운 운수의 달입니다. 하는 일마다 마찰이 많을 수 있으니 삼가 조심함이 상책인 달입니다.

10월

귀인이 돕는 달입니다. 이달의 운수는 근심이 흩어지고 기쁨이 생겨나는 운수의 달입니다. 귀인이 항상 돕는 운수이니 가히 큰 재물을 얻는 달입니다. 이름과 이익을 이루어 내니 복록이 무궁한 형국의 운수입니다.

11월

의외의 성공을 하는 달입니다. 허욕을 탐하지 말아야 합니다. 하는 일의 이익에 부당함이 있는 운수입니다. 의외로 성공을 거두니 재물과 비단이 진진한 형국의 달입니다. 북쪽을 향하지 말아야 합니다. 노고는 있을 수 있으나 공이 없을 수 있는 방향의 달입니다.

12월

의외의 재물을 얻는 달입니다. 축월의 운수는 경사스러움이 남는 운수의 달입니다. 험로 중에 순행을 하니 재물 운이 왕성한 달입니다. 만일 금성(金姓)을 만나면 의외의 재물이 생기는 운수의 달입니다.

92. 지地 왕旺

실력實力을 발휘하여 주위의 도움을 받아 출세할 운運으로 자영업, 사업하는 사람은 하는 일이 번성할 것이요, 성공을 거둘 것이다. 자녀子女에게 경사가 있어 부부관계도 윤택하다. 그러나 달도 차면 기우는 법, 과신하면 이기심利己心과 질투嫉妬를 받게 된다.

[음력 이달의 운수]

1월

가정이 평안한 달입니다. 봄이 고국에 돌아오니 백화가 난만한 형국의 달입니다. 천종의 복록을 누리는 격이니 만사가 여의한 운수의 달입니다. 가정에 경사가 있고 소망이 뜻과 같이 이루어지는 운수의 달입니다.

2월

귀인이 돕는 운수의 달입니다. 길신이 운명에 드니 근심이 흩어지고 기쁨이 생기는 운수의 달입니다. 동쪽과 남쪽 두 방향에서 귀인이 와서 돕는 운수의 달입니다. 하늘이 스스로 도우니 길하지 않은 것이 없는 운수의 달입니다.

3월

재물 운이 좋은 달입니다. 물고기가 변하여 용이 되니 조화를 예측하기 어려운 운수의 달입니다. 재물 운이 형통하니 날로 천금을 얻는 운수의 달입니다. 하루아침에 공명을 얻는 격이니 금옥이 만당한 운수의 달입니다.

4월

손재수가 있을 수도 있는 달입니다. 성심으로 치성하고 움직이면 허물이 없는 운수의 달입니다. 만일 횡재함이 없으면 길함이 변하여 흉함이 되는 운수의 달입니다. 금성(金姓)으로 피해가 있을 수 있는 운수의 달입니다.

5월

원행은 불리한 달입니다. 귀인이 와서 도우니 손에 문권을 희롱하는 운수의 달입니다. 동쪽과 남쪽 두 방향으로 출행하면 불리한 운수의 달입니다. 집을 지키면 길하고 원행하면 불리한 운수의 달입니다.

새 사업을 하는 달입니다. 백 개의 하천이 바다로 돌아가는 격이니 작은 것을 쌓아 큰 것을 이루는 운수의 달입니다. 뜻밖의 귀인이 우연히 와서 힘써 돕는 운수의 달입니다. 만일 새 사업이 아니면 일시적으로 곤고한 운수의 달입니다.

다른 사람과 비밀을 지켜야 길한 달입니다. 무단한 비와 바람이 꽃떨기를 어지럽게 흔드는 형국의 달입니다. 두 마리 새가 둥지를 놓고 다투는 격이니 누가 승부를 알겠습니까. 비밀스러운 일을 누가 있어 알겠습니까.

주색을 조심하여야 하는 달입니다. 만일 여자를 가까이하면 구설을 면하지 못할 가능성이 있는 운수의 달입니다. 만일 관록이 아니면 자손을 얻는 운수의 달입니다. 화성(火姓)을 가까이 말아야 합니다. 그 피해를 받을 수 있는 운수의 달입니다.

분수를 지켜야 하는 달입니다. 꽃이 지고 봄이 가니 벌과 나비가 오지 않는 형국의 달입니다. 질병이 가히 염려되니 미리 도액하여 면해야 합니다. 만일 경거망동 하면 후회하고 이익이 없는 운수의 달입니다.

원행하여 보는 달입니다. 지루한 장마가 하루아침에 청명하여지는 형국의 달입니다. 먼저는 흉하고 나중은 길한 격이니 복록이 스스로 오는 형국의 운수입니다. 만일 이사가 아니면 한 차례 원행하는 운수의 달입니다.

입단속을 잘하여야 하는 달입니다. 의외의 재물이 나의 집으로 날아 들어오는 형국의 달입니다. 입신양명 하고 복록이 면면한 운수의 달입니다. 구설수나 관재수가 있을 수 있는 운수의 달입니다.

신상에 위험이 있는 달입니다. 이달의 운수는 신운이 조금 비색한 운수의 달입니다. 친한 사람을 믿지 말아야 합니다. 은혜가 도리어 원수가 되는 운수의 달입니다. 매사에 신중을 기하여야 하는 운수이니 신상의 위태함을 주의하여야 하는 달입니다.

93. 지地 쇠衰

운기運氣가 쇠약衰弱하다. 자영업자는 적자赤字나 인간관계에서 단절斷切을 초래할 수도 있는 운이다. 동업자同業者와도 의견 대립이 있을 수 있다. 여자는 남편으로 인하여 마음의 병이 발생할 수 있으니 조심해야 한다.

[음력 이달의 운수]

1월

산에 가야 범을 잡고 강에 가야 고기를 잡는 법인데, 산에 가서 고기를 잡으려 하고 강에 가서 범을 잡으려 하니 만사가 꼬이는 달입니다. 경영하는 일이 처음은 잘되어 가는 듯하지만, 나중에는 꼬일 수 있습니다. 어쩌면 하지 않음만 못할지도 모릅니다.

2월

1월 달과 운수가 같으니 분수를 지켜나감이 이로울 수입니다. 경영하는 일에 실망하는 순간 이익이 생겨나니 처음에 정성을 다한 결과입니다. 동북쪽에서 횡재를 하는 운수입니다. 재물이 저절로 들어오는 달입니다.

3월

정신없이 출행하다 보면 실물수, 즉 물건 등을 잃어버리는 수가 있습니다. 나무에 올라가서 물고기를 잡으려 하니 세상 사람들의 웃음거리가 되기 쉽습니다. 나의 주장을 한 풀 꺾고 남의 말을 잘 경청하여 좋은 말만 귀담아 듣는 지혜가 필요합니다.

4월

지금껏 얻은 명예와 재물은 물거품처럼 사라지는 달입니다. 재물이 손에 들어온다고 하더라도 나갈 곳이 이미 정하여져 있어 내 손에 남는 것은 없습니다. 금전적으로 어려움을 겪는 달입니다.

5월

마음을 달래려고 여행을 떠나 보아도 그 곳에서 만난 사람마저 나를 함정에 몰아넣으니 세상사가 원망스럽기만 한 달입니다. 이리 가면 함정이요, 저리 가면 구설수인 경우가 많으니 설 자리가 없어 보일 수도 있습니다.

6월

집 안에 있으면 불안하고 심란하여 바깥출입을 하여보나 역시 마음을 달랠 길 없습니다. 특히 남쪽은 불리한데 이곳 출행을 삼가야 됩니다. 음력 오월과 유월은 되는 일 없이 계획만 무성한 달입니다.

7월

지성으로 힘써 노력한 결과를 얻는 달입니다. 일엽편주에 몸을 싣고 큰 바다에 나갔으나 바람이 일지 않아 앞으로 나가지 못하니 답답한 마음뿐입니다. 그러나 정성을 다하여 하늘에 기도하니 마침내 순풍이 풀어와 목적지까지 무사히 항해할 수 있게 됩니다.

8월

금전을 잃으면 조금 잃기도 하는 것이요, 신용을 잃으면 많이 잃기도 하는 것이요, 건강을 잃으면 모든 것을 잃기도 한다는 말이 있듯이, 건강을 잃게 되면 다시 일어나기 어려우니 만사를 제쳐 놓고라도 건강을 챙기는 데 힘써야 할 것입니다. 관재수도 조심하여야 합니다.

9월

아무리 애를 써도 나쁜 징조가 침범하니 항상 조심 또 조심하여 지나야 합니다. 관재가 침범하고 명예와 이익이 산산이 흩어지니 이를 누구에게 원망하리요, 지나온 과거를 돌이켜 생각하여 반성하고 경거망동을 삼간다면 가까스로 어려움을 면할 것입니다.

10월

역마살이 임하여 출타를 하면 마음이 가라앉을까 하여 밖으로 나가 보나 오히려 마음 상하는 일이 더 생깁니다. 이번 달도 근신 자중하여 집에서 조용히 지내는 것이 마음을 가라앉히는 데에 더 도움이 됩니다.

11월

출행하면 이롭지 못하니 역시 경거망동 하지 말고 입조심하며 분수에 맞는 언행을 하여야 합니다. 부득이 출행을 한다면 북쪽이 불리하니 북쪽은 피하는 것이 상책입니다. 운수가 좋지 못하니 금전적으로 어려움을 겪는 시기이기도 합니다.

12월

하는 일이 잘되지 않아 새로운 동반자를 찾고자 하나 정작 동반자는 나에게 도움이 되지 않고 해를 끼치니 앞으로 추진할 일이 막막하기만 한 달입니다. 비록 재물은 모으지 못하고 소비하였다 하여도 건강은 지킬 수 있었으니 그나마 다행인 달입니다.

94. 지地 병病

변화變化가 많은 시기이다. 행복보다는 불행이 찾아와 금전적 손실과 우환憂患으로 가정이 불안할 운이다. 데리고 있던 직원職員, 자손子孫으로 인하여 고심하게 될 수 있으며, 여자는 남편의 건강 문제로 수심이 가득할지도 모른다. 교통사고 우려되니 조심해야 한다.

[음력 이달의 운수]

1월

운수가 불길하여 부모에게 근심과 우환이 있을 운수입니다. 초상집에 가면 혹여 잡귀가 붙어 신병이 들릴까 염려되니 초상집에 가지 말아야 하는 달입니다. 비록 일을 구하나 원치 않는 일이 되는 운수의 달입니다.

2월

비록 몸은 고달프나 재물 운이 들어오는 달입니다. 내 코가 석자인데 어찌 남의 일을 생각할 여력이 있겠습니까, 내 앞가림부터 하여야 할 형국입니다. 이월의 봄바람에 복숭아꽃이 만발한 형국입니다. 신수는 불리하나 재물 운은 좋은 달입니다.

3월

재성이 문에 들어오니 재물이 스스로 들어오는 형국의 운수입니다. 부귀와 영욕이 순간에 지나지 않으니 과욕은 금물인 달입니다. 마음이 산란하니 꿈을 꾸어도 심란한 꿈만 꾸는 운수의 달입니다.

4월

재물을 멀리하면 시비를 면하는 달입니다. 이달의 운수는 재물의 이익을 말하지 못할 가능성이 있는 달입니다. 서쪽에 길함이 있으니 재물과 비단을 얻는 곳입니다. 남을 믿고 행동하면 시비에 휘말리게 되는 운수의 달입니다.

5월

이사 수가 있는 달입니다. 이사하면 길한 달입니다. 분수를 지킴에 편안함이 있고 재해가 침범하지 않는 달입니다. 신변에 적은 해를 끼칠 수도 있는 것은 수성(水姓)의 성을 가진 사람 때문입니다.

사람에게 약간의 손해를 보기도 하는 달입니다. 이달의 운수는 적은 재물이 들어오는 운수의 달입니다. 동쪽과 남쪽은 대길하나 북쪽과 서쪽은 불길한 방향인 달입니다. 처음 보는 사람을 가까이하면 손해를 보기도 하는 운수의 달입니다.

7월

하는 일에 허망함이 있을 수 있는 달입니다. 나무에 올라가 물고기를 구하려 하니 그림에 그려진 떡을 먹으려 하는 형국의 달입니다. 밖으로는 노적가리가 쌓여 있고 안으로는 영화로움을 누리는 운수의 달입니다. 조용히 있으면 대길하고 움직이면 해를 보는 운수의 달입니다.

8월

뜻하지 않은 재물을 얻어 보는 달입니다. 천상의 맑은 복숭아가 천년의 결실을 맺는 형국의 운수입니다. 동쪽과 서쪽에서 뜻하지 않은 재물을 얻는 운수의 달입니다. 재복이 몸에 따르는 형국이니 결국 재물을 얻게 되는 운수의 달입니다.

9월

허욕을 버려야 재물을 지킬 수 있는 달입니다. 여하튼 재수는 재물을 반을 얻고 반을 잃기도 하는 형국입니다. 화성(火姓)을 가까이하면 도리어 불미함이 있는 운수의 달입니다. 재수가 불길하니 남의 재물을 탐하지 말아야 하는 운수의 달입니다.

10월

재물이 따르나 관재구설을 주의하여야 할 달입니다. 구월의 단풍이 목단 꽃보다 나은 형국의 운수입니다. 재성이 몸에 따르니 재물의 샘이 끝이 없는 형국의 달입니다. 혹여 관재가 있을 운수이니 미리 산신에 기도하여 액운을 막아야 하는 운수의 달입니다.

11월

어려운 가운데 재물을 취하여 보는 달입니다. 닭의 울음소리와 개 짖는 소리가 새벽에 들려오니 허전한 마음을 달래 보는 형국의 달입니다. 동짓달과 섣달에는 매사에 이루어지는 것이 없는 운수입니다. 동쪽과 서쪽에서 뜻밖의 재물을 얻어 보는 운수의 달입니다.

12월

구설이 있을 수 있는 달이니 경거망동 하지 말아야 하는 달입니다. 사소한 일로 구설이 들여오는 운수입니다. 비록 지혜는 있다 하나 때를 만나 좋은 흐름을 타는 것만 못한 운수의 달입니다. 신상에 위태로움이 있을 운수이니 경거망동 하지 말아야 탈이 없는 달입니다.

95. 지地 사死

생활에 변화變動이 많은 시기다. 사업가事業家는 큰 손실을 보든지 회사가 위험에 처할 수도 있다. 직장인職場人은 윗사람과 마찰로 실직失職이 우려된다. 하여간 생활에 고통이 많을 운으로 교통사고, 각종 질병으로부터 주의를 요한다.

[음력 이달의 운수]

1월

허명무실한 달입니다. 눈이 봄 산에 가득하니 초목이 생하지 못하는 형국의 달입니다. 이름만 있고 실속이 없으니 경영하는 바가 허사인 달입니다. 하는 일에 두서가 없으니 소망을 이루기 어려운 운수의 달입니다.

2월

손재수가 있을 수도 있는 달입니다. 시중에 범이 있다고 전함은 오인된 사실인 형국입니다. 범사가 많이 거슬리는 형국이니 수심을 면하기 어려운 운수의 달입니다. 눈앞이 불리하니 결국에는 손재수가 따르는 운수의 달입니다.

3월

물 조심하여야 하는 달입니다. 두 마음이 같지 아니하니 이별 수가 따르는 운수입니다. 구설이 분분하니 무슨 연고인지 모르는 형국의 운수입니다. 물가에 가지 말아야 하는데 한 번은 놀라 보는 운수의 달입니다.

4월

하는 일에 막힘이 많을 수 있는 달입니다. 화풍설월에 높은 곳에 오르는 것을 삼가야 하는 운수입니다. 하는 일에 실마리가 없을 운수입니다. 처궁에 살이 있으니 미리 도액하면 가히 그 액운을 면하는 운수입니다.

5월

동업을 피하여야 하는 달입니다. 신운이 불길한 운수의 달입니다. 착한 마음으로 공을 들여도 덕이 없는 격이니 남을 탓한들 무슨 소용이겠습니까. 특히 남과 동업하면 실패하는 운수의 달입니다.

고진감래 하는 달입니다. 날려 하나 날개가 없으니 보물 솥에 발이 꺾이는 형국의 운수입니다. 재물이 궁한 것을 한탄하지 말아야 합니다. 처음은 곤고하나 뒤는 통하는 운수의 달입니다. 신수가 불길한 운수의 달입니다.

7월

부모에게 근심이 있을 수 있는 달입니다. 비록 묘한 계교는 있을 수 있으나 맞지 않을 가능성이 있습니다. 노심초사하여 경영한 것이 바람을 잡고 그림자를 잡은 형국인 달입니다. 근심이 부모에게 있느니 미리 치성하면 가히 그 액운을 면하는 운수입니다.

8월

주색을 멀리하여야 하는 달입니다. 종로에서 뺨 맞고 한강에서 화풀이하는 형국의 운수입니다. 만일 여자가 가까이한다면 뜻하지 않은 변화가 있을 수 있는 달입니다. 김 씨가 마시고 이 씨가 취하는 격이니 가히 삼가지 않으면 안 되는 운수의 달입니다.

9월

건강을 잘 지켜야 하는 달입니다. 혹여 신액이 있으니 범사에 조심하여야 하는 운수의 달입니다. 만일 횡액이 아니면 집안에 풍파가 있는 운수의 달입니다. 미리 도액을 하면 가히 이 운수를 면하는 달입니다.

10월

가운이 좋아지는 달입니다. 여름의 마른 풀이 비를 만난 형국의 달입니다. 가운이 이미 돌아온 격이니 이익이 전답에 있는 형국의 운수입니다. 정성으로 집터에 기도하면 복록이 스스로 오는 운수의 달입니다.

11월

근심과 손재수가 있을 수도 있는 달입니다. 창밖의 푸른 복숭아가 홀로 봄빛을 띤 형국의 달입니다. 비록 재물은 있을 수 있으나 혹여 작은 근심이 있을 운수의 달입니다. 손재수가 있으니 친한 사람을 조심하여야 하는 달입니다.

12월

원행을 삼가야 하는 달입니다. 망령되게 이동하지 말며 안정하면 길한 운수의 달입니다. 재산상 손해가 있을 수도 있는 운수이니 주고받는 일을 하지 말아야 하는 달입니다. 동쪽과 남쪽 두 방향은 출행함이 마땅치 않은 달입니다.

96. 지地 묘墓

운기運氣가 침체沈滯하여 매사每事 뜻대로 안 되고 중도中道에 실패할 운運이다.
자영 업자, 사업하는 사람은 과욕過慾을 버려야 후일을 도모할 수 있다. 여자는
가정사家政事로 인하여 고민이 많다. 특히 남편 문제로 마음고생을 할 수 있으니
유념해야 한다.

[음력 이달의 운수]

1월

하는 일이 힘겨운 달입니다. 양원이 비록 좋으나 고향만 못한 운수입니다. 비리가 있는 재
물을 탐하지 말아야 하는 운수입니다. 들어오면 몸이 고단하고 나가면 마음이 슬픈 형국의
운수입니다.

2월

동업을 하지 말아야 하는 달입니다. 오래 가물고 비가 오지 않으니 초목이 자라지 못하는
형국의 운수입니다. 험한 중에 순행하니 성심으로 일하면 신이 감동하는 형국의 운수입니
다. 남과 동업을 하면 별로 이익이 없는 운수의 달입니다.

3월

원행을 주의하여야 하는 달입니다. 잠깐 웃고 잠깐 찌푸리니 마음속이 편하지 못한 운수의
달입니다. 현무가 발동하니 출행하면 불리한 운수의 달입니다. 사고무친 한 형국이니 어디
의지할 곳이 없는 처지의 운수입니다.

4월

답답한 형국의 달입니다. 얕은 물에 배를 행하니 나가고자 해도 나가지 못하는 형국의 운수
입니다. 동쪽으로 가지 말아야 합니다. 손해가 있을 수도 있는 달입니다. 재물이 뜬구름과
같으니 얻고 모으기가 어려운 운수의 달입니다.

5월

하는 일에 공이 없을 수 있는 달입니다. 성사되고 안 되고는 하늘에 있을 수 있으나 일을 도
모하는 것은 사람에 있는 형국의 달입니다. 하는 일에 미결함이 있으니 실패 수가 있는 운
수의 달입니다. 남쪽 햇볕 잘 드는 오월에 말을 땀나게 달려도 공이 없을 수 있는 운수의 달
입니다.

욕심을 버려야 하는 달입니다. 처음은 있고 끝이 없는 격이니 하는 일에 허황함이 많은 달입니다. 옛것을 버리고 새것을 취하는 격이니 모든 일이 여의한 운수의 달입니다. 허황한 일은 삼가여 하지 말아야 하는 운수의 달입니다.

7월

근신하여야 하는 달입니다. 신비한 용이 세력을 잃으니 미꾸라지가 희롱하는 형국의 달입니다. 비와 눈이 펄펄 내리는 격이니 나는 새가 그림자가 끊어진 형국의 운수입니다. 집에 있으면 평안하고 나가면 해가 있을 수도 있는 운수의 달입니다.

8월

남의 말을 믿지 말아야 하는 달입니다. 목성(木姓)이 불리하니 그의 말을 믿고 듣지 말아야 하는 운수의 달입니다. 목성(木姓)이 와서 부르거든 삼가 대답하여 말아야 하는 형국의 운수입니다. 음력 칠월과 팔월 두 달은 흉함은 많고 길함은 적은 운수의 달입니다.

9월

횡재하는 달입니다. 세업이 꿈과 같으니 자수성가 하는 운수의 달입니다. 재물 운이 왕성하니 하루에 천금을 이루는 운수의 달입니다. 복성이 몸에 따르니 출입하면 광명이 있는 운수의 달입니다.

10월

가정에 불화가 있는 달입니다. 집사람의 마음이 각각이니 집안에 불평함이 있는 운수의 달입니다. 타인을 원망하지 말아야 합니다. 재앙은 집 안에 있는 형국의 달입니다. 안정하면 길함이 있고 움직이면 재물의 손해가 있을 수도 있는 운수의 달입니다.

11월

고진감래 하는 달입니다. 목마른 용이 물을 얻은 격이니 기쁜 일이 중중한 운수의 달입니다. 먼저는 곤고하고 나중은 태평한 격이니 먼저는 흉하고 나중은 길한 운수의 달입니다. 만일 관록이 아니면 자손에 경사가 있는 운수의 달입니다.

12월

실물수를 조심하여야 하는 달입니다. 믿는 사람에게 해로움이 있으니 사람을 고용함에 주의하여야 하는 운수의 달입니다. 금언을 듣지 않으면 후회막급한 일이 있을 운수입니다. 도둑이 길 위에 있으니 실물수를 조심하여야 하는 운수의 달입니다.

97. 목木 절絕

매사每事에 불안하여 생각 같지 않으며, 가家 내內 우환憂患과 늙으신 부모에 대한 걱정으로 모든 일이 뜻대로 되지 않고, 금전적 손실과 질병으로 마음고생이 많다. 여자는 불화不和가 많은 해年이니 주의를 요한다.

[음력 이달의 운수]

1월

구설수가 따를 수 있는 달입니다. 지신(地神)이 발동하니 구설이 생겨 보는 달입니다. 만일 손재수가 없으면 우환이 끊이지 않는 운수의 달입니다. 다른 사람의 재물을 탐하지 말아야 선량한 재물이 손실을 보지 않는 달입니다.

2월

하는 일에 마찰이 따르는 달입니다. 세 사람 가운데 한 사람이 불량한 사람인 형국의 달입니다. 경영하는 일이 될 듯하다 되지 않는 운수의 달이기도 합니다. 마른 나무가 서리를 만난 형국이니 살길이 막막한 운수의 달입니다.

3월

욕심을 버리면 평안한 달입니다. 굶주린 사람이 밥을 얻었으나 숟가락이 없어 못 먹는 형국의 달입니다. 달이 기울어 서쪽 창가에 비추니 괴이한 꿈으로 시달려 보는 형국의 달입니다. 탐욕이 끊임이 없으면 복이 재앙으로 변하는 운수이니 주의하여야 하는 달입니다.

4월

경거망동을 하지 말고 안정을 취하여야 하는 달입니다. 옛것을 지켜 평안함을 찾고 다른 일을 도모하지 말아야 어려움이 없는 달입니다. 달이 검은 구름에 가려지니 그 빛을 보지 못하는 형국의 달입니다. 다른 사람과 함께 일을 도모해 보나 성공이 쉽지 않을 운수의 달입니다.

5월

귀인은 도우나 경거망동을 주의하여야 하는 달입니다. 동쪽과 남쪽에서 귀인이 찾아와서 돕는 형국의 운수입니다. 무심코 던진 한마디가 일파만파 되어 되돌아오는 달이니 말조심을 하여야 하는 달입니다. 분수 밖의 일을 꾀한다면 실패가 따를 수 있는 달입니다.

하는 일에 막힘이 있는 달입니다. 서로 사이좋게 마주 보고 세상사를 의논하는 것 같지만 그 속마음은 닫혀 있는 형국이니 답답한 달입니다. 음력 유월과 칠월에는 백 가지 일에 마찰이 생기는 달입니다. 하는 일에 엎어짐이 많으니 남을 조심하여야 하는 운수의 달입니다.

욕심을 버리면 안정되는 달입니다. 앞으로 나가려고 하나 길이 없으니 이 일을 어찌하여야 하나 하고 고민하여 보는 운수의 달입니다. 작은 것을 탐내다가 큰 것을 잃기도 하는 운수이니 소탐대실(小貪大失)의 운수는 어쩔 수 없는 달입니다. 옛것을 지켜 안정을 하면 흉한 일이 변하여 길한 일이 되는 운수의 달입니다.

적은 재물 운이 있는 운수의 달입니다. 가문 싹이 비를 만난 격이니 먼저는 흉하고 나중은 길한 운수의 달입니다. 다만 이성을 가까이하면 손해를 볼 수 있습니다. 조심해야 합니다.

분수를 지키면 무탈한 달입니다. 낯선 사람을 사귀고 놀면 피해를 보는 달입니다. 생겨나는 허망한 욕심을 버리지 못하면 도리어 그 피해를 보는 달입니다. 서쪽과 북쪽 이 양방향이 이롭지 못하니 주의하여야 하는 달입니다.

구설수가 따를 수 있는 달입니다. 이달의 운수는 횡액이 가히 두려운 운수의 달입니다. 매사에 막힘이 많을 수 있는 운수이니 경거망동 하지 말아야 하는 달입니다. 목성(木姓)을 조심하지 않으면 구설이 침노하는 운수의 달입니다.

욕심을 버리면 화평한 달입니다. 일 년의 재물 운은 번화한 도시의 한겨울에 있는 형국의 달입니다. 눈앞의 이익만 취하다 보면 낭패를 볼 수 있는 운수의 달입니다. 집안에 경사 수가 찾아 드니 자손에 경사가 있을 운수의 달입니다.

어려운 가운데 재물이 들어오는 달입니다. 이달의 운수는 모래를 쪄서 밥을 짓는 형국의 운수입니다. 우연히 재물이 들어오는 운수의 달입니다. 화성이 와서 도우면 적은 재물을 가히 얻을 수 있는 운수의 달입니다.

98. 목木 태胎

운세運勢가 양호良好하니 직장인은 업무적으로 뜻을 관철貫徹시키고, 사업가는 뜻하던 계약契約을 할 것이다. 또한 가정적으로 화목和睦하여 여자는 자녀子女 운運이 있을 것이다. 성급함을 피하며 노력한다면 매사에 성취成就할 운이 찾아올 것이다.

[음력 이달의 운수]

1월

노력한 끝에 소원을 이뤄 보는 달입니다. 정월과 이월에는 비로소 재물 복을 얻는 운수의 달입니다. 하늘이 스스로 돕는 격이니 길하여 불리함이 없는 형국의 달입니다. 물고기와 용이 물을 얻은 격이니 그 즐거움이 도도한 형국의 달입니다.

2월

재물이 따르는 달입니다. 봉황이 아침햇살에 우는 격이니 비로소 재복을 얻는 형국의 달입니다. 재물이 몸에 따르니 부유하기가 황금 계곡에 든 형국의 운수입니다. 재성이 몸에 따르니 가히 석숭에게 비할 바가 아닙니다.

3월

재물이 따르는 달입니다. 봄바람 가랑비에 버들가지가 푸르른 형국의 달입니다. 천종의 복록을 누리는 격이니 만사가 여의한 운수의 달입니다. 신수가 대길하니 도처에서 재물을 얻는 형국의 달입니다.

4월

주색을 조심하여야 하는 달입니다. 여인을 가까이하지 말아야 하는 달입니다. 한편, 음양이 화합하는 격이니 만물이 화생하는 운수의 달입니다. 다른 사람의 재물이 우연히 집 안에 들어오는 형국의 달입니다.

5월

고진감래 하는 달입니다. 물을 거슬러 배를 행하는 격이니 풍파가 따르는 운수의 달입니다. 먼저는 곤고하고 나중은 태평한 운수이니 복록이 가볍지 않은 길한 운수입니다. 많은 일이 길하고 곳곳에 재물이 따르는 형국의 달입니다.

집안에 경사가 있는 달입니다. 머리에 계화를 꽂는 격이니 맑은 이름이 멀리 퍼지는 형국의 달입니다. 소망이 여의하니 남아가 뜻을 얻는 형국의 달입니다. 집에 경사가 있으니 어진 소리가 스스로 들리는 형국의 달입니다.

소원을 성취하여 보는 달입니다. 물고기와 용이 물을 얻는 격이니 활기가 다시 새로운 형국의 달입니다. 신운이 대통하는 운수이니 도처에 권세가 있는 운수의 달입니다. 길한 방향은 동쪽과 서쪽인 달입니다.

귀인이 나를 돕는 달입니다. 장원의 벌과 나비의 진가를 누가 알겠습니까. 귀인이 나를 돕는 운수이니 일에 성사됨이 있는 운수의 달입니다. 의외로 성공하니 재물도 있고 권세도 있는 형국의 운수입니다.

구설을 조심하여야 하는 달입니다. 이익과 재물이 사방에 있는 격이니 도처에 봄바람의 형국인 달입니다. 남쪽을 왕래하니 만사대통 하는 운수의 달입니다. 다만 만일 여자를 가까이 하면 혹여 구설이 따를 수 있는 운수의 달입니다.

귀인이 돕는 달입니다. 이익과 재물이 외방에 있는 격이니 원행하면 이익을 얻는 운수의 달입니다. 동쪽과 남쪽 양방향에서 귀인이 나를 돕는 운수의 달입니다. 좋은 기회를 잃지 말아야 합니다. 빈손으로 집안을 일으키는 운수입니다.

실물수가 있는 달입니다. 자월과 축월에는 경사가 있는 운수의 달입니다. 현무가 관귀를 띠었으니 실물수를 조심하여야 하는 운수의 달입니다. 명리가 다 길하니 도처에서 이익을 얻는 형국의 달입니다.

재물의 소원을 이루어 보는 달입니다. 허황한 중에 실속이 있고 거짓을 희롱하다가 진실을 이루는 형국의 달입니다. 재물을 구함에 여의하니 도모하는 일이 순조롭게 이루어지는 형국의 달입니다. 신수와 재수가 왕성하니 어디 불리한 곳이 있겠습니까.

99. 목木 양養

운세運勢가 전체적으로 점점 좋아지니 하는 일마다 발전이 있을 것이요, 재물財物도 쌓일 것이다. 주위에서 칭송稱誦하니 사회적으로 덕망을 얻게 된다. 농업, 공업 계통은 무난하고, 특히 예술 계통은 광명光名이 있을 수이며, 가정도 화목할 것이다.

[음력 이달의 운수]

1월

횡재수가 있을 수 있는 달입니다. 황금 연못에 있는 물이 따뜻하니 원앙이 물속을 드나드는 형국의 달입니다. 재앙이 소멸하고 복록이 오니 뜻밖의 재물을 얻는 운수의 달입니다. 수성 (水姓)은 나를 이롭게 하고 토성(土姓)은 불리한 운수의 달입니다.

2월

집안에 경사가 있는 달입니다. 재물이 남쪽에 있으니 출행하면 가히 얻는 운수의 달입니다. 지초와 난초가 무성하니 자손에 경사가 있는 운수의 달입니다. 만일 혼인하지 않으면 생남 할 운수의 달입니다.

3월

재물 운이 좋은 달입니다. 여러 사람이 나를 돕는 격이니 복록이 산과 같은 운수의 달입니다. 일월이 명랑하니 하는 일에 경사가 있는 달입니다. 재성이 명궁에 드니 재물이 샘처럼 솟아나는 형국의 달입니다.

4월

전화위복의 달입니다. 내외가 화합하는 격이니 만사가 여의한 운수의 달입니다. 길신이 명 궁에 비치니 전화위복되는 운수의 달입니다. 주변에 사람이 왕성하게 따르니 이익이 전답 에 있는 운수의 달입니다.

5월

횡재수가 있을 수 있는 달입니다. 사방을 달리는데 가는 곳마다 경사가 있는 운수의 달입 니다. 술을 마시고 소리 높여 노래하니 취흥이 도도한 형국의 운수입니다. 우연히 서쪽으로 가니 의외의 횡재를 얻어 보는 형국의 운수입니다.

구설수가 있을 수 있는 달입니다. 길한 중에 흉함이 있으니 한 번은 다툼이 있을 수 있는 형국의 운수입니다. 흉살이 조용히 동하니 질액이 약간 있을 수 있는 운수의 달입니다. 목성(木姓)을 조심하지 않으면 구설을 면치 못할 가능성이 있는 운수의 달입니다.

자손에 경사가 있는 달입니다. 청조가 믿음을 전하니 우연히 좋은 인연을 맺어 보는 달입니다. 봉황이 상서로움을 드리니 자손에 영귀함이 있는 운수의 달입니다. 가운이 이와 같으니 기쁨이 집안에 가득한 형국의 운수입니다.

귀인이 돕는 달입니다. 귀인이 와서 도우니 복록이 산과 같은 운수의 달입니다. 해로운 성은 무슨 성인고 하니 화성(火姓)인 달입니다. 목성(木姓)을 가히 친하게 되면 의외의 성공을 하게 되는 운수의 달입니다.

횡재수가 있을 수 있는 달입니다. 이달의 운수는 문을 나서면 공이 있는 운수의 달입니다. 만일 관록이 아니면 횡재하는 운수의 달입니다. 몸이 왕성하고 재물이 풍부하니 기쁜 일이 중중한 형국의 달입니다.

귀인이 나를 돕는 운수의 달입니다. 만일 생산하지 않으면 원행 할 운수의 달입니다. 백곡이 풍등하니 마음 또한 풍요로운 형국의 운수입니다. 뜻밖의 귀인이 우연히 와서 나를 돕는 운수의 달입니다.

신수가 태평한 달입니다. 좋은 비가 때를 아니 곳곳이 뽕나무와 대마 밭으로 가득한 형국의 달입니다. 신수가 태평하니 도처에 봄바람인 형국의 달입니다. 마음의 본성이 물과 같으니 어찌 관액을 근심하겠습니까.

재물이 따르나 사람을 조심하여야 하는 달입니다. 비 온 뒤에 달이 나오는 격이니 경색이 다시 새로운 달입니다. 재물과 복록이 모두 갖추어졌으니 집안이 화평한 운수의 달입니다. 김 가 이 가, 양 성은 멀리하여 친하게 지내지 말아야 하는 달입니다.

100. 목木 생生

모친母親의 덕德으로 사업적으로나 사회적으로 명망을 얻으며, 가 내 행복도 누릴 수數다. 시험을 준비하는 수험생受驗生이 있다면 입사시험, 입학시험, 가격시험 모든 면에서 길조吉兆가 있으니 기대해도 좋다. 직장인은 승진昇進, 승급昇級과 사업가는 사업 번창 할 운運이다.

[음력 이달의 운수]

1월

대기 만성하는 달입니다. 도처에 피해가 없으니 신수가 태평한 운수의 달입니다. 들 밖에 봄이 저무니 꽃을 찾다가 열매를 얻는 형국의 운수입니다. 마음을 급히 하지 말아야 합니다. 지체하면 일이 이루어지는 형국의 달입니다.

2월

순조로운 성공을 하는 달입니다. 농사로 다스림의 근본을 삼으니 흉년에도 굶주리지 않는 형국의 달입니다. 동풍 가랑비에 초목이 무성한 형국의 달입니다. 문을 나서서 재물을 구하니 서쪽이 가장 길한 방향인 달입니다.

3월

친구를 조심하여야 하는 달입니다. 사람들이 많이 도와주니 성공하는 운수의 달입니다. 사람들과 교제하는데 잘 살피지 않으면 도리어 그 해를 받는 운수의 달입니다. 중심이 단단하니 무슨 일인들 이루지 못하겠습니까.

4월

횡재수가 있을 수 있는 달입니다. 문호를 바꾸고 고치니 만인이 우러러보는 운수의 달입니다. 그러나 목성(木姓)은 삼가 가까이하지 말아야 하는 운수입니다. 의외의 횡재를 하니 많은 사람이 흠모하고 우러르는 운수의 달입니다.

5월

마음이 산란한 달입니다. 봄이 이미 지났으니 꽃을 찾는 것이 무의미한 형국의 달입니다. 비리가 있는 물건은 삼가 마음을 먹지 말아야 하는 달입니다. 중심이 단단하지 못하니 매사에 막힘이 많을 수 있는 운수의 달입니다.

다른 사람의 잘못을 내가 짊어지는 달입니다. 길가에 집을 짓는 형국이니 가히 이룰 날이 없는 운수의 달입니다. 길한 사람이 도리어 피해를 주는 격이니 좋은 일에 마찰이 많은 운수의 달입니다. 하는 일에 임하여 결말을 맺지 못하니 스스로 그 곤란함을 떠안는 형국의 달입니다.

7월

하는 일에 마찰이 많은 달입니다. 물이 없으니 연못 속의 물고기가 곤란함을 겪는 형국의 달입니다. 하는 일마다 마찰이 많으니 조심함이 상책인 운수의 달입니다. 어느 방향에 이익이 있는고 하니 동쪽과 서쪽이 길한 곳인 달입니다.

8월

귀인이 돕는 달입니다. 바람이 화순하고 날이 따뜻하니 백화가 다투어 피어나는 형국의 달입니다. 남쪽에서 귀인이 우연히 와서 나를 돕는 형국의 운수입니다. 옛것을 고쳐 새것을 쫓으니 큰 재물은 얻기 어려운 운수의 달입니다.

9월

밖에서 재물을 얻는 달입니다. 집에 있으면 이익이 없고 밖에 나가면 길한 운수의 달입니다. 복은 다시 오지 않는 법이니 분수 밖의 것을 바라지 말아야 하는 운수입니다. 한가로운 곳에 재물이 있으니 산 좋고 물 좋은 곳에서 이익을 보는 형국의 달입니다.

10월

주색을 멀리하여야 하는 달입니다. 재물이 멀리 있으니 여행하여 구하면 가히 얻는 운수의 달입니다. 요귀가 몰래 움직이니 질병이 떠나지 않는 운수의 달입니다. 여색을 가까이 말아야 합니다. 음사가 불리한 운수의 달입니다.

11월

친한 사람을 조심하여야 하는 달입니다. 신수가 태평하고 한 집안이 평안한 운수의 달입니다. 재물이 왕성하고 복이 흥왕하니 식구와 가산이 더 느는 운수의 달입니다. 친한 사람을 조심해야 합니다. 피해를 면하기 어려운 운수의 달입니다.

12월

한 사람이 경사가 있으니 만인이 의지하는 형국의 달입니다. 한 집안이 화평하니 자손에 영귀함이 있는 운수의 달입니다. 큰 재물은 바라기 어렵고 작은 재물은 가히 얻는 운수의 달입니다.

101. 목木 욕

운기運氣가 융창隆昌하니 하고자 하는 일이 순조롭고 출발할 길운이나, 과욕과 성급함 때문에 한순간에 실패로 고난에 처할 수 있다. 또한 이성異姓으로 인해 구설수口舌數로 마음고생과 사기詐欺를 당할 수도 있다. 신규 사업은 불가하며, 문서 이동文書移動은 길흉하다.

[음력 이달의 운수]

1월

재물을 얻는 달입니다. 따사로운 바람과 가랑비 속에 꽃과 버들이 봄을 희롱하는 운수의 달입니다. 남아가 뜻을 얻었느니 의기가 양양한 형국의 달입니다. 재물이 왕성하고 기운이 왕성하니 온 집안이 화락한 운수의 달입니다.

2월

운수가 서서히 풀리는 달입니다. 만일 관록을 갖지 못하면 도리어 흉한 운수의 달입니다. 용이 천문에 있는 형국이니 영귀함을 기약하는 운수의 달입니다. 운수가 대길한 달이니 흥왕하는 운수입니다.

3월

재물이 늘어나는 달입니다. 재물과 복록이 흥왕하니 손에 천금을 흥왕하는 운수의 달입니다. 길성이 집안에 비추니 기쁨이 가정에 가득한 형국의 달입니다. 자맥풍진에 재물을 산같이 얻는 운수의 달입니다.

4월

귀인이 나를 돕는 달입니다. 음력 사월 남풍에 귀인이 서로 찾는 형국의 운수입니다. 몸이 편하고 마음이 평안하니 백사가 모두 길한 형국의 운수입니다. 재물이 구하지 않아도 저절로 들어오는 형국의 달입니다.

5월

관재구설을 주의하여야 하는 달입니다. 파리가 말 꼬리에 붙어 천 리를 가는 형국의 운수입니다. 비록 재물 운은 좋으나 들어오는 것은 적고 나가는 것은 많은 운수의 달입니다. 끊임없는 구설이 송사에까지 이를 수 있는 운수의 달입니다.

6월

때를 만나 소원을 이루는 달입니다. 집안에 들어오면 심란하고 나가면 마음고생이 따르는 운수의 달입니다. 때가 오니 운이 합하고 물고기가 용문을 거슬러 올라가는 형국의 운수입니다. 봄바람 가랑비에 초목이 가히 즐거워하는 형국의 달입니다.

7월

길흉이 서로 반반인 달입니다. 이달의 운수는 몸에 우환이 따름을 가히 두려워하는 운수입니다. 서쪽에서 오는 귀한 손님이 나를 천금으로 돕는 형국의 달입니다. 음력 칠월의 운수는 길함과 흉함이 뒤섞여 있는 형국의 달입니다.

8월

분수를 지키고 구설을 조심하여야 하는 달입니다. 마른하늘에 단비가 내리니 고목나무에 싹이 다시 돋아나는 형국의 달입니다. 옛것을 지켜 분수를 지키고 다른 일을 경영하지 말아야 길한 달입니다. 다투지 말아야 합니다. 다투면 구설이 따를 수 있는 운수의 달입니다.

9월

건강을 잘 지켜야 하는 달입니다. 재성이 문에 비추니 움직이면 재물을 얻는 운수의 달입니다. 재물은 왕성하나 몸은 힘든 형국이니 먼저는 길하고 나중은 흉한 형국의 운수입니다. 목성(木姓)이 해를 끼칠 수도 있는 운수이니 그와 동업을 하면 안 되는 달입니다.

10월

관재수를 조심하여야 하는 달입니다. 만일 관록을 갖지 않으면 자손에 경사가 있는 운수의 달입니다. 관가에 출입하는 일을 만들지 말아야 형살을 면할 수 있는 운수의 달입니다. 다른 사람과 일을 도모하지 말아야 합니다. 그렇지 않으면 도리어 그 해를 받는 운수의 달입니다.

11월

귀인이 스스로 도와주는 달입니다. 동짓달과 섣달에는 만사가 순조롭게 이루어지는 달입니다. 우연한 기회에 귀인을 만나게 되니 천금이 스스로 오는 형국의 달입니다. 항상 기쁜 일이 있으니 심신이 태평한 운수의 달입니다.

12월

분수를 지키면 소원을 이룰 수 있는 달입니다. 재물과 비단이 창고에 가득하니 석숭이 부러워할 정도의 달입니다. 금년의 운수는 분수를 지키는 것이 상책인 해입니다. 섣달의 운수는 이름이 사방에 떨쳐지는 운수의 달입니다.

102. 목木 대帶

운기運氣가 융창隆昌하니 사업가는 사세社勢가 커질 것이다. 무슨 일이라도 순조롭고 좋은 일이 많을 때이다. 자신보다 한 단계 높은 신분과 교류交流가 이루어질 것이며, 행운幸運도 찾아온다. 미혼 여성은 좋은 배필配匹을 만날 것이다.

[음력 이달의 운수]

1월

음력 정월과 이월은 기쁨 가운데 근심이 생길 수 있는 달입니다. 비록 금전 운은 있을 수 있으나 재물을 모으기 힘든 형국입니다. 아침에 어렵게 모이는 재물은 저녁이 되어 다시 흩어지니 재물은 하룻밤의 꿈이 되어 버리는 격입니다. 만약 귀인을 만나게 된다면 관록과 재물을 얻게 될 것입니다.

2월

이달은 귀인이 스스로 찾아와 도와줄 운수입니다. 흰 구름 두둥실 떠도는 깊은 산속에 몸이 드니 세상 풍속을 분간치 못하는 형국입니다. 어려운 가운데 귀인이 서로 돕는 형국이니 뜻하지 않은 재물을 손에 쥐게 됩니다. 귀인이 찾아와 돕는 것은 순수한 마음으로 세상을 살아온 덕입니다.

3월

몸이 안락하고 마음이 화평한 달입니다. 남쪽에서 우연히 귀인이 찾아와 나를 돕는 운수입니다. 가세가 점점 늘고 집안이 화목할 운수입니다. 고생 끝에 낙이 오는 형국입니다. 다만 이달에는 물 조심을 하여야 하는데 수신(水神, 용왕님)에게 지성으로 기도하면 가히 그 액을 면할 것입니다.

4월

처음은 길하고 나중은 흉한 달입니다. 재수를 말하자면 처음에는 원하는 재물을 얻는 듯하지만 나중에는 재물을 잃기도 하는 형국입니다. 이달은 구설수가 따를 수 있으니 입조심을 하여야 합니다. 용이 큰 연못 속에 숨으니 조화를 부리지 못할 가능성이 있는 형국입니다. 숨은 용의 마음을 그 누가 헤아리겠습니까. 악을 멀리하고 선을 취하면 가히 구설을 면할 운수입니다.

5월

이달은 적게 얻고 많이 소비하는 달입니다. 신수가 불리하여 수입은 적고 지출할 곳은 많이 생겨나는 달입니다. 마음을 안정시켜 분수를 지키면 길하나, 경거망동 하여 움직이면 흉함을 면치 못하는 형국입니다. 동쪽에서 구한 재물은 좋지 못한 결과를 가져올 수 있습니다.

육지에서 배를 띄우니 그 고생이 심한 형국의 달입니다. 안 되는 일을 억지로 추진하니 주변의 비웃음과 더불어 고생은 고생대로 하게 되는 운수입니다. 먼 곳에서 소식이 오는 달입니다. 고생 끝에 고향 생각이 절로 나는 형국의 달입니다. 형제자매 지간에 불화가 있을 수 있습니다. 가까운 사람 때문에 액운을 만나는 운수입니다.

7월

귀한 별이 내 몸에 들어오니 다른 사람으로 인하여 성공하는 달입니다. 만일 화성(火姓)을 만난다면 우연히 재물을 얻게 됩니다. 재수가 들어오니 금전이 나를 따를 수입니다. 다만 만일 이성을 가까이하여 색을 탐하면 후회할 일이 생겨납니다. 올바른 마음을 가진다면 낭패는 없습니다.

8월

다른 사람으로 인하여 피해를 보는 달입니다. 만일 가까운 친구를 믿고 일을 함께한다면 후회할 일이 생길 수 있는 운수입니다. 옛것을 지키면 길하고 움직이면 불리하니 근신하여야 할 운수입니다. 나중은 풍파가 걷히고 액운이 물러나니 흉함이 도리어 길한 것으로 변하는 운수입니다.

9월

집안사람들이 서로 불화하니 잘되던 일도 그르치게 되는 운수입니다. 질병과 고생이 침범하니 심신이 고달픈 운수입니다. 운수가 나빠 물건을 잃어버릴 수 있는 달입니다. 흉한 일이 많고 길한 일이 적으니 마음고생을 하는 달입니다.

10월

이사를 하면 길한 달입니다. 옛 터전은 불리하니 자리를 옮겨 앉는 것이 좋은 운수입니다. 흰 눈이 천지에 가득한데 적은 재물을 얻을 운수입니다. 재물은 어디 있나 하면 땅에 있으니 부동산으로 이익을 보는 달입니다. 여름옷을 벗고 겨울옷을 입으니 그 마음이 새롭습니다.

11월

음력 동짓달과 섣달은 구설수가 있을 수 있는 달입니다. 금년의 운수는 좋지 않으니 분수를 지키는 것이 상책입니다. 흉년 가운데 홀로 풍년을 만난 격이니 남모르는 재물을 얻을 운수입니다. 구설 가운데 다행히 재물 운이 들어오니 마음은 불편하나 몸은 평안한 운수입니다.

12월

귀인이 찾아드니 경사가 있는 달입니다. 재성이 문에 비치니 재물을 구하기가 여유로운 달입니다. 마음먹은 일을 하려다가 멈추면 손해가 따르는 운수입니다. 한 번 마음먹으면 실천을 하여야 이익이 있습니다. 금년의 운수는 분수를 지키는 것이 상책입니다.

103. 목木 건建

자영업자, 직장인은 운기運氣가 성대盛大하여 영업이 잘되고, 매사 순조로워 타인으로부터 인망과 명예와 받을 수이다. 간혹 시기猜忌하는 사람도 있을 수 있으나 큰 영향을 미치지 못하니 신경 쓸 필요 없다. 부부는 화합和合할 운이며, 자식에게 경사가 있을 것이다.

[음력 이달의 운수]

1월

고진감래 하는 달입니다. 화가 가고 복이 오니 마침내 형통하는 운수의 달입니다. 목성(木姓)을 가까이 말아야 합니다. 손재를 하는 형국의 달입니다. 남쪽에 있는 사람이 우연히 와서 돕는 형국의 달입니다.

2월

이사 수가 있는 달입니다. 속히 하려 하면 못 미치고 기교를 부리면 오히려 쓸모없이 되는 형국의 달입니다. 비리를 탐하지 않으면 큰 재물을 얻는 운수의 달입니다. 만일 이사하면 길한 일이 있는 운수의 달입니다.

3월

다른 사람과 더불어 일을 도모하면 불리한 형국의 달입니다. 복성이 명궁에 비치니 길성이 모두 모이는 형국의 운수입니다. 재물이 서쪽에 있으니 억지로 구하면 조금은 얻는 운수의 달입니다.

4월

작은 욕심을 버리면 큰 것을 얻는 달입니다. 동편 언덕과 서편 언덕에 향기로운 풀이 연기처럼 피어나는 형국의 달입니다. 손재수가 있으니 북쪽을 가까이하지 말아야 하는 달입니다. 작은 재물을 탐하지 말아야 합니다. 큰 재물을 가히 얻는 운수의 달입니다.

5월

친한 사람을 조심하여야 하는 달입니다. 만일 치성을 드리지 않으면 집안에 큰 액운이 있는 운수의 달입니다. 재물을 얻기 어려운 격이니 유명무실한 운수의 달입니다. 친한 사람을 가까이 말아야 합니다. 길한 중에 흉함이 있는 운수의 달입니다.

분수를 지켜야 하는 달입니다. 물가에 비친 국화와 달을 잡으려는 형국이니 빈손을 면하기 어려운 운수의 달입니다. 경거망동 하지 말아야 합니다. 도모하는 일이 불리한 운수의 달입니다. 얻고 잃음이 때가 있어 분수를 지킴이 상책인 달입니다.

7월

자손에 경사가 있는 달입니다. 흉함이 가고 복이 오니 한 집안이 화평한 형국의 달입니다. 자손에 영화가 있으니 금옥이 만당한 운수의 달입니다. 집에 있으면 이익이 없으니 밖에 나가 구하는 운수의 달입니다.

8월

횡액을 조심하여야 하는 달입니다. 화성(火姓)을 가까이 말아야 합니다. 의외의 피해를 받을 수 있는 운수의 달입니다. 횡액수가 있으니 기도하면 가히 면할 수 있는 운수입니다. 이 달의 운수는 길함이 많고 흉함이 적은 달입니다.

9월

이성을 만나는 달입니다. 가문 때의 초목이 단비를 만나 기쁜 형국의 달입니다. 밝은 달 숲 속에 우연히 아름다운 여인을 만나는 운수의 달입니다. 작게 구하고 크게 얻으니 기쁨이 집 안에 가득한 형국의 달입니다.

10월

지위가 상승하는 달입니다. 낚시를 바다에 드리우니 은빛 고기를 낚는 운수의 달입니다. 만일 과거 급제가 아니면 재물을 얻는 운수의 달입니다. 재물이 길 가운데 있는 격이니 출행하면 가히 얻는 운수의 달입니다.

11월

고진감래 하는 달입니다. 옛것을 지키고 안정해야 합니다. 경거망동 하면 낭패함이 있는 운수의 달입니다. 만일 그렇지 아니하면 관재수를 면하기 어려운 달입니다. 먼저는 잃고 나중은 얻는 운수이고, 하는 일이 안전함을 갖는 달입니다.

12월

지위가 상승하는 달입니다. 비단옷과 옥 허리띠를 두르니 금궐에 절을 하는 형국의 달입니다. 십 년 권고하니 하루의 영화인 형국의 달입니다. 재물과 복록이 왕성하고 자손에 영화가 있는 운수의 달입니다.

104. 목木 왕旺

직장인은 성공成功 운이 도래到來하여 승진昇進, 승급昇級할 것이며, 사업가는 사업이 번창할 것이다. 문서文書 움직임이 좋아 이사移徙 운運, 매매 운賣買運, 신축新築 운運, 결혼結婚 운運이 길하다. 미혼 여성은 좋은 인연을 만날 것이요, 불임不妊 부부는 자녀가 있을 것이다.

[음력 이달의 운수]

1월

고진감래 하는 달입니다. 선함을 유지하고 악을 멀리해야 합니다. 흉한 사람이 가까이 있는 형국의 달입니다. 나감과 물러남을 아니 가히 재화와 액운을 면하는 운수의 달입니다. 때를 기다려 움직이면 마침내 길한 이익을 얻는 운수의 달입니다.

2월

분수를 지켜야 하는 달입니다. 이달의 운수는 편안한 가운데 위태함이 있는 운수의 달입니다. 화성(火姓)을 잘 사귀면 내가 하는 일에 귀함이 있는 운수의 달입니다. 허욕을 부리지 말아야 합니다. 도리어 손재하는 운수의 달입니다.

3월

노름을 하지 말아야 하는 달입니다. 재물이 동쪽에 있으니 나가서 구하면 많이 얻는 운수의 달입니다. 만일 이사하지 아니하면 원행하면 길한 운수의 달입니다. 노름판에 가지 말아야 합니다. 성패를 알기 어려운 형국의 운수입니다.

4월

분수를 지켜야 하는 달입니다. 목마른 용이 물을 얻은 격이니 기쁜 일이 중중한 운수의 달입니다. 만일 부지런하지 않으면 성공함을 얻지 못할 가능성이 있는 운수의 달입니다. 다른 일을 경영하지 말아야 합니다. 실패 수가 있는 달입니다.

5월

주색을 멀리하여야 하는 달입니다. 하던 일을 바꾸지 말아야 합니다. 허황한 운수의 달입니다. 친한 벗을 믿지 말아야 합니다. 남모르는 피해가 가히 두려운 운수의 달입니다. 주색을 가까이 말아야 합니다. 큰 피해가 있을 수도 있는 운수의 달입니다.

6월

하는 일에 변화가 있는 달입니다. 때를 따라 변통하니 재물을 모으고 몸이 편안한 운수의 달입니다. 재물도 있고 권세도 있으니 어진 소리가 이웃에 통하는 형국의 달입니다. 때를 기다려 움직이면 길하여 불리함이 없는 운수의 달입니다.

7월

이사 수가 있는 달입니다. 길한 땅으로 이사를 하면 이익을 얻는 운수의 달입니다. 위아래가 화목하니 봄바람이 집안에 가득한 형국의 달입니다. 동쪽에 길함이 있으니 구하는 것을 얻는 운수의 달입니다.

8월

고진감래 하는 달입니다. 땅을 가려 옮겨 사니 복록이 면면한 운수의 달입니다. 남쪽에 피해가 있으니 출행하면 불리한 운수의 달입니다. 음력 칠월과 팔월은 먼저는 곤고하고 나중은 길한 운수의 달입니다.

9월

귀인이 돕는 달입니다. 귀인이 와서 도우니 재물과 복록이 스스로 오는 형국의 달입니다. 화성(火姓)은 이익이 있고 목성(木姓)은 불길한 사람인 운수입니다. 경영하는 일이 순조롭게 이루어지니 재물을 산 같이 이루는 운수의 달입니다.

10월

집안이 화평한 달입니다. 동쪽을 가까이 말아야 합니다. 손재하는 운수의 달입니다. 재물의 이익이 흥하니 심신이 화평한 형국의 달입니다. 몸도 왕성하고 재물도 왕성하니 태평한 운수의 달입니다.

11월

나루터에 임하여 배가 없으니 어찌 강을 건널지 고민하는 형국의 달입니다. 주색을 가까이 말아야 합니다. 큰 피해가 있을 수도 있는 운수의 달입니다. 한편, 밝은 달 창가에 좋은 벗이 와서 나를 찾는 형국의 달입니다.

12월

귀인이 돕는 달입니다. 작은 것으로써 큰 것을 바꾸는 격이니 잃고 얻음을 가히 아는 형국의 달입니다. 여색을 가까이 말아야 합니다. 여인이 나에게 피해를 주는 운수의 달입니다. 귀인이 항상 도우니 영화가 빛나는 형국의 달입니다.

105. 목木 쇠衰

사업가는 겉보기에는 성대盛大해 보이나, 내면은 부진하여 추진하는 일이 힘들고, 직장인은 윗사람과 충돌하여 마음고생이 심하다. 만사萬事 뜻대로 되지 않고 고민만 쌓여 간다. 마음을 비우고 건강健康에 신경을 써야 할 시기다.

[음력 이달의 운수]

1월

정월과 이월에는 부모에게 해가 있을 수도 있는 운수의 달입니다. 우환과 질병이 연달아 침노하는 형국의 운수입니다. 집에 질병이 있고 하는 일에 때때로 실패가 따를 수 있는 운수의 달입니다.

2월

다른 사람의 잘못으로 인하여 관재구설에 오를 운수의 달입니다. 움직이면 후회할 일이 있고 분수를 지키고 가만히 있으면 길한 운수의 달입니다. 다른 사람과 동업을 하면 이익이 있을 운수의 달입니다.

3월

시비 수를 조심하여야 하는 달입니다. 뜻이 높고 덕이 중한 운수이니 복록이 스스로 찾아드는 형국의 운수입니다. 비록 재물은 왕성하다 하나 질병이 있을까 두려운 운수의 달입니다. 이것이 길다 저것이 짧다 하여 다른 사람과 시비를 하지 말아야 하는 달입니다.

4월

언행을 삼가야 하는 달입니다. 양 손에 떡을 들고 어느 것을 먹을까 하고 고민하는 형국의 운수입니다. 집안사람이 불화하니 근심이 떠나질 않는 형국의 운수입니다. 입을 봉하고 말을 하지 않으면 바람이 잦아들고 물결이 잔잔하여지는 형국의 운수입니다.

5월

고진감래의 달입니다. 음력 오월과 유월에는 재앙이 사라지고 복록이 들어오는 운수의 달입니다. 침상에서의 계략은 두 사람만이 아는 것이니 말조심을 하여야 하는 운수입니다. 만일 이와 같은 상황이 없으면 혼인을 하게 되는 운수의 달입니다.

관재수와 손재수를 주의하여야 하는 달입니다. 백호가 관귀를 띠니 가장 심상찮은 운수의 달입니다. 손재수가 있으니 화성(火姓)을 멀리하여야 하는 운수의 달입니다. 재성이 공망이 되고 복록이 끊어지는 형국이니 손재수가 가히 두려운 운수의 달입니다.

역시 관재수와 손재수를 주의하여야 하는 달입니다. 비록 노력은 하나 수고하고 공은 없을 수 있는 운수의 달입니다. 만일 상복을 입지 않으면 재물의 이익을 가히 기약하여 보는 운수의 달입니다. 만일 질병이 없으면 구설이 두려운 형국의 달입니다.

흉한 것이 길한 것으로 변하는 달입니다. 집에 있으면 마음이 심란하고 밖에 나가면 마음이 한가한 형국의 운수입니다. 흉한 것이 도리어 길한 것이 되니 백 가지 하는 일이 순조롭게 이루어지는 운수의 달입니다. 작은 일을 참아 내지 못하면 큰 계략을 어지럽게 하는 운수의 달입니다.

때를 기다려 움직여야 하는 달입니다. 바위 위의 한 그루 외로운 소나무요 푸른 바다의 좁쌀인 형국의 운수입니다. 힘이 없는 운수이니 조급하게 서두르지 말고 때를 기다려야 하는 운수의 달입니다. 밤 꿈이 산란하니 마음속에 얻어지는 것이 없는 운수의 달입니다.

아직 때가 안 된 상태의 달입니다. 차가운 나무에 꽃이 피는 격이니 그 뿌리와 가지가 아직 연약한 상태입니다. 먼저 그 터에 제사하면 가히 이러한 액운을 면하게 되는 운수입니다. 위아래가 서로 거슬리니 어찌 일이 성사되기를 바라겠습니까.

재물을 얻는 달입니다. 운수가 이제 돌아오니 이익이 그 가운데 있는 형국의 달입니다. 청풍명월에 홀로 앉아 거문고를 타는 형국의 달입니다. 재수가 왕성하니 재물을 얻는 운수의 달입니다.

태평한 가운데 액운이 침범할 수 있는 달입니다. 일신이 안락하니 세상사가 태평한 운수입니다. 다만 초상집에 가지 말아야 합니다. 불리한 일이 벌어지는 운수의 달입니다. 상중에 충을 만난 격이니 동쪽을 가까이하지 말아야 하는 운수의 달입니다.

106. 목木 병病

모든 일이 뜻하는 대로 쉽게 풀리지 않고, 사업事業 부진不進, 직장職場 불안不安, 건강健康 불길不吉 등 고심이 많을 때이다. 집안은 편안하지 않고, 자식들은 집 밖으로 나돌며, 늙으신 부모의 건강도 좋지 못하다. 부부는 서로의 건강을 챙기길 바란다.

[음력 이달의 운수]

1월

만일 몸에 병이 없으면 부모에 근심이 있을 수 있는 운수의 달입니다. 몸을 유지하기를 삼가지 못하여 죄 짓는 일에 발을 디딜까 염려되는 운수의 달입니다. 평소 부모님께 연락을 자주 드려야 하는 달입니다.

2월

주색을 멀리하여야 하는 달입니다. 망령되게 움직이면 해가 있고 분수를 지키면 길한 운수의 달입니다. 만일 몸에 병이 없으면 관재구설을 겪는 운수의 달입니다. 만일 주색을 가까이하면 그 손해가 적지 않은 운수의 달입니다.

3월

노력은 하나 큰 소득이 없는 달입니다. 우레가 백 리를 놀래게 하니 소리는 있어도 형상은 없이 어려움을 겪어 보는 달입니다. 구름과 비가 하늘에 가득하니 해와 달을 보지 못하는 형국의 운수입니다. 마음은 무쇠와 돌멩이처럼 단단히 가진다 하나 운수는 어찌하지 못할 가능성이 있는 달입니다.

4월

주색을 멀리하여야 하는 달입니다. 집을 산자락에 지으니 사람으로서 편안함을 아는 형국의 운수입니다. 주색을 가까이하지 않으면 백 가지 일이 순조롭게 이루어지는 운수입니다. 서쪽에 해가 있으니 출행하지 말아야 하는 달입니다.

5월

횡재수가 있을 수 있는 달입니다. 이달의 운수는 기쁨과 두려움이 상반하는 운수의 달입니다. 작은 것을 구하다 큰 것을 얻는 격이니 재물 운이 점점 오고 있는 운수의 달입니다. 만일 횡재함이 없으면 길한 것이 변하여 흉하게 되는 운수의 달입니다.

선행을 하면 복이 오는 달입니다. 도처에 실패 수가 있으니 신수를 한탄하는 운수의 달입니다. 옛 은혜를 잊지 말고 악으로 베풀지 말아야 하는 달입니다. 시비를 가까이하면 불리한 일이 발생하는 운수의 달입니다.

사기 수를 조심하여야 하는 달입니다. 이달의 운수는 겁살이 침범하여 재물을 파하는 운수입니다. 발을 저는 말이 길을 가는 격이니 걷고 싶어도 가지 못하는 형국의 달입니다. 수성(水姓)이 피해를 주니 거래를 하지 말아야 하는 운수의 달입니다.

사람을 조심하여야 하는 달입니다. 음력 오월에 서리가 내리는 격이니 초목이 견디기 어려운 형국의 운수입니다. 새로운 사람이 비록 좋기는 하나 옛 정만 같지 못한 형국의 달입니다. 서쪽 사람과 친하면 실패 수가 따를 수 있는 운수의 달입니다.

고진감래 하는 달입니다. 천상의 복숭아가 드디어 천년의 열매를 맺는 형국의 운수입니다. 먼저는 흉하고 나중은 길한 격이니 만사가 여의한 운수의 달입니다. 다만 주색을 가까이하면 해는 있고 이익은 없는 운수의 달입니다.

이사 수가 있는 달입니다. 재수는 비록 길하지만 신수는 불리한 운수의 달입니다. 동쪽과 서쪽으로 떠나서 살면 가히 이 액운을 면하는 달입니다. 원행하는 것은 불리하니 집에 있느니만 못한 운수의 달입니다.

근심하여야 하는 달입니다. 도모하는 일을 삼가지 않으면 피해를 면하기 어려운 운수의 달입니다. 만일 질병이 없으면 자손에 우환이 있을 수도 있는 운수의 달입니다. 마음 같이 일이 되지 않을 수 있는 달입니다. 겉과 속이 다른 일을 하는 형국의 달입니다.

고진감래 하는 달입니다. 부부가 불순한 격이니 집안이 불안한 운수의 달입니다. 늦게나마 좋은 운을 얻으니 재복을 가히 받는 운수의 달입니다. 만일 물가에 가면 재물이 생기는 운수의 달입니다.

107. 목木 사死

직장인은 휴직休職, 사업가는 사업事業 부진不進, 건강 운은 불길不吉하여 고민이 많은 시기다. 가家 내內에는 우환憂患이 발생할 운으로 부모의 건강이 염려된다. 부부는 이별을 겪을 수 있어 복잡한 심경이다. 문서상文書上 신경 쓸 운도 있으니 주의注意를 요한다.

[음력 이달의 운수]

1월

주색을 조심하여야 하는 달입니다. 하는 일이 떠가는 구름과 같아 모이고 흩어짐이 무상한 달입니다. 험로를 순조롭게 가는 격이니 헛된 중에 결실이 없는 운수의 달입니다. 만일 여색을 가까이하면 재물의 손해를 면하지 못할 가능성이 있는 운수의 달입니다.

2월

일을 하여도 별로 큰 소득이 없는 달입니다. 나그네 가는 길에 해는 저무는데 돌아가는 발걸음이 바쁘기만 한 형국의 운수입니다. 사소한 일로 인하여 놀라는 일이 많은 형국의 운수입니다. 재수를 말한다면 얻어서 반은 잃기도 하는 형국의 달입니다.

3월

사기를 당할 수 있는 달입니다. 분수 밖의 일을 행하면 손해를 보기도 하는 운수의 달입니다. 하는 일마다 불리하니 마음이 산란한 형국의 달입니다. 좋은 운수가 떠나가는 격이니 사기를 당할 수 있는 운수의 달입니다.

4월

음양이 고르지 못한 운수이니 도모하는 일을 이루지 못할 가능성이 있는 달입니다. 남과 다투게 되면 몸을 상하는 운수의 달입니다. 남과 다투게 되면 그에 따른 구설이 따를 수 있는 운수의 달입니다.

5월

송사와 시비가 따를 수 있는 달입니다. 물을 거슬러 배를 저어 올라가는 격이니 수고만 있고 공은 없을 수 있는 운수의 달입니다. 시비를 가까이하면 송사를 하게 되는 운수의 달입니다. 남의 초상집에 가면 질병을 얻을 수 있는 운수의 달입니다.

선길 후흉 하는 달입니다. 경거망동 하면 가지고 있는 재물이 불리한 형국의 운수입니다. 무리하게 행동하면 눈앞에서 횡액을 당할 수 있는 운수의 달입니다. 먼저는 길하고 뒤에는 흉한 운이니 신수가 어쩔 수 없는 달입니다.

7월

손재수가 따르는 달입니다. 복록은 왕성한 운수이나 별로 큰 소득이 없는 달입니다. 손재수가 있으니 남산에 치성하면 가히 액운을 면하는 달입니다. 만일 삼가지 않으면 손재가 가히 염려되는 운수의 달입니다.

8월

어려움이 좀처럼 해소되지 않는 달입니다. 홀로 한 바퀴를 도는 외로운 달이 쓸쓸하게 사방을 비추는 형국의 운수입니다. 이익이 없는 일을 삼가여 간섭하지 말아야 하는 운수의 달입니다. 하는 일에 허황함이 있으니 칠성에게 기도하여야 하는 달입니다.

9월

고진감래 하는 달입니다. 오색구름이 뭉게뭉게 피어오르는 형국이니 경사가 중중한 운수의 달입니다. 목성(木姓)을 가까이하면 내가 하는 일에 불리함이 있는 달입니다. 재수는 비록 좋으나 신수는 불리한 운수의 달입니다.

10월

재물을 얻는 달입니다. 도처에 재물이 있는 격이니 이름이 사방에 높은 형국의 운수입니다. 재앙은 사라지고 복록이 흥하는 격이니 그 기쁨을 가히 알 수 있는 운수의 달입니다. 몸이 외방에 가서 노는 형국이요 재물이 왕성한 운수의 달입니다.

11월

구설수가 따를 수 있는 달입니다. 질병을 얻어 근심이 생길 수 있는 운수이니 미리 액운을 막아야 하는 달입니다. 옛 일을 지키면 재앙이 없을 것입니다. 단, 시비를 하게 되면 혹여 구설이 두려운 형국의 운수입니다.

12월

손재수가 있을 수도 있는 달입니다. 우뢰는 있는데 비가 오지 않으니 하늘의 뜻을 어찌 측량하겠습니까. 실물수가 있는 운수이니 도적을 조심하여야 하는 운수의 달입니다. 만일 화성(火姓)을 가까이하면 손재가 적지 않은 운수의 달입니다.

108. 목木 묘墓

자신의 소비消費 성향性向을 줄이든지 절약하여야 할 때이다. 그렇지 않으면
경제적으로 고통苦痛을 받을 것이다. 이 상황을 잘 극복하려면 절약節約과 인내忍耐가
최선이다. 자동차, 등산 등으로 크고 작은 사고에 조심해야 한다.

[음력 이달의 운수]

1월

답답한 형국의 달입니다. 사방에 길이 없는 형국이니 나가지도 물러서지도 못하는 형국의
달입니다. 공이 있어도 상이 없는 격이니 한갓 심력만 허비하는 운수의 달입니다. 동쪽과
서쪽 두 방향은 출행하면 불리한 운수의 달입니다.

2월

공짜를 바라지 말아야 하는 달입니다. 이달의 운수는 재물의 이익을 논하지 말아야 하는 운
수입니다. 맑은 하늘에 달이 없으니 도리어 건조무미한 운수의 달입니다. 복록이 가히 다시
오지 않으니 이치 아닌 것을 바라지 말아야 하는 운수입니다.

3월

손재수가 있을 수도 있는 달입니다. 비 오는 밤에 길을 가는 형국이니 어렵고 고단함이 적
지 않은 운수의 달입니다. 다른 사람을 들이지 말아야 합니다. 재물의 손해가 가볍지 않은
달입니다. 음력 삼월과 사월에는 공적인 일에 참여하지 말아야 하는 운수입니다.

4월

물 조심을 하여야 하는 달입니다. 나에게 이익을 줄 사람은 적고 나에게 해를 줄 사람은 많
은 형국의 운수입니다. 물가에 가까이 가지 말아야 합니다. 횡액이 가히 염려되는 운수의
달입니다. 박 씨와 이 씨 두 성씨를 가까이하면 피해가 있을 수도 있는 운수의 달입니다.

5월

근신 자중하여야 하는 달입니다. 하는 일이 와해되는 격이니 손재가 적지 않은 운수의 달입
니다. 친구를 가까이하지 말아야 합니다. 공연히 손해를 볼 수 있는 운수입니다. 두문불출
해야 합니다. 길에 나가면 피해를 보는 운수의 달입니다.

친한 사람에게 해를 당할 수 있는 달입니다. 새가 그 둥지를 태우는 격이니 즐거움이 극에 달해 슬픔이 생기는 형국의 운수입니다. 사람으로 인하여 불리하니 구하는 일에 허망함이 있을 수 있는 운수의 달입니다. 친한 사람을 믿으면 그 피해를 받을 수 있는 운수의 달입니다.

7월

구설수를 조심하여야 하는 달입니다. 음력 칠월과 팔월에는 질병을 주의하여야 하는 달입니다. 만일 관록이 없으면 몸에 근심이 있을 수 있는 운수의 달입니다. 남과 다투지 말아야 합니다. 구설이 있을 운수의 달입니다.

8월

근신 자중하여야 하는 달입니다. 게가 앞과 뒤를 살피다가 게 구멍을 잃어버리는 형국의 운수입니다. 밖에 나가면 이익이 없고 집을 지키면 길한 운수의 달입니다. 도모하는 일을 이루기 어려운 형국입니다.

9월

횡액을 조심하여야 하는 달입니다. 하는 일에 두서가 없으니 실패할 가능성이 있는 운수의 달입니다. 이익이 남쪽에 있는데 작은 재물은 얻는 운수의 달입니다. 만일 그렇지 않으면 의외의 횡액을 당할 수 있는 운수의 달입니다.

10월

고진감래 하는 달입니다. 옥을 안고 구슬을 품었으나 이를 알아주는 사람이 없어 한스러운 운수입니다. 비록 재물은 생기나 작게 얻고 크게 잃기도 하는 형국의 운수입니다. 신고함을 한탄하지 말아야 합니다. 고진감래 하게 되는 운수입니다.

11월

재물이 들어오는 달입니다. 비가 순조롭게 오고 바람이 고르게 부니 온갖 생물이 잘 자라는 형국의 달입니다. 금을 쌓고 옥을 쌓으니 당시의 석숭을 부러워하겠습니까. 달 밝은 높은 누각에 술 마시고 스스로 즐거운 형국의 운수입니다.

12월

고진감래 하는 달입니다. 먼저는 가난하고 나중은 부유하니 지난 일이 꿈만 같은 달입니다. 일신이 영화로우니 사람들이 우러러보는 운수의 달입니다. 다만, 친구 사이에 속내를 말하지 말아야 하는 달입니다.

109. 금金 절絕

마음의 동요動搖로 매사가 용두사미龍頭蛇尾 격格이니 중도에서 좌절하는 경향이 있다. 가정적으로는 불화와 이별이 교차하고, 경제적 어려움으로 떠돌며 방탕放蕩하기 쉬운 시기다. 주위를 둘러보고 한 걸음 뒤로 물러서 자중自重할 때이다.

[음력 이달의 운수]

1월

이성을 만나 기쁨이 있는 달입니다. 만일 혼인이 아니면 뜻하지 않은 재물을 얻는 달이기도 합니다. 하늘은 스스로 돕는 자를 돕는다고 하였습니다. 즉 노력하는 자에게 복을 주는 것입니다. 하는 일에 최선을 다하면 성취하는 운수입니다.

2월

재물이 따르는 달입니다. 길성이 찾아드니 슬하에 경사가 있는 달입니다. 만일 횡재를 하지 못하면 도리어 화가 미치게 됩니다. 욕심을 버리고 하는 일에 최선을 다하여야 길합니다. 노력한 보람은 찾아오니 현재의 어려움을 지혜롭게 극복하기 바랍니다.

3월

원하는 일이 성취되는 달입니다. 복숭아꽃이 만발하니 집안도 화기애애한 형국입니다. 달은 밝고 하늘은 맑으니 마음 또한 평화로운 형국입니다. 운수가 막힘이 없으니 도처에 좋은 일이 많이 생기는 달입니다. 몸과 마음이 태평하니 매사가 순조롭게 이루어지는 달입니다.

4월

구설수를 조심하여야 하는 달입니다. 고목이 봄을 만나 꽃을 피우고 싹을 틔우는 격이니 새로운 일을 시작하여 보는 운수입니다. 친구 지간에 서로 경쟁을 하니 다툼을 조심하여야 하는 운수입니다. 서로 이해하고 돕는 관계를 넘어서면 예의범절로써 인간관계를 가져야 순탄합니다.

5월

자신의 소원을 성취하는 달입니다. 샘물이 모이고 모여 바닷물을 이루고 티끌이 모여 태산을 이루는 격입니다. 운수가 좋으니 재물과 이성이 스스로 나를 따르는 달입니다. 다만 목성(木姓)을 멀리하여야 신수가 편한 운수입니다.

처음은 이로우나 나중이 불리한 달입니다. 재물과 이성을 함부로 탐하여 관재구설이 따를 수 있는 형국이니 과도한 욕심을 버리고 수도하는 마음으로 지내야 하는 달입니다. 대인관계를 지혜롭게 하여 일에 대한 마무리를 잘한다면 목적한 바를 달성할 수 있는 달이기도 합니다.

7월

이성으로 인하여 실패 수가 있을 수 있는 달입니다. 주색을 가까이하면 그 피해가 이루 말할 수 없이 클 것입니다. 술과 여자 조심, 술은 남자나 여자를 부르고 남자나 여자는 이성을 마비시킵니다. 주색으로 인하여 병을 얻게 된다면 그 약을 구하기란 대단히 어려울 것입니다.

8월

처음은 어려우나 나중에 일이 풀리는 달입니다. 가뭄 끝에 단비를 만나는 격이니 고생 끝에 낙이 오는 형국입니다. 남이 나를 해치는 운수이니 가까운 친구도 조심스럽게 대하여야 합니다. 노력한 끝에 좋은 결과를 얻으니 인생을 다시 한 번 음미하여 보기도 하는 달입니다.

9월

이달은 귀인이 스스로 나를 돕는 달입니다. 음력 구월과 시월에는 하늘에서 나에게 복을 주는 형국이니 내가 노력한 것보다 만족한 결과를 얻어 보는 달입니다. 오곡이 풍성하고 곳간마다 곡식이 가득한 형국입니다. 결국 크게 길한 일이 있고 귀인이 스스로 돕는 달입니다.

10월

길성이 집안을 비추니 경사가 있는 달입니다. 길신이 가정을 도우니 우환이 사라지고 경사가 겹치는 운수입니다. 가는 곳마다 기쁜 일이 생겨나는 형국입니다. 그러나 나를 시기하고 질투하는 무리가 있습니다. 그들은 금성(金姓)과 목성(木姓)을 가진 사람들로 조심하여야 합니다.

11월

소원 성취를 하는 달입니다. 재물을 구하는데 욕심을 부리지 아니하니 마음이 편안한 형국입니다. 금관 옥대를 하여보니 지위가 상승하는 운수이기도 합니다. 동짓달과 섣달에는 소원을 이루는 달입니다.

12월

분수를 잘 지키면 부귀와 영화가 따르는 달입니다. 물고기가 큰 바다로 나아가니 그 기운이 전도양양한 운수입니다. 부귀를 이룬 집 앞에 만인이 우러르고 조아리니 세상 부러울 것이 없는 형국입니다. 그러나 분수를 지키지 못하고 경거망동 하면 부귀와 영화는 한낱 물거품에 지니지 않을 것입니다.

110. 금金 태胎

봄春기운을 받아 초목이 자라듯 서서히 모든 일에 신중을 기하여 처리하는 것이 좋다. 노력과 근면으로 당면한 어려운 일을 처리한다면 만사萬事가 형통亨通할 것이다. 불임不妊 가정은 잉태孕胎 소식이 있을 것이요, 직장인은 자리 변동의 길운吉運이 있을 것이다.

[음력 이달의 운수]

1월

자식을 원하는 사람은 귀자를 얻는 격이요, 사업을 하는 사람은 새로운 거래처가 생겨서 사업 번창을 이루게 되고, 공부하는 사람은 정신 집중이 잘되며 시험 운이 따른다 할 것입니다. 관재구설에 시달리던 사람은 관재구설이 해소되는 달입니다.

2월

큰 사업을 하는 사람은 대규모 사업 건을 얻는 달이요, 사업하지 않는 직장인은 업무에 대하여 인정을 받는 달입니다. 가정주부는 서먹했던 가족 관계의 긴장이 해소되고, 결혼 전의 총각이나 처녀라면 이별했던 옛 애인에게 연락이 오는 달입니다.

3월

순조롭게만 여겨지던 일들이 인간사에 마(魔-시비거리가 생기거나 한 가지 일에 너무 열중하다 보니 주위의 시기심을 사는 좋지 않은 기운)가 끼어들어 뜻하지 않은 어려움에 처하게 되나, 처음 먹었던 마음으로 일로 매진한다면 충분히 극복되는 달입니다.

4월

금전 운은 좋으나 구설수가 따를 수 있으니 언행을 삼가고 조신하게 행동하여야 좋은 달입니다. 심신이 고달프다고 한탄하지 말고 목적지가 얼마 남지 않았으니 용기를 잃지 않고 하던 일을 착실히 추진한다면 좋은 결과를 얻을 수 있는 달입니다.

5월

뜻하지 않게 오랜만에 만난 친구나 지인이 나에게 어려운 부탁을 하여오니 나는 어찌할 바를 모르는 형국입니다. 친구나 지인의 소원을 들어 주자니 내 자신이 갑갑하고 도와주지 않자니 인정상 구설에 오를 것 같은 상황이 벌어질 수 있는 달입니다.

6월

등 따습고 배부르니 세상 부러울 것이 없는 달입니다. 그러나 배부르면 엉뚱한 생각을 한다고, 탐욕이 스스로 생겨나서 비도덕적인 생각으로 시간을 보낼 수 있는 달입니다. 이성을 탐하여 관재구설이 끊이지 않을 수 있으니 차라리 밖에 나가 활동하는 일을 자제하여야 흉한 일을 면할 것입니다.

7월

공직에 있는 사람은 승진을 하는 달이요, 자식을 가진 부모는 자식에게 경사가 있는 달이니 안팎으로 경사가 겹치는 달입니다. 자신이 계획하는 일들이 순조롭게 이루어지니 세상 남부럽지 않은 형국입니다.

8월

기다리던 금전도 처음에는 전혀 불가능해 보였지만 나중에 성취할 것입니다. 저 멀리 들꽃들이 앞다투어 피는 형국이니 꽃들이 만발하면 아름다운 모습이 저절로 내 눈에 들어올 것입니다.

9월

세상에서 제일 좋은 해결책은 서로 타협하여 살아 나가는 것이니 무조건 법적으로 해결하려 하지 말고 서로 타협하시기 바랍니다. 특히 화성(火姓)을 가까이하면 송사가 일어날 수 있고, 만일 송사를 하더라도 패하게 됩니다.

10월

오랜 투병생활을 한 사람은 생명에 지장을 초래할 수도 있으니 각별히 유념하셔야 합니다. 특히 문병할 집 출입을 삼가여 신변에 병고가 침범치 않도록 하여야 합니다. 남을 보살피려다 도리어 내가 화를 당할 수 있는 형국입니다.

11월

자신이 거주하는 곳에서 동북쪽으로 출행한다면 손재수와 관재수가 따를 수 있으니 차라리 집 안에 가만히 앉아 있는 것이 피해를 보지 않는 방법입니다. 구하고자 하는 것도 때를 만나야 구할 수 있으니 참고 기다리는 인내가 필요한 때입니다.

12월

지금까지 경영하는 일로 만족한다면 명예가 따르고 재물이 안정권에 들어가지만, 그렇지 않고 새로운 일을 추진하는 계획을 세워 밀고 나간다면 지금까지 쌓아 놓았던 모든 것이 광풍에 흩어지는 티끌처럼 사라질 염려가 있는 달입니다.

111. 금金 양養

변화變化가 많은 운이다. 가택家宅 변동變動, 직장職場 이동移動, 사업事業 전환轉換 등 여러 가지 방면에 변화가 예상된다. 조심하여 처리하면 결실이 좋을 운이다. 청춘 남녀는 결혼 운이 있을 것이요, 자녀 운도 있다. 신규 사업은 불가不可하니 과욕을 금禁하고 신중함이 제일이다.

[음력 이달의 운수]

1월

관록이 있는 달입니다. 청룡이 여의주를 얻은 격이니 경사가 있는 운수의 달입니다. 작게 가고 크게 오니 스스로 영광이 있는 운수입니다. 머리에 계화를 꽂으니 관문에 출입을 하는 운수의 달입니다.

2월

귀인이 돕는 달입니다. 스스로 낮은 곳에서 높은 곳에 오르는 격이니 작은 것을 쌓아 큰 것을 이루는 운수의 달입니다. 꽃이 지고 열매를 맺으니 남아를 생산하는 운수의 달입니다. 귀인이 와서 도우니 재물의 이익이 무궁한 운수의 달입니다.

3월

명진 사해하는 달입니다. 의외의 성공으로 가도가 흥왕하는 운수의 달입니다. 한 번 불러 백 명이 대답하는 형국이니 이름이 사해에 떨쳐지는 운수의 달입니다. 도가 높고 이름이 이로우니 이름이 사방에 떨쳐지는 운수의 달입니다.

4월

사물이 극에 달하면 변하는 법이니 처음은 천하지만 나중은 귀한 형국의 운수입니다. 다투어 소송하지 말아야 합니다. 구설수로 불리한 운수의 달입니다. 토성(土姓)이 불리하니 삼가 가까이하지 말아야 하는 달입니다.

5월

재물이 들어오는 달입니다. 동원의 푸른 복숭아가 꽃피는 봄을 맞아 기쁜 형국의 달입니다. 좋은 비가 때를 아니 오곡이 풍등한 형국의 운수입니다. 재성이 몸에 따르니 경영하는 일이 여의한 운수의 달입니다.

소원 성취하는 달입니다. 봉황은 천 길을 날아오르는 기상이 있으니 굶주려도 좁쌀은 쳐다 보지 않는 형국의 달입니다. 집안사람이 화목하니 소원을 성취하는 운수의 달입니다. 운수 가 형통하니 백사가 순조롭게 이루어지는 운수입니다.

베풀어야 길한 달입니다. 천신이 나를 도우니 수복이 면면한 운수의 달입니다. 부귀하고 베 풀지 않으면 비단옷을 입고 밤길을 걷는 것과 같은 형국입니다. 동쪽과 서쪽 두 방향에 기 쁜 일이 있는 운수의 달입니다.

처궁에 근심이 있을 수 있는 달입니다. 닭 울음소리 산 아래 초나라 병사의 마음을 감동시 키는 형국의 달입니다. 우물 속의 물고기가 바다에 나가는 격이니 의기가 양양한 형국의 운 수입니다. 신수가 대길하나 혹여 처에게 우환이 있을 수 있는 운수의 달입니다.

초상집을 삼가야 하는 달입니다. 만일 과거 급제가 아니면 자손에 영화가 있는 운수의 달입 니다. 공문에 인연이 있으니 성심으로 구하여야 하는 운수의 달입니다. 조객이 몸에 침범하 니 초상집 근처에 가지 말아야 하는 달입니다.

입신양명 하는 달입니다. 사람들이 추켜세우는 격이니 관록을 가히 바라는 운수의 달입니 다. 하는 일마다 여의한 운수의 달이기도 합니다. 가도가 왕성하니 명성이 현양한 운수의 달입니다.

재물이 들어오는 달입니다. 물과 뭍에서 경영하니 손에 천금을 희롱하는 운수의 달입니다. 만일 때를 잃으면 도리어 손해를 보기도 하는 운수의 달입니다. 재성이 길함을 만나니 가히 천금을 얻는 운수의 달입니다.

지위가 상승하는 달입니다. 비단옷과 옥 허리띠를 두르니 금궐에 절을 하는 형국의 달입니 다. 십 년 권고하니 하루의 영화인 형국입니다. 재물과 복록이 왕성하고 자손에 영화가 있 는 운수의 달입니다.

112. 금金 생生

예술藝術 계통界通에 종사자는 인기를 얻어 이름을 알릴 것이요, 사업가는 추진하는 사업이 순풍을 만나 번성할 것이다. 창고에 쌓여 있는 상품도 호기好機를 만나 인기 상품으로 둔갑遁甲할 것이다. 독신자는 연인戀人과 사랑을 나눌 것이다.

[음력 이달의 운수]

1월

귀인이 돕는 달입니다. 재앙이 사라지고 복이 흥하니 집안에 화기가 가득한 형국의 달입니다. 집안사람이 화합하니 복록이 스스로 오는 형국의 달입니다. 귀인이 와서 도우니 재물의 이익을 가히 기약하여 보는 운수의 달입니다.

2월

재물이 들어오는 달입니다. 날아오는 복이 우연히 집에 들어오는 운수의 달입니다. 도처에 길함이 있으니 큰 재물이 손에 들어오는 운수의 달입니다. 춘풍이 온화하니 사방이 꽃 산인 형국의 달입니다.

3월

고진감래 하는 달입니다. 십 년을 부지런하게 고단함을 견디어 금의환향하는 운수의 달입니다. 일신이 영귀하니 재물과 복록이 흥왕한 운수의 달입니다. 황제의 은혜를 스스로 받는 격이니 관록이 있는 운수의 달입니다.

4월

허욕을 부리지 말아야 하는 달입니다. 운수가 흥왕하니 음모하는 일도 길함이 있는 형국의 달입니다. 사람과 옛 인연이 있어 우연히 와서 돕는 운수의 달입니다. 뜬구름 같은 재물을 탐하지 말아야 합니다. 작은 것을 구하려다 큰 것을 잃기도 하는 형국의 운수입니다.

5월

근신 자중하여야 하는 달입니다. 집에 있으면 불리하니 문을 나가 어디로 향하여 볼 필요가 있습니다. 다른 사람을 가까이 말아야 합니다. 손해를 면하기 어려운 운수의 달입니다. 운수가 불리하니 하는 일에 지체됨이 있는 운수의 달입니다.

6월

소원을 성취하여 보는 달입니다. 길운이 점점 돌아오니 하는 일마다 성취하는 운수의 달입니다. 착한 사람은 복을 받고 음란한 사람은 화를 부르니 항상 하늘의 이치입니다. 물고기가 푸른 바다에서 노니니 의기가 양양한 형국의 달입니다.

7월

구설수를 조심하여야 하는 달입니다. 이달의 운수는 몸에 근심이 떠나지 않는 운수의 달입니다. 금성(金姓)을 조심해야 합니다. 우연히 구설이 있을 수 있는 운수의 달입니다. 만일 출행하지 않으면 이사를 하면 길한 운수의 달입니다.

8월

집안에 우환이 있을 수도 있는 달입니다. 집안 형제 지간에 우환이 있을 수도 있는 운수의 달입니다. 마음속에 근심이 가득하니 항상 울화를 품고 있는 형국의 달입니다. 이달의 운수는 상복을 입을까 두려운 운수의 달입니다.

9월

동업을 하여보는 달입니다. 운수가 형통하니 태평한 운수의 달입니다. 사람이 늘고 논밭을 넓게 늘리는 운수의 달입니다. 금성(金姓)과 마음을 합하면 하는 일이 모두 여의한 운수의 달입니다.

10월

귀인이 돕는 달입니다. 경영하는 일이 성사되는 운수의 달입니다. 귀인이 나를 도우니 재물의 이익을 가히 얻는 운수의 달입니다. 만일 동쪽으로 행하면 범사가 여의한 운수의 달입니다.

11월

자중하여야 하는 달입니다. 연못의 물고기가 바다로 나가니 활기가 양양한 형국의 달입니다. 나는 용이 하늘에 있으니 구름이 가고 비가 오는 형국의 운수입니다. 비록 재물과 복록은 있으나 신상에 피해가 있을 수도 있는 운수의 달입니다.

12월

주색을 멀리하여야 하는 달입니다. 마음 굳게 덕을 닦으니 마침내 허물이 없어지는 형국의 달입니다. 주색을 가까이하지 않으면 범사를 가히 이루는 운수의 달입니다. 집을 지키는 것은 이익이 없고 출타하면 이익이 있는 달입니다.

113. 금金 욕浴

업무業務에 노고가 많아 윗사람과 마찰이 생기고 모든 면에 뜻하는 대로 되지 않아 고심이 많다. 다른 사람과 시비是非가 많고 구설수口舌數도 많으며, 가정에 우환憂患이 발생할까 두렵다.

[음력 이달의 운수]

1월

원행을 하면 분주한 달입니다. 뜻이 높고 마음이 크니 성공하는 운수의 달입니다. 그러나 목성(木姓)은 삼가 가까이하지 말아야 하는 달입니다. 관귀가 발동하는 달이니 원행을 하면 불리한 운수입니다.

2월

질병과 근심이 있을 수 있는 달입니다. 밭 갈지 않고 김매지 않으면 가을에 거둘 것이 없는 형국의 달입니다. 재효가 살을 띠었으니 처궁이 불리한 운수의 달입니다. 상가 근처에 가면 질병을 얻을 수 있으니 삼가야 하는 운수의 달입니다.

3월

이사를 하여보는 달입니다. 많은 일이 허황하니 경거망동을 삼가야 하는 운수의 달입니다. 동쪽으로 이사를 하면 형통하는 운수의 달입니다. 남의 말을 듣게 되면 공연히 세월만 허비하는 형국의 달입니다.

4월

처음은 길하나 나중은 흉한 달입니다. 귀인이 와서 돕는 격이니 복록이 가볍지 않은 운수의 달입니다. 깊은 밤에 비바람이 몰아치니 동서를 분간하기 어려운 형국의 운수입니다. 마음에도 없는 것들이 생겨나니 집안이 안녕치 못한 운수의 달입니다.

5월

고진감래의 달입니다. 음력 오월의 운수는 말로서 재물이 생겨나는 운수의 달입니다. 농사든 장사든 간에 수고로움이 있어야 재물이 생기는 운수의 달입니다. 만일 소복을 입는 일이 있으면 수고로움을 면하는 운수의 달입니다.

출행하면 불리한 달입니다. 수성(水姓)이나 화성(火姓)과 함께 일하면 불리한 운수의 달입니다. 도로상에 덕이 없는 격이니 출행하면 불리한 운수의 달입니다. 남과 다투면 일에 차질이 있는 운수의 달입니다.

귀인을 만나 기사회생하는 달입니다. 용이 얕은 물에 거하는 격이니 만물이 비로소 생겨나는 형국의 달입니다. 재물을 구하여도 구하기 어려운 형국의 운수입니다. 귀인이 길을 가르쳐 주는 격이니 생계를 계획하는 운수의 달입니다.

고진감래 하는 달입니다. 시비를 가까이하지 말아야 합니다. 송사를 하게 되면 결과를 얻기 어려운 운수입니다. 처음은 곤고하나 나중은 태평하고 먼저는 가난하나 나중은 부자인 형국의 운수입니다. 손재수가 있으니 범사를 조심하여야 하는 달입니다.

어려움 중에 이익이 있는 달입니다. 변소에 드나들던 쥐가 큰 곡식 창고에 드는 형국의 달입니다. 피해를 주는 성은 무엇인고 하니 화성(火姓)에 있는 운수의 달입니다. 음력 구월과 시월에는 이익이 토지에 있는 형국의 달입니다.

고생은 하나 재물을 얻어 보는 달입니다. 이익이 장사에 있으니 재물을 얻는 운수의 달입니다. 풍진에 빠진 격이니 얻는 바가 별로 없는 형국의 달입니다. 만일 손재수가 없으면 횡액으로 한 번 놀라는 운수의 달입니다.

고진감래 하는 달입니다. 우연히 귀인을 만나니 가히 영리를 얻는 운수의 달입니다. 이익은 어느 곳에 있는고 하니 서쪽과 북쪽에 있는 달입니다. 신수가 어떠한고 하니 먼저는 곤고하고 나중은 길한 운수의 달입니다.

분주하고 이익을 얻는 달입니다. 백 가지 일이 모두 순조롭게 이루어지니 이익이 그 가운데 있는 형국의 달입니다. 하는 일에 분망함이 있으니 운수가 분주한 형국입니다. 명리를 이루니 축하하는 손님이 문전성시를 하는 운수의 달입니다.

114. 금金 대帶

예술藝能 계통, 의학醫學 계통에 종사하는 자는 변화가 많은 시기다. 길운吉運이 찾아와 건승할 것이요, 명성을 얻을 것이다. 공직자는 진급 또는 영전榮轉 운이 있다. 자영업자는 매출이 좋아지고 빚도 청산한다. 미혼未婚 남녀男女는 결혼 수가 있으며, 병석의 부모님이 일어날 것이다.

[음력 이달의 운수]

1월

구설수가 따를 수 있는 달입니다. 이번 달에는 작은 구설수에 휘말릴 염려가 있는 운수입니다. 관귀가 문 앞에 당도하니 관재구설수가 두려운 형국입니다. 시비에 끼어들지 않으면 관재구설은 스스로 물러납니다. 남과 다투는 일을 삼가고 과도한 욕심을 부리지 않으면 편히 지나갈 것입니다.

2월

이성 운과 직업 운이 좋은 달입니다. 달 밝은 창가에 아름다운 사람을 대하는 형국입니다. 기다릴 줄 아는 마음으로 마음을 굳고 바르게 가진다면 명리가 따르는 달입니다. 이사를 하거나 직업을 바꾼다면 점차 좋은 여건의 환경을 가지게 될 것입니다.

3월

금전과 명예가 따르는 달입니다. 성공하여 이름을 알리니 사방에서 사람들이 찾아드는 형국입니다. 길성이 문에 비추니 복록이 스스로 들어오는 형국입니다. 만일 식구가 늘어나지 않으면 뜻밖의 횡재수가 있을 수 있는 달이기도 합니다.

4월

남을 돕고 후한 재물을 얻는 달입니다. 용이 맑은 구슬을 얻은 형국이니 기쁜 일이 도처에서 나를 반기는 운수입니다. 귀하고 좋은 일을 함에 있어서는 주저함이 없이 신속하게 하여야 되는 것입니다. 다른 사람과 일을 도모하면 큰 재물을 얻게 되는 달입니다.

5월

처음은 곤고하나 나중에 태평하게 되는 달입니다. 복숭아꽃과 자두 꽃이 피었는데 이른 아침에 광풍이 불어 꽃을 떨어뜨리니, 하던 일이 중단되는 형국입니다. 다행히 나를 돕는 사람이 있어 나를 도우니 모든 일이 순조로운 운수입니다. 꾀꼬리가 버들가지에서 노니니 황금빛이 찬란한 형국입니다.

하는 일은 바쁘나 이루지 못할 가능성이 있는 달입니다. 술을 가지고 누각에 오르니 가히 신선이 부러울 것이 없는 형국입니다. 하는 일은 많으나 이득이 없는 운수입니다. 이달의 운수는 모든 일이 허망하게 이루어지는 것이 없는 형국입니다. 초심으로 돌아가서 때를 기다리는 지혜가 필요합니다.

7월

순리를 따르면 이득을 보는 달입니다. 따뜻한 물이 금당을 채우니 원앙 한 쌍이 물결을 일으키며 유유자적 노니는 형국입니다. 이익이 따를 방향은 동쪽과 남쪽입니다. 더불어 북쪽에 있는 사람과 함께하면 좋은 일이 많이 생겨나는 달입니다.

8월

심신을 바로 한 결과 나의 이름을 세상에 알리는 달입니다. 마침내 큰 그릇을 이루어 내니 입신양명 하여 뜻을 이루는 달입니다. 하늘은 스스로 돕는 사람을 도우니 마침내 크게 운수 형통하는 운수입니다. 두 사람의 마음이 하나가 되는 형국이니 복록이 계속 이어져 나가는 달입니다.

9월

이동 수와 변동 수가 있는 달입니다. 맑게 갠 밤하늘에 밝은 달이 떠오르니 천지가 환한 형국입니다. 이사를 하면 이익이 있을 운수입니다. 어느 방향으로 이사를 하느냐 하면 동쪽으로 이사하면 이익이 있을 운수입니다. 새로운 환경이 만들어지니 하는 일도 새로운 형국입니다.

10월

분수를 지키지 않으면 낭패를 볼 수도 있는 달입니다. 남을 해치고 내가 이익을 차지하면 처음은 좋은 듯하나 나중은 낭패를 볼 수도 있는 운수입니다. 만일 분수를 지키고 경거망동 하지 않는다면 목적 달성에 가까워지는 달입니다.

11월

마음이 뒤숭숭하고 일이 손에 잡히지 않는 달입니다. 마음속에 근심이 있으니 누가 나의 마음을 헤아려 주겠습니까. 만일 시험에 합격하지 않으면 자식에게 경사가 있을 운수입니다. 밖에 나가면 불리한 일이 생기니 가만히 집에서 자중하고 있으면 액을 면하는 운수입니다.

12월

처음은 곤란을 겪으나 나중은 태평한 달입니다. 최 가, 박 가, 김 가, 정 가와 함께 일을 도모하면 불리합니다. 한겨울 여관의 불빛이 처량하니 내 신세도 처량한 형국입니다. 굳건히 고난을 견디어 낸 결과가 연말에 결실을 보니 논밭의 곡식이 가득한 달입니다.

115. 금金 건建

왕성旺盛한 운運으로 좋은 일도 많고, 나쁜 일도 많으니 급하게 서두르면 실패한다. 진중하게 일을 처리하면 좋은 결과를 볼 것이요, 인기 직종에 종사하는 직장인, 또는 개인은 순조로운 운으로 좋은 결과를 볼 것이다. 짝이 없는 청춘은 짝을 찾을 것이다.

[음력 이달의 운수]

1월
고진감래 하는 달입니다. 구름 밖 만 리로 향하는데 순풍에 돛을 단 형국의 운수입니다. 한 집안이 화평하니 자손이 영귀한 형국의 달입니다. 처음은 비록 곤고하나 결국은 태평함을 보는 운수의 달입니다.

2월
동업하면 길한 달입니다. 재물이 풍족한 격이니 생활이 스스로 만족스러운 운수입니다. 남과 더불어 도모하면 백사가 길한 운수의 달입니다. 만일 관록이 아니면 몸에 근심이 있을 수 있는 운수의 달입니다.

3월
소원을 이루는 달입니다. 뜰 나무에 까치가 둥지를 트니 길경사가 문에 이르는 형국의 달입니다. 봄 정원의 복숭아와 자두나무에 벌 나비가 와서 기뻐하는 형국의 달입니다. 소망이 여의하니 도모하는 일이 순조롭게 이루어지는 운수의 달입니다.

4월
고진감래 하는 달입니다. 목마른 용이 물을 얻은 격이니 자수성가 하는 운수의 달입니다. 뜻하지 않은 일로 문 밖의 재물이 들어오는 운수의 달입니다. 정성이 지극하니 액운이 점점 사라지는 형국의 운수입니다.

5월
근심이 사라지는 달입니다. 때가 오고 운수가 다다르니 물고기가 용문에 뛰노는 형국의 달입니다. 작게 가고 크게 오니 가히 천금을 이루는 운수입니다. 높은 누각에 한가로이 앉아 있는 격이니 몸에 근심이 없는 형국의 달입니다.

때를 기다려야 하는 달입니다. 창 앞에 노란 국화가 때를 만나 만개한 형국의 달입니다. 바깥은 부유하고 안은 가난하니 일시적으로 곤고함이 있는 달입니다. 비록 지혜는 있을 수 있으나 때를 기다림만 못한 운수입니다.

질병을 조심하여야 하는 달입니다. 달이 어두운 삼경에 친한 벗이 어질지 못한 형국의 달입니다. 만일 질병이 아니면 자손에 근심이 있을 수 있는 운수입니다. 비록 지혜와 꾀는 있을 수 있으나 때를 기다려 행하여야 하는 운수의 달입니다.

근신 자중하여야 하는 달입니다. 초승달이 몸을 비추니 상복을 입을 운수의 달입니다. 상가 근처에 가지 말고 산신과 불전에 기도하여야 하는 달입니다. 만일 관록이 아니면 도리어 재화가 따르는 운수의 달입니다.

역시 근신 자중하여야 하는 달입니다. 물을 거슬러 배를 행하는 격이니 하는 일이 여의치 않은 달입니다. 흉한 중에 길함이 있으니 죽을 곳에서 살기를 구하는 형국의 운수입니다. 신상에 액운이 있을 수 있으니 모든 일에 조심하여야 하는 달입니다.

고진감래 하는 운수의 달입니다. 해가 동천에 떠오르니 천문이 활짝 열리는 형국의 운수입니다. 신운이 대통하니 길사가 중중한 형국의 달입니다. 고진감래 하니 마침내 형통하는 운수의 달입니다.

물고기가 큰 바다에서 노니니 그 꼬리가 양양한 형국의 운수입니다. 남과 다투지 말아야 합니다. 구설이 가히 두려운 형국의 달입니다. 한편, 귀인이 와서 도우니 자연히 성공하는 운수의 달입니다.

전화위복하는 달입니다. 오랜 가뭄에 비가 오지 않으니 초목이 점점 메말라 가는 형국의 달입니다. 재앙이 굴러 복으로 변하니 어찌 아름답지 않겠습니까. 금년의 운수는 길함이 많고 흉함이 적었던 한 해입니다.

116. 금金 왕旺

주소 이전이나, 직장 이동移動 운이 있다. 직장인은 본인의 판단 여하에 따라 승진이나 진급할 수 있고 반대로 실직할 수도 있다. 자영업자는 길운吉運으로 영업이 순조로우며 돈을 벌 것이다. 가정사는 모친, 친척 간에 구설수口舌數가 있으니 주의해야 한다.

[음력 이달의 운수]

1월

재물이 따르는 달입니다. 녹음 깊은 곳에 꾀꼬리가 아름답게 우는 형국의 달입니다. 백곡이 풍등한 격이니 부른 배를 두드리는 형국의 달입니다. 마음을 바로 하고 선을 쌓으니 재복이 진진한 형국의 달입니다.

2월

자손에 경사가 있는 달입니다. 이제 길운을 만난 격이니 소원을 성취하여 보는 운수의 달입니다. 재물과 복록이 흥왕하니 좁쌀이 묵고 돈궤가 썩는 형국의 달입니다. 집에 경사가 있으니 자손에 영화가 있는 운수의 달입니다.

3월

손재수가 따르는 달입니다. 임금이 밝고 신하가 어지니 가히 태평함을 기약하는 운수의 달입니다. 옛것을 지켜 안정을 찾으면 흉한 것이 변하여 길한 것이 되는 운수의 달입니다. 서쪽으로 가지 말아야 합니다. 공연히 손재수가 있을 수도 있는 달입니다.

4월

귀인이 돕는 달입니다. 귀인이 와서 도우니 재물의 이익을 가히 얻는 형국의 달입니다. 서쪽의 재물이 우연히 집에 들어오는 운수의 달입니다. 명리가 온전하니 편안한 곳에서 태평하게 지내는 운수의 달입니다.

5월

원하는 재물을 얻는 달입니다. 재물이 언덕과 산 같으니 이외에 무엇을 바라겠습니까. 재물이 중앙에 있으니 멀지도 가깝지도 않게 있는 형국의 달입니다. 만일 화성(火姓)을 가까이 하면 손재가 적지 않은 운수의 달입니다.

재물이 들어오는 달입니다. 만일 재물이 생기지 않으면 새로 혼인을 하여보는 운수의 달입니다. 재성이 문에 비치니 도처에 재물이 있는 형국의 달입니다. 신운이 크게 통하니 나가서 이롭지 않음이 없는 운수의 달입니다.

원하는 바를 성취하는 달입니다. 산 깊고 숲이 무성하니 뭇 새가 번성하는 형국의 달입니다. 남쪽이 불리하니 공연히 손재하는 운수의 달입니다. 가운이 흥왕하니 복록이 진진한 운수의 달입니다.

입신출세 하여보는 달입니다. 때가 오고 운이 합하니 물고기가 용문에 뛰어오르는 형국의 운수입니다. 소망이 여의하니 금옥이 만당한 형국의 달입니다. 가운이 대길하니 우연히 재물을 얻는 운수의 달입니다.

구설수를 조심하여야 하는 달입니다. 만일 횡재수가 없으면 자손에 영화가 있는 운수의 달입니다. 이름이 공문에 걸려 있는 형국이니 가히 액운을 면하는 운수의 달입니다. 남방이 불리하니 구설이 있을 수 있는 운수의 달입니다.

사람으로 인하여 울고 웃는 달입니다. 이달의 운수는 근심은 흩어지고 기쁨이 생겨나는 형국의 운수입니다. 만일 귀인을 만나게 되면 관록이 몸에 따르게 되는 운수의 달입니다. 화성(火姓)을 가까이하지 말아야 합니다. 실패 수가 있을까 두려운 달입니다.

고진감래 하는 달입니다. 만일 질병이 있으면 약을 쓰면 바로 나을 수 있는 달입니다. 가문 풀이 비를 만나 그 빛깔이 다시 푸르른 형국의 달입니다. 의외로 성공하는 격이니 의기가 양양한 운수의 달입니다.

벼슬을 하여보는 달입니다. 정원에 핀 매화가 이슬을 머금고 웃고자 하는 형국의 달입니다. 만일 관록이 아니면 결혼하는 운수의 달입니다. 농사하면 이익을 얻고 벼슬하면 녹을 얻는 형국의 운수입니다.

117. 금金 쇠衰

직장職場인은 진로進路 문제로 고민이 많고, 자영업자는 매출 감소로 걱정이 태산이다.
모든 일은 신중하게 처리하여야 하며 순간 잘못 판단으로 나락那落에 떨어질까 두렵다.
늙으신 부모의 병환으로 우환憂患이 가득하고, 부부夫婦의 사이도 점점 멀어질 수 있다.

[음력 이달의 운수]

1월

고진감래 하는 운수의 달입니다. 몸은 동쪽에서 왕성하고 재물은 남쪽에서 왕성한 형국의
운수입니다. 처음의 곤고함을 한탄하지 말아야 합니다. 결국 형통함을 보게 되는 운수의 달
입니다. 흉한 중에 길함이 있고 손해 보는 자가 도리어 성함이 있는 운수의 달입니다.

2월

근면하게 일하여야 길한 달입니다. 날이 따뜻하고 바람이 서로 응하니 문득 꽃 피는 것을
보게 되는 형국의 달입니다. 만일 성공이 아니면 도리어 손재수가 있을 수도 있는 운수의
달입니다. 만일 부지런하게 일하지 않는다면 수복을 어찌 기약하겠습니까.

3월

관재수를 조심하여야 하는 달입니다. 음력 삼월과 사월 두 달은 기쁨과 근심이 서로 반반인
달입니다. 운수가 어찌 어긋나고 멈추나 도처에 피해가 있을 수도 있는 운수의 달입니다.
시비를 가까이하지 말아야 합니다. 관액이 가히 두려운 운수의 달입니다.

4월

새로운 인연을 만나는 달입니다. 봄이 추운 골짜기에 돌아오니 고목이 다시 살아나는 형국
의 운수입니다. 그간의 꽃다운 인연이 있는 중에 한 여인이 길하고 아름다운 형국의 달입니
다. 서로 다투지 말아야 합니다. 시비와 구설수가 있을 수 있는 운수의 달입니다.

5월

귀인이 돕는 달입니다. 서쪽 사람을 가까이하지 말아야 합니다. 재물로 인하여 마음이 상하
는 운수의 달입니다. 입을 병뚜껑처럼 해야 합니다. 구설이 가히 두려운 운수입니다. 한편,
동쪽의 귀인이 나를 돕는 운수의 달입니다.

근신 자중하여야 하는 달입니다. 바람이 연못에 일어나니 원앙이 서로를 잃고 흩어지는 운수의 달입니다. 화성(火姓)을 가까이하지 말아야 합니다. 하는 일없이 비방을 듣는 운수입니다. 남쪽에 가지 말아야 합니다. 횡액이 가히 두려운 달입니다.

7월

귀인을 만나면 뜻밖에 성공을 하는 운수입니다. 재수는 비록 왕성함을 만나나 몸은 근심과 이별하지 못할 가능성이 있는 운수의 달입니다. 만일 손재수가 아니면 육축에 피해가 있을 수도 있는 운수의 달입니다.

8월

동업으로 이익이 있는 달입니다. 파리가 말꼬리에 붙어 하루에 천 리를 가는 형국의 운수입니다. 재물의 이익은 항상 있고 이름을 사방에 떨치는 형국의 달입니다. 재물이 풍부하고 몸이 편안하니 이 밖에 무엇을 바라겠습니까.

9월

사람으로 마음이 상하는 달입니다. 귀인을 얻지 못한 격이니 하는 일에 미결됨이 있는 운수의 달입니다. 서쪽 사람을 가까이 말아야 합니다. 재물에 마음을 상하여 보는 달입니다. 결단하고자 하나 결단을 하지 못하니 한갓 마음만 상하는 형국의 달입니다.

10월

주색을 조심하여야 하는 달입니다. 여섯 용이 아침 하늘에 오르니 만인이 우러르는 형국의 운수입니다. 집안에 길한 경사가 있으니 자손을 얻는 경사입니다. 다만 주색을 가까이 말아야 합니다. 혹여 횡액이 있을까 염려되는 달입니다.

11월

고진감래 하는 달입니다. 청산의 송백은 항상 그 절개를 지키는 형국의 달입니다. 성심으로 부지런하게 고단함을 이겨 내니 성공하는 운수의 달입니다. 한마음으로 게을리하지 않으면 큰 공을 이루어 성공하는 운수의 달입니다.

12월

진실한 마음으로 인내하는 달입니다. 바위 위의 푸른 솔은 빛나고 푸르른 기상이 있는 형국의 달입니다. 운수가 형통하니 진인이 서로 만나는 형국의 달입니다. 금년의 운수는 상업이 불리한 운수의 달입니다.

118. 금金 병病

매사每事 뜻대로 되지 않고, 돈 문제로 생활 형편이 좋지 않아 고민이 많다. 직장인은 이직移職을 고려 중이면 시기가 언제쯤이 좋을지 신중히 판단해야 한다. 부모의 노환老患과 자신의 건강建康에 이상 신호가 감지되니 각별히 주의注意를 요한다.

[음력 이달의 운수]

1월

이번 달에는 새로운 일을 경영하면 실패를 볼 수 있는 달입니다. 뜻하지 않는 화가 침범하니 갈팡질팡하는 운수입니다. 재수가 있어 재물은 취할 수 있다 하나 처음에만 길하고 나중에는 흉하니 차라리 재물을 취하지 않는 것이 현명합니다. 음력 정월과 이월에는 이러한 기운이 있으니 주의하여서 넘어가야 합니다.

2월

이사 수가 발동하는 달입니다. 터줏대감이 발동하니 이사를 하지 않으면 우환을 겪게 되는 달입니다. 한밤에논의 하는 모의는 결코 바람직하지 못하니 야밤에 모여서 꾸미는 계획은 실패하여 낭패를 보게 됩니다. 그러나 음력 정월, 이월, 삼월까지는 재수가 있으니 재물의 흥왕함을 보게 될 것입니다.

3월

농사를 지어 놓고 추수를 못하는 형국의 달입니다. 질병이 있을 수 있는 집은 가까이하지 말아야 합니다. 병마가 찾아들 위험이 있는 달이기 때문입니다. 이달에는 비록 재수는 있을 수 있으나 서두르게 되면 이익을 얻지 못하게 됩니다. 항상 순리에 따라 기다리는 인내가 필요한 때입니다.

4월

꽃이 떨어졌는데 열매를 맺지 못할 가능성이 있는 격이니 경영하는 일에 큰 소득이 없는 달입니다. 새로운 일을 도모함은 불리하고, 자기 자신의 분수를 잘 지키는 것이 상책이니 하던 일을 지키는 것이 좋습니다. 새로운 일을 모의하고 경영한다 하여도 관계된 사람들이 서로 불화하게 되어 결국 안 좋은 결과가 발생하게 됩니다.

5월

오월 가뭄에 단비를 만나니 그 풀빛이 청초하도다. 서서히 경영하는 일이 풀리는 달입니다. 신수가 대길하고 집안사람들이 화목하니 경영하는 일도 순조로운 운수입니다. 다른 일을 하여도 여유롭고, 뜻밖의 횡재도 기다리고 있으니 가뭄에 단비를 만난 격이라 하겠습니다.

6월

처음은 흉하고 나중은 길한 달입니다. 고진감래라 했으니 고생 끝에 낙이 찾아오는 법입니다. 지난날의 고생을 한탄하지 말고 좋은 기회가 올 때까지 현재의 어려움을 참아 내야 합니다. 음력 유월의 운수는 흑백이 분명합니다. 즉 길흉이 분명히 구별되어 나타나니 신중한 언행으로 때를 기다려야 합니다. 원행하게 되면 불리합니다.

7월

만일 손재수가 아니면 관재수가 따를 수 있는 달입니다. 이러한 액운을 면하려 한다면 이사를 하여야 합니다. 그리하면 나쁜 액운이 떨어져 나갑니다. 비록 재수가 있다 하여도 처음뿐이요, 나중은 흉으로 변하여 낭패를 볼 수 있는 달이기도 합니다. 시비를 가까이하여도 관재구설이 따르니 주의하여야 합니다.

8월

화려했던 진시황궁이 불이 나서 석 달 동안 꺼지지 않고 타는 격이니 운수가 불리한 달입니다. 귀살이 집안으로 침범하니 질병이 번질까 염려되는 달이기도 합니다. 집안의 가족도 서로 화합하지 못하여 가출을 하니 그 마음의 거리가 멀기만 한 운수입니다. 이달은 흉함이 많은 달이니 각별히 주의하여 지내야 합니다.

9월

음력 구월 달과 시월 달에는 득남하는 격이니 집안에 경사가 있는 달입니다. 재성이 집안을 비추니 뜻밖의 재물을 얻는 형국입니다. 구월 단풍이 오히려 모란꽃보다 아름다운 형국이니 경영하는 바 순조롭고, 구하고자 하는 재물도 얻을 수 있는 운수입니다. 다만 배우자 궁에 액이 들어오니 주의하여야 합니다.

10월

슬하의 자손에게 경사 수가 있는 달입니다. 다만 출행하면 불리하니 주의를 하여야 하는데, 피해를 볼 수 있는 방위는 동쪽과 북쪽이 되고, 이익을 볼 수 있는 방위는 서북쪽이 됩니다. 출행하면 불리하다 하였으니 차라리 집안에서 근신하고 있는 것이 좋다고 하겠습니다.

11월

사나운 호랑이가 깊은 함정에 빠져나오지 못하는 형국이니 의지만 있지 이득이 없는 달입니다. 그래도 재물을 얻을 수 있는 방위는 북쪽이 됩니다. 재물이 나가는 방위는 서쪽이니 주의하여야 합니다. 만일 목성(木姓)을 가까이하게 되면 피해를 보게 됩니다.

12월

심신도 재물도 흥왕하니 온 집안이 화평한 달입니다. 지금까지의 고생을 한탄치 않고 한 해의 마무리를 가족과 화평하게 지내는 운수입니다. 다른 일에 손대지 않는다면 심신이 편안할 것입니다. 다만 다른 사람과 다툼이 있으면 그 다툼으로 인하여 관재구설로 이어지게 되므로 주의하여야 합니다.

119. 금金 사死

시작부터 출발이 순조롭지 못해 경제적인 문제, 직장 문제로 고심苦心이 많다. 직장인은 자리의 변동이 있을 수 있으며, 자영업자는 매출 부진으로 빚만 늘어간다. 부모의 건강과 자신의 건강建康도 주의를 요한다.

[음력 이달의 운수]

1월

욕심을 부리게 되면 얻지 못하고 잃게 되는 달입니다. 이달의 수는 얻음은 적고 잃음이 많은 운수입니다. 길성이 문에 비치니 기쁜 일이 많은 형국입니다. 만일 헛된 욕심을 품고 일을 한다면 곤란한 일을 당할 수 있는 운수의 달입니다.

2월

질병이 아니면 관재구설을 겪어 보는 달입니다. 복숭아와 자두나무가 봄을 만났으니 꽃이 피고 열매가 맺는 형국의 달입니다. 시비에 참여하게 되면 그 파장이 심하게 되는 운수입니다. 만일 관재구설이 아니면 질병이 침범할 수 있는 운수의 달입니다.

3월

스스로 진실하면 재물을 얻어 보는 형국의 달입니다. 저작거리에 호랑이가 숨어 있는 것은 그 거짓을 전하는 자의 모함인 것이니, 남에게 속아 볼 수 있는 형국의 달입니다. 동쪽과 남쪽에 재물이 뜻밖에 문에 들어오는 형국의 운수입니다. 스스로 음모를 꾸미나 남이 그것을 먼저 알아차리는 달입니다.

4월

편안한 가운데 위험이 따르는 달입니다. 남을 가까이하게 되면 질병을 얻을 수도 있는 달입니다. 서산에 해는 지는데 생각하는 바가 무엇인지, 마음을 잡지 못하는 형국의 운수입니다. 관재구설을 조심하여야 하니 편한 중에 위태함이 있는 운수의 달입니다.

5월

실물수가 있고 기쁜 일도 있는 달입니다. 붉은 은행과 푸른 복숭아가 능히 사람을 미혹하는 것처럼 어려움을 알지 못하고 겉만 보고 일을 처리하다 낭패를 볼 수도 있는 형국입니다. 한편, 길하고 상서로운 기운이 몸에 드니 기쁜 일이 생기는 달입니다. 실물수가 있으니 출입을 조심하여야 하는 달입니다.

가정사에 좋지 못한 일이 생겨 보는 달입니다. 달이 구름에 들어가니 좋은 달을 보지 못하는 형국의 달입니다. 만일 실물수가 아니면 부부 궁이 좋지 못한 운수의 달입니다. 다행히 귀인을 만나게 되면 가히 불의의 사고 수는 면하는 달이 될 것입니다.

7월

뜻하지 않는 일을 당할 수 있는 달입니다. 청산은 뜻이 있을 수 있으나 녹수는 정이 없는 형국의 달입니다. 한마디로 떡 줄 사람은 생각도 않는데 김칫국부터 마시는 형국의 운수입니다. 맹호가 수풀에 나오니 그 형세가 당당한 모습의 형국입니다. 달리던 토끼가 범을 만난 격이니 동분서주 하는 달입니다.

8월

모든 일이 허사로우니 근신하는 달입니다. 흉함이 변하여 복으로 변하니 마음에 근심이 일시적으로 사라지는 달입니다. 시운이 아직 이르니 분수를 지켜 조용히 주변을 지켜야 하는 운수입니다. 산속으로 들어가니 세상사 근심이 사라지는 형국의 달입니다.

9월

구설과 근친 간에 다툼이 발생하는 달입니다. 형제의 괘효가 극을 당하니 형제 궁에 근심이 있을 수 있는 달입니다. 만일 그렇지 않으면 관재가 생겨나는 달입니다. 만일 남과 서로 시비를 한다면 구설수가 생겨날 수 있는 달이니 경거망동을 삼가야 하는 달입니다.

10월

항상 좋은 인연과 함께하여야 불상사가 생기지 않는 달입니다. 등잔 밑이 어두운 법이요, 먹을 가까이하면 먹물이 튀어 검은 물이 드는 형국의 달입니다. 착한 이는 가까이하고 악한 이는 멀리하여야 탈이 없는 달입니다. 좋은 때를 기다려 행동하여야 불상사가 없는 달입니다.

11월

재물을 얻으나 몸에 병이 찾아오는 달입니다. 이달의 운수는 밖에서 재물을 취하는 운수입니다. 신수가 불길하니 가히 질병을 조심하여야 하는 달입니다. 몸이 편하고 근심이 사라지니 태평하고 평안하게 지내는 형국의 달입니다.

12월

소망을 이루는 달이지만 사람을 조심하여야 하는 달입니다. 구름이 흩어지고 달이 나오니 소망을 이루는 형국의 달입니다. 만일 출행하고자 할 때에는 마땅히 서쪽으로 가여 이익이 있는 달입니다. 목성(木姓)인 사람이 나를 해치는 운수이니 조심하여야 하는 달입니다.

120. 금金 묘墓

자영업자는 운기가 쇠조衰調하여 고심이 많다. 업종을 변경하고자 하나 여의지 못하고 울고 싶은 심정이다. 그러나 예술藝術 계통界通에 종사하는 개인이나 회사원은 호기를 맞아 뜻을 펼치는 운으로 명성名聲을 얻을 것이다. 열애熱愛 중인 청춘 남녀는 이별 수가 있으니 배려해야 한다.

[음력 이달의 운수]

1월

손재수와 질병이 있을 수 있는 달입니다. 범이 단풍나무 숲에서 소리를 내니 어두운 골짜기에서 길을 잃기도 하는 형국의 달입니다. 만일 손재수가 아니면 질병이 몸에 침노하는 형국의 운수입니다. 해가 구름 속에 들어가니 밝히고자 해도 밝히지 못할 가능성이 있는 답답한 형국의 달입니다.

2월

하는 일에 막힘이 많을 수 있는 달입니다. 배가 얕은 물로 향하니 땅에 닿아 앞으로 나가지 못하는 형국의 달입니다. 배가 강기슭에 멈춰선 형국이니 마음이 처량한 운수의 달입니다. 세상사가 뜬구름 같아 처음에는 길하고 나중에는 흉한 운수의 달입니다.

3월

질병이 침노하는 달입니다. 사방을 돌아보아도 일가친척이 없는 형국이니 내 몸은 어디로 가야 하는가를 고민하는 형국의 달입니다. 명산에 찾아가 기도하면 흉한 운수를 면하여 보는 달입니다. 상문살이 와서 질병이 있을 수 있는 운수이니 조심하여야 하는 달입니다.

4월

경거망동을 삼가야 하는 달입니다. 해가 구름 속에 들고 구름은 해를 덮는 형국의 운수입니다. 경거망동한 행동으로 출행하면 흉한 일을 겪게 되는 운수의 달입니다. 사람으로 인해 해가 있으니 특히 금성(金姓)을 멀리하여야 하는 달입니다.

5월

뜻밖의 어려움을 겪어 보는 달입니다. 복숭아와 자두 꽃이 만발한데 갑자기 광풍이 몰아치는 형국의 달입니다. 재물 운이 서서히 일어나니 집안이 흥왕한 운수의 달입니다. 편안히 마음 다스리고 집 안에 있으면 이익이 그 가운데 있는 형국의 달입니다.

욕심을 부리면 손해를 보기도 하는 달입니다. 작은 것으로 큰 것을 바꾸니 재수가 대통하는 운수의 달입니다. 다만 남의 재물을 탐하게 되면 도리어 손해를 보기도 하는 운수의 달입니다. 만일 관재수가 아니면 구설을 면하기 어려운 운수의 달입니다.

일시적인 금전적 어려움을 겪어 보는 달입니다. 인적 없는 산길에 도적이 칼을 품고 기다리는 형국의 달입니다. 새가 날개가 상하여 날려고 해도 날지 못하는 형국의 달입니다. 모든 일은 순서가 있는 법이니 급하게 서두르면 손해를 보기도 하는 운수의 달입니다.

하는 일이 부진한 달입니다. 이지러진 달이 다시 둥근 달이 되어 세상을 밝히니 의심 난 일을 판단하여 보는 달입니다. 천지가 비록 넓다 하나 내 몸 둘 곳이 없는 형국의 달입니다. 고통과 힘든 시절이 이어지고 기쁨과 근심이 섞여 있는 형국의 달입니다.

손재수가 있을 수도 있는 달입니다. 이달의 운수는 흉신이 침범할 수 있는 운수의 달입니다. 도둑이 들까 가히 두렵고 재물을 잃을까 가히 두려운 형국의 달입니다. 눈에 보이지 않는 손해가 천금을 이루는 운수의 달입니다.

뜻하지 않은 재물이 들어오는 운수의 달입니다. 하지만 도모하는 일에 비해 이루어지는 일이 적은 운수의 달입니다. 특히 토성(土姓)을 가까이하면 문서를 취하는 데 이롭지 못한 운수의 달입니다.

가정불화가 있을 수 있는 달입니다. 이달의 운수는 높은 곳에서 떨어짐을 가히 염려하여야 하는 달입니다. 먼 길을 나가면 그 해를 입어 보는 운수의 달입니다. 가정이 불화하게 되어 공연히 손해를 보기도 하는 운수의 달입니다.

가정에 액운이 있는 달입니다. 만일 질병이 침노하지 않으면 부모님에게 근심이 있을 운수의 달입니다. 흉신이 발동하니 부부 궁에 액운이 있는 운수의 달입니다. 하는 일이 여의치 못하니 세상이 허망한 형국의 달입니다.

올해의 운세

초판발행일 | 2016년 1월 1일
저　자 | 지평地平 김민철
펴낸곳 | 도서출판 문원북
디자인 | 디자인일 design_il@naver.com

출판등록 | 1992년 12월 5일 제4-197호
전화 | (02) 2634-9846
팩스 | (02) 2635-9846
이메일 | wellpine@hanmail.net
ISBN | 978-89-7461-237-5